高校入試

超効率問題集

国語

文英堂

目次

【読解②（出題テーマ別）】

【古典・詩歌】

【作文・表現】

模擬テスト

特長と使い方

本書は、入試分析をもとに、各分野の単元を出題率順に並べた問題集です。よく出る問題から解いていくことができるので、〝超効率〟的に入試対策ができます。

step 1 『出るとこチェック』

各分野のはじめにある一問一答で、自分の実力を確認できるようになっています。答えられない問題があったら優先的にその単元を学習して、自分の弱点を無くしていきましょう。

step 2 『まとめ』

入試によく出る大事な内容をまとめています。さらに、出題率が一目でわかるように示しました。

細かい項目ごとの出題率も載せているので、出やすいものを選んで学習できます。

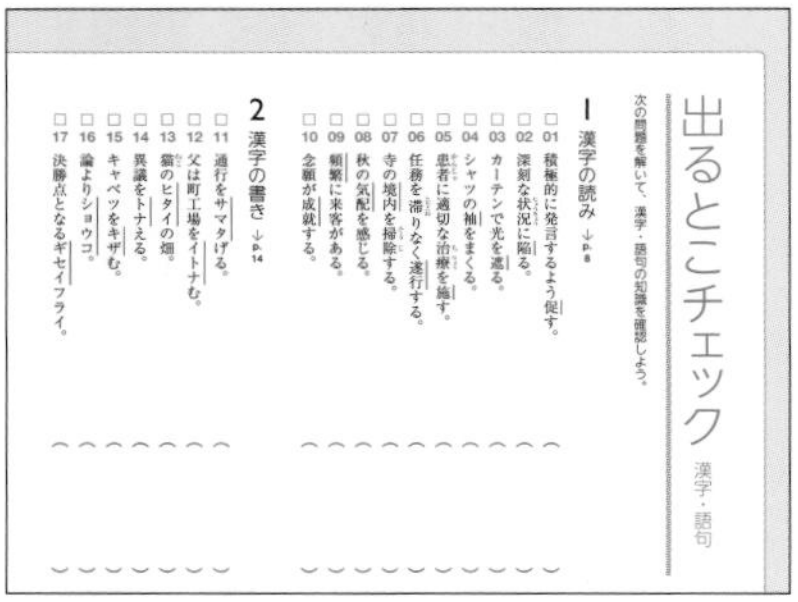
出るとこチェック 漢字・語句
次の問題を解いて、漢字・語句の知識を確認しよう。
1 漢字の読み ↓p.8
□01 積極的に発言するよう促す。
□02 深刻な状況に陥る。
□03 カーテンで光を遮る。
□04 シャツの袖をまくる。
□05 患者に適切な治療を施す。
□06 任務を滞りなく遂行する。
□07 寺の境内を掃除する。
□08 秋の気配を感じる。
□09 頻繁に来客がある。
□10 念願が成就する。
2 漢字の書き ↓p.14
□11 通行をサマタげる。
□12 父は町工場をイトナむ。
□13 猫のヒタイの畑。
□14 異議をトナえる。
□15 キャベツをキザむ。
□16 論よりショウコ。
□17 決勝点となるギセイフライ。

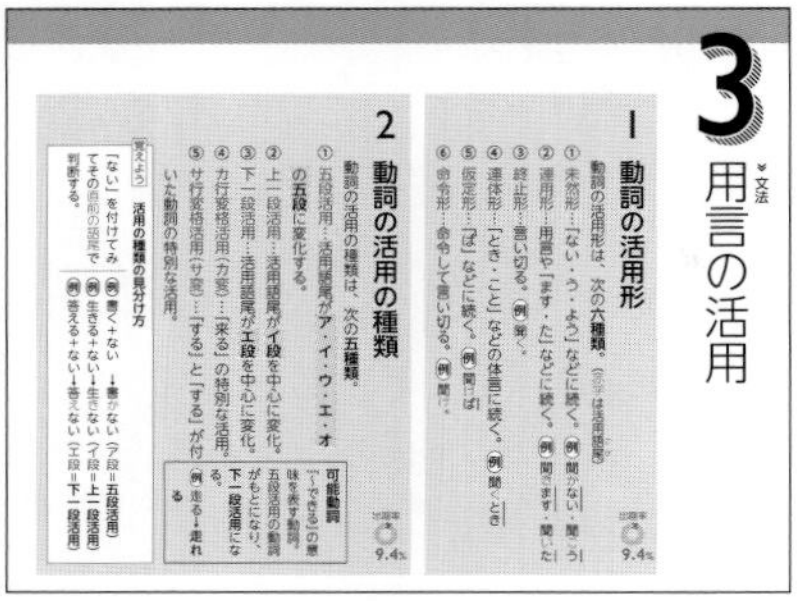
3 用言の活用 文法
1 動詞の活用形 出題率 9.4%
動詞の活用形は、次の六種類。（赤字は活用語尾）
① 未然形…「ない・う・よう」などに続く。例 聞かない・聞こう
② 連用形…用言や「ます・た」などに続く。例 聞きます・聞いた
③ 終止形…言い切る。例 聞く。
④ 連体形…「とき・こと」などの体言に続く。例 聞くとき
⑤ 仮定形…「ば」などに続く。例 聞けば
⑥ 命令形…命令して言い切る。例 聞け。
2 動詞の活用の種類 出題率 9.4%
動詞の活用の種類は、次の五種類。
① 五段活用…活用語尾がア・イ・ウ・エ・オの五段に変化する。
② 上一段活用…活用語尾がイ段を中心に変化。
③ 下一段活用…活用語尾がエ段を中心に変化。
④ カ行変格活用（カ変）…「来る」の特別な活用。
⑤ サ行変格活用（サ変）…「する」と「する」が付いた動詞の特別な活用。
可能動詞 「〜できる」の意味を表す動詞。五段活用の動詞がもとになり、下一段活用になる。例 走る→走れる
覚えよう 活用の種類の見分け方
「ない」を付けてみてその直前の語尾で判断する。
例 書く＋ない →書かない（ア段＝五段活用）
例 生きる＋ない→生きない（イ段＝上一段活用）
例 答える＋ない→答えない（エ段＝下一段活用）

step 3 『実力アップ問題』

入試によく出るタイプの過去問を載せています。わからなかったら、『まとめ』に戻って復習しましょう。

さらに、出題率・正答率の分析をもとにマークをつけました。目的に応じた問題を選び解くこともできます。

超重要 正答率がとても高い、よく出る問題です。確実に解けるようになりましょう。

差がつく 正答率が少し低めの、よく出る問題です。身につけてライバルに差をつけましょう。

難 正答率がとても低い問題です。ここまで解ければ、入試対策は万全です。

思考力 いろんな情報を組み合わせて解く問題や自由記述式の問題です。慣れておきましょう。

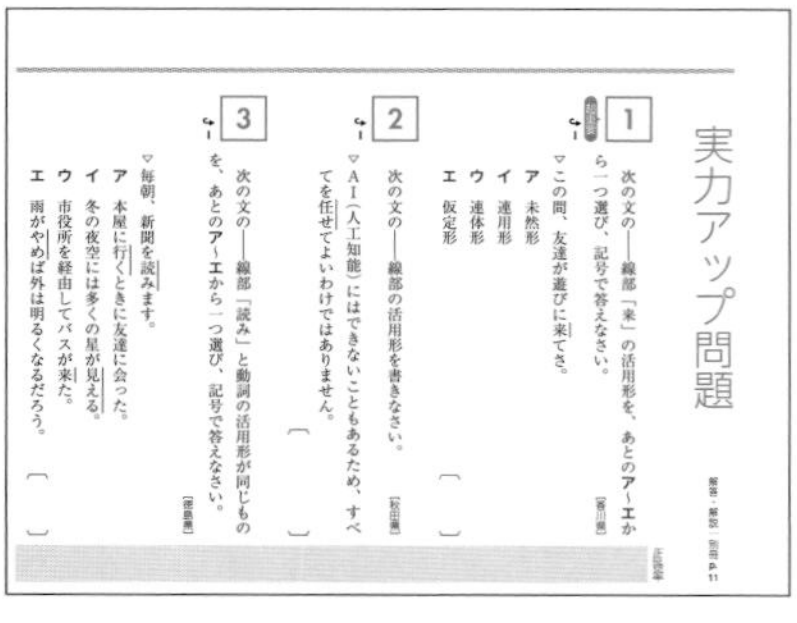
実力アップ問題 解答・解説 別冊 p.11
1 次の文の――線部「来」の活用形を、あとのア〜エから一つ選び、記号で答えなさい。［香川県］
▽この間、友達が遊びに来てさ。
ア 未然形
イ 連用形
ウ 連体形
エ 仮定形 ［ ］
2 次の文の――線部の活用形を書きなさい。［秋田県］
▽AI（人工知能）にはできないこともあるため、すべてを任せてよいわけではありません。［ ］
3 次の文の――線部「読み」と動詞の活用形が同じものを、あとのア〜エから一つ選び、記号で答えなさい。［徳島県］
▽毎朝、新聞を読みます。
ア 本屋に行くときに友達に会った。
イ 冬の夜空には多くの星が見える。
ウ 市役所を経由してバスが来た。
エ 雨がやめば外は明るくなるだろう。［ ］

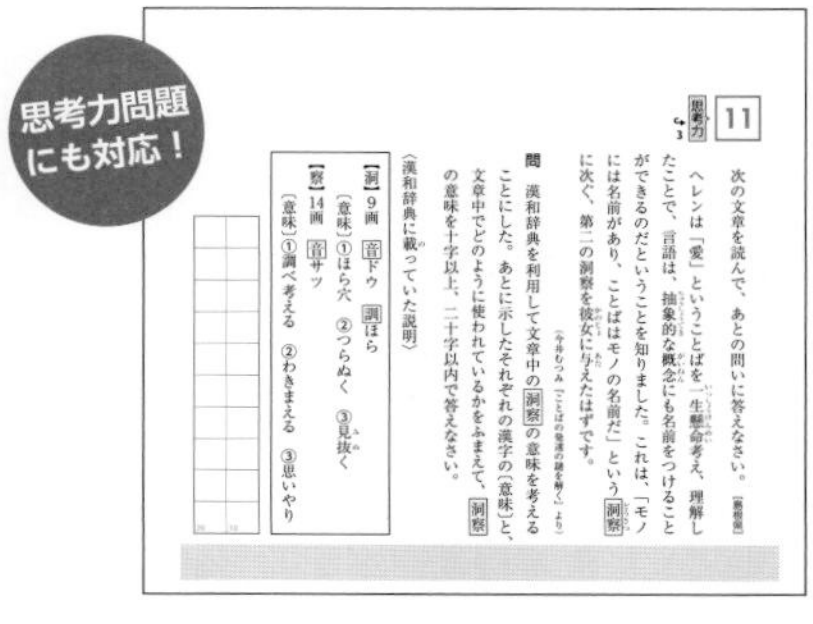
思考力問題にも対応！
11 思考力
次の文章を読んで、あとの問いに答えなさい。
ヘレンは「愛」ということばを一生懸命考え、理解したことで、言語は、抽象的な概念にも名前をつけることができるのだということを知りました。これは、「モノには名前があり、ことばはモノの名前だ」という洞察に次ぐ、第二の洞察を彼女に与えたはずです。
（今井むつみ『ことばの発達の謎を解く』より）
問 漢和辞典を利用して文章中の洞察の意味を考えることにした。あとに示したそれぞれの漢字の〔意味〕と、文章中でどのように使われているかをふまえて、洞察の意味を十字以上、二十字以内で答えなさい。
〈漢和辞典に載っていた説明〉
【洞】9画 音ドウ 訓ほら
〔意味〕①ほら穴 ②つらぬく ③見抜く
【察】14画 音サッ
〔意味〕①調べ考える ②わきまえる ③思いやり

『模擬テスト』で本番にそなえましょう！

入試直前の仕上げとして、巻末の模擬テストに取り組みましょう。時間内に解答して、めざせ70点以上！

〔漢字・語句〕

出るとこチェック 漢字・語句

次の問題を解いて、漢字・語句の知識を確認《かくにん》しよう。

1 漢字の読み ↓p.8

□ 01 積極的に発言するよう促す。（　　）
□ 02 深刻な状況《じょうきょう》に陥る。（　　）
□ 03 カーテンで光を遮る。（　　）
□ 04 シャツの袖をまくる。（　　）
□ 05 患者《かんじゃ》に適切な治療《ちりょう》を施す。（　　）
□ 06 任務を滞《とどこお》りなく遂行する。（　　）
□ 07 寺の境内を掃除《そうじ》する。（　　）
□ 08 秋の気配を感じる。（　　）
□ 09 頻繁に来客がある。（　　）
□ 10 念願が成就する。（　　）

2 漢字の書き ↓p.14

□ 11 通行をサマタげる。（　　）
□ 12 父は町工場をイトナむ。（　　）
□ 13 猫《ねこ》のヒタイの畑。（　　）
□ 14 異議をトナえる。（　　）
□ 15 キャベツをキザむ。（　　）
□ 16 論よりショウコ。（　　）
□ 17 決勝点となるギセイフライ。（　　）
□ 18 キョクタンな例を挙げる。（　　）
□ 19 フクザツな人間関係。（　　）
□ 20 本番で実力をハッキする。（　　）

3 熟語の知識 ↓p.20

□ 21 似た意味の漢字の組み合わせになっている熟語は〈往復・倉庫〉のうちのどちらか。（　　）
□ 22 反対（対《つい》）の意味の漢字の組み合わせになっている熟語は〈進退・勤務〉のうちのどちらか。（　　）
□ 23 重箱読みの熟語は〈荷物・台所〉のうちのどちらか。（　　）
□ 24 訓読み＋音読みの熟語の読みのことをなんというか。（　　）
□ 25 「的」を接尾語《せつびご》として三字熟語になるのは〈楽観・関心・意外〉のうちのどれか。（　　）
□ 26 「今日から心□一転、新しい環境《かんきょう》で頑張《がんば》ろう。」の□にあてはまる漢字一字を答えなさい。（　　）
□ 27 「物事の判断がつかず、迷うこと」の意味の四字熟語は〈五里霧《ごりむ》中《ちゅう》・無我《むが》夢中〉のどちらか。（　　）

4 漢字の知識 ↓p.24

□ 28 「祝」の部首名は〈のぎへん・しめすへん・ころもへん〉のうちどれか。（　　）
□ 29 最も画数が多いのは〈容・活・者〉のうちどれか。（　　）

□30 「布」の一画目は〈一・ノ〉のどちらか。（　　）

□31 「村」は行書で書かれている。楷書《かいしょ》で書きなさい。（　　）

□32 「続」を楷書で書いたときの総画数は何画か。（　　）

□33 行書で書かれた〈口・山・秋〉のうち、点画が省略されているのはどれか。（　　）

□34 行書で書かれた〈草・土・本〉のうち、楷書で書いたときとは筆順が違《ちが》うものはどれか。（　　）

5 語句の意味 →p.28

□35 「簡単」の類義語は〈即席《そくせき》・容易・短絡《たんらく》〉のうちのどれか。（　　）

□36 「生産」の対義語は〈滅亡《めつぼう》・創造・消費〉のうちのどれか。（　　）

□37 「旅行者を家にとめる」の「とめる」の表記は〈止める・泊める・留める〉のうちのどれか。（　　）

□38 「勉学にいそしむ。」の「いそしむ」の意味は、〈苦しみ悩《なや》む・熱心にはげむ〉のうちのどちらか。（　　）

□39 「自律《じりつ》」の意味は、〈自分の力だけで存続すること・自分の立てた規範《きはん》に従って規制すること〉のうちのどちらか。（　　）

6 慣用句・ことわざ・故事成語 →p.32

□40 慣用句「□を引っ張る」「□が棒になる」の□に共通する漢字一字を答えなさい。（　　）

□41 「ごくわずかなこと」の意味の慣用句は〈あとの祭り・すずめの涙《なみだ》〉のうちのどちらか。（　　）

□42 「彼《かれ》が言ったことは全く□話だ。」の□にあてはまる慣用句は〈根も葉もない・打てば響《ひび》く〉のうちのどちらか。（　　）

□43 「どれも平凡《へいぼん》で優《すぐ》れたものがないこと」を表すことわざに「□の背比べ」がある。□にあてはまる言葉を答えなさい。（　　）

□44 ことわざ「のれんに腕押《うでお》し」の意味は〈とてもかけ離《はな》れていること・手ごたえがないこと〉のうちのどちらか。（　　）

□45 「助けもなく孤立《こりつ》していること」という意味の故事成語は〈四面楚歌《しめんそか》・他山の石〉のうちのどちらか。（　　）

出るとこチェックの答え

1 01 うなが 02 おちい 03 さえぎ 04 そで 05 ほどこ 06 すいこう 07 けいだい 08 けはい 09 ひんぱん 10 じょうじゅ

2 11 妨 12 営 13 額 14 唱 15 刻 16 証拠 17 犠牲 18 極端 19 複雑 20 発揮

3 21 倉庫 22 進退 23 台所 24 湯桶読み 25 楽観 26 機 27 五里霧中

4 28 しめすへん 29 容 30 ノ 31 材 32 13画 33 秋 34 草

5 35 容易 36 消費 37 泊める 38 熱心にはげむ 39 自分の立てた規範に従って規制すること

6 40 足 41 すずめの涙 42 根も葉もない 43 どんぐり 44 手ごたえがないこと 45 四面楚歌

≫漢字・語句

漢字の読み

入試メモ
漢字の読みは必ず出題される。訓読みに注意して、失点しないように準備しておこう。

出題率 100%

実力アップ問題

解答・解説 別冊 p. 2

1 漢字一字の読み

正答率

(1) 日を改めて話し合う。 [北海道] 97%
(2) 山々が連なる。 [岩手県]
(3) 彼《かれ》を会長に推す。 [富山県]
(4) 日が暮れる前に帰宅する。 [三重県] 99%
(5) 試合に臨む。 [和歌山県]
(6) 希望が膨らむ。 [鹿児島県] 96%
(7) 速やかに移動する。 [栃木県] 97%
(8) はさみで布を裁つ。 [埼玉県] 89%
差がつく (9) 学習に取り組むことの大切さを諭す。 [神奈川県] 57%
(10) 甚だしい勘違《かんちが》いをする。 [大分県]
(11) しかられて顔を背けた。 [福井県]
超重要 (12) 小舟《こぶね》が波間に漂う。 [宮城県]
(13) 討論の技術を磨く。 [岐阜県] 98%
(14) 彼女《かのじょ》の存在はチームにとって頼もしい限りだ。 [滋賀県] 92%
(15) 努力を怠ってはいけない。 [島根県]
(16) 垣根《かきね》を隔てて、梅の香《か》が漂ってくる。 [東京都] 89%
(17) 高校生活に向けて、目標を掲げる。 [新潟県] 93%
(18) 公園のベンチで時間を潰す。 [山梨県] 99%
(19) 藤原《ふじわら》氏が栄華《えいが》を極めたのは平安時代である。 [愛知県]
超重要 (20) 実行委員の希望者を募る。 [鳥取県] 86%
(21) 謹んで新年のおよろこびを申し上げます。 [千葉県] 79%
(22) 魚が網《あみ》の中で躍る。 [高知県] 87%

(23) 腰《こし》を据えて研究に打ち込《こ》む。〔山梨県〕〔　〕 58%

超重要
(24) 気温の変化が著しい。〔和歌山県〕〔　〕

(25) 旅の疲《つか》れを癒やす。〔愛媛県〕〔　〕 91%

(26) 子どもが健やかに育つ。〔福井県〕〔　〕

(27) 牛の乳を搾る。〔宮城県〕〔　〕 97%

(28) 誕生日に買ってもらった新しいコートに袖を通す。〔東京都〕〔　〕 94%

(29) 緩やかな曲線を描《えが》く。〔三重県〕〔　〕 81%

(30) 最終的な判断を委ねられた。〔山口県〕〔　〕

(31) 粘り強く学習に取り組む。〔岐阜県〕〔　〕 97%

(32) ポスターのデザインに工夫を凝らした。〔新潟県〕〔　〕 89%

難
(33) 放課後は専ら練習に励《はげ》む。〔富山県〕〔　〕

(34) 目的を遂げる。〔栃木県〕〔　〕 78%

(35) 刀を鍛える職人の技《わざ》。〔千葉県〕〔　〕 94%

難
(36) 案件を会議に諮る。〔青森県〕〔　〕 37%

(37) 知識を蓄える。〔宮城県〕〔　〕 90%

(38) 車が道を塞ぐ。〔青森県〕〔　〕 91%

(39) 優しい言葉に勇気づけられた。〔新潟県〕〔　〕 99%

(40) 準備運動で大きく体を反らす。〔北海道〕〔　〕 84%

(41) 新雪の白さが青空に映える。〔秋田県〕〔　〕 88%

(42) 友人は朗らかに笑った。〔山梨県〕〔　〕 78%

超重要
(43) 人々の熱気が会場を覆う。〔三重県〕〔　〕 92%

(44) 脂がのった魚を買う。〔高知県〕〔　〕 98%

(45) 果肉が柔《やわ》らかい果物は傷むのが早い。〔大分県〕〔　〕

(46) チームを率いる監督《かんとく》。〔鳥取県〕〔　〕 100%

(47) 木陰《こかげ》のベンチで憩いのひとときを過ごす。〔東京都〕〔　〕 78%

超重要
(48) 工業の発展を促す政策を決定する。〔新潟県〕〔　〕 74%

(49) 雨天のため運動会の開催《かいさい》が危ぶまれる。〔千葉県〕〔　〕 86%

(50) 粒のそろったいちご。〔青森県〕〔　〕 100%

(51) 差がつく 危険な行動を戒める。【宮城県】 53%

(52) 期限が半年後に迫る。【滋賀県】 94%

(53) 差がつく ボートで川を遡る。【愛媛県】 50%

(54) 額の汗《あせ》を拭いながら、山道を歩く。【東京都】 84%

(55) 空に虹がかかる。【栃木県】 100%

(56) 超重要 頂上から遠くを眺める。【岐阜県】 98%

(57) 観光名所を巡る。【鹿児島県】 94%

(58) 努力が報われることを信じる。【新潟県】 99%

(59) よく熟れた柿《かき》の実を食べた。【福井県】

(60) 超重要 穏やかな口調で話す。【滋賀県】 92%

(61) 差がつく 手続きの簡略化で煩わしさを解消する。【神奈川県】 52%

(62) 難 自然を畏れ敬う。【青森県】 42%

(63) 超重要 洋服のほころびを繕う。【東京都】

(64) 時間を稼ぐ。【栃木県】

(65) 焦燥《しょうそう》に駆られる。【神奈川県】 78%

2 熟語の読み

(1) 即興で演奏する。【栃木県】 74%

(2) 部屋の整頓を心がける。【岐阜県】 97%

(3) 多様な生物が共存している。【山口県】

(4) 規則を守って図書館を利用する。【北海道】 98%

(5) 美の化身のような女神像。【千葉県】 71%

(6) 円熟した演技を見せる。【滋賀県】 86%

(7) 商品を陳列する。【鹿児島県】 68%

(8) 超重要 大事な試合で勝利に貢献した。【神奈川県】 95%

(9) 彼《かれ》は好奇心《こうきしん》が旺盛だ。【宮城県】 89%

(10) ミレーの名画に衝撃を受ける。【山梨県】 100%

(11) 熟練した職人の技《わざ》が光る。【島根県】

(12) 体操選手の見事な跳躍に歓声《かんせい》が上がる。【東京都】 69%

(13) 差がつく 現代社会への警鐘を鳴らす。【青森県】 56%

実力アップ問題

(14) 車窓からの景色を楽しむ。〔三重県〕　78%

(15) 事態を収拾する。〔和歌山県〕

(16) 事故の原因を詮索する。〔大分県〕

(17) 開会式で選手が宣誓をする。〔福井県〕

(18) 美しい旋律が流れる。〔埼玉県〕　88%

(19) 企画の趣旨を参加者にわかりやすく説明する。〔愛知県〕

(20) 緩急の差が大きい。〔愛媛県〕　62%

(21) 哀愁を帯びた音色が聞こえる。〔富山県〕

(22) 雑誌の原稿《げんこう》を催促する。〔鳥取県〕　75%

(23) 絵画コンクールに作品を応募する。〔北海道〕　98%

超重要 (24) 彼は愉快な人だ。〔栃木県〕　95%

(25) 傾斜の緩《ゆる》い坂道を登る。〔滋賀県〕　81%

(26) 選手の活躍を祈《いの》る。〔島根県〕

超重要 (27) 生徒会が企画した球技大会は大成功だった。〔新潟県〕　99%

(28) 運動は発汗作用を促す。〔青森県〕　77%

(29) 自転車の修理を依頼する。〔岐阜県〕　97%

(30) 電車が警笛を鳴らす。〔鹿児島県〕　52%

(31) 緻密な戦略で相手チームを翻弄する。〔愛媛県〕　73%

(32) ペットの猫《ねこ》を溺愛する。〔山梨県〕　88%

(33) 話の輪郭をつかむ。〔埼玉県〕　78%

(34) テーブルを囲んで談笑する。〔三重県〕　92%

差がつく (35) 実績がとても顕著である。〔千葉県〕　66%

(36) 温室で何種類もの草花を栽培した。〔新潟県〕　99%

(37) 活動の源泉は休養にある。〔滋賀県〕　77%

(38) 赤ん坊《ぼう》の屈託のない笑顔《えがお》に心が和《なご》む。〔東京都〕　78%

(39) 伝統文化を継承する。〔岐阜県〕　91%

(40) 緩慢な動作を繰《く》り返す。〔島根県〕

(41) 少数の企業により市場の寡占が進む。〔神奈川県〕　59%

(42) 渓谷の美しさに魅了《みりょう》される。［山梨県］（　　）67%

(43) インターネットで貨幣の歴史について調べる。［東京都］（　　）89%

(44) 劇で威厳のある君主の役を演じる。［秋田県］（　　）93%

(45) 斬新な発想に感心する。［岐阜県］（　　）89%

(46) 説明の一部を割愛する。［鹿児島県］（　　）68%

(47) 街を循環するバスが新緑の並木道を走る。［東京都］（　　）98%

(48) 旅行先から帰路につく。［北海道］（　　）73%

難 (49) 美術作品に辛辣な批評を行う。［大分県］（　　）

(50) そうじを徹底する。［滋賀県］（　　）92%

(51) 寸暇を惜《お》しんで練習する。［山梨県］（　　）67%

(52) ゴールに向かって疾走する。［栃木県］（　　）97%

超重要 (53) 夕食の支度にとりかかる。［千葉県］（　　）97%

難 (54) 肥沃な土地で作物を育てる。［宮城県］（　　）16%

(55) しょう油を醸造する。［富山県］（　　）

---

(56) 多忙な毎日を過ごす。［青森県］（　　）94%

超重要 (57) 勢力の均衡を保つ。［埼玉県］（　　）80%

(58) 金属には光沢がある。［三重県］（　　）98%

(59) 今日の献立を考える。［高知県］（　　）89%

(60) 行事の成功に向けて、緻密な計画を立てる。［愛知県］（　　）

(61) 野生動物に畑を荒《あ》らされ憤慨する。［神奈川県］（　　）64%

(62) 道を舗装する。［和歌山県］（　　）

(63) 水面に波紋が広がる。［岐阜県］（　　）94%

(64) 古典文学に傾倒する。［愛媛県］（　　）74%

(65) 大量の情報が氾濫する。［青森県］（　　）77%

(66) このホールは音響がよい。［栃木県］（　　）96%

(67) 危険箇所《かしょ》を網羅したハザードマップを作る。［山梨県］（　　）87%

難 (68) 優《す》ぐれた技術に驚嘆する。［鹿児島県］（　　）45%

(69) 高速道路が渋滞している。［福井県］（　　）

(70) 考えを簡略に述べる。［滋賀県］（　　）88%

(71) 氷上の華麗な舞《まい》に拍手《はくしゅ》が沸《わ》き起こる。〔東京都〕 95%

(72) 風景描写が素晴《すば》らしい作品だ。〔北海道〕 75%

(73) 話はいよいよ佳境に入った。〔千葉県〕 75%

超重要
(74) 観光客が頻繁に訪《おとず》れる。〔岐阜県〕 86%

(75) 携帯《けいたい》電話が普及した。〔高知県〕 89%

(76) 俊敏な動きを見せる。〔埼玉県〕 87%

(77) 土地を譲渡する。〔栃木県〕 53%

(78) 昨年の大会の雪辱を果たす。〔青森県〕 83%

(79) 試合で機敏な動きをする。〔三重県〕 87%

難
(80) 庭の雑草が繁茂する。〔高知県〕 30%

難
(81) 惜別の思いをこめて歌う。〔青森県〕 36%

(82) 自然の恩恵を受ける。〔岐阜県〕

(83) 優雅な身のこなしに思わず見とれる。〔鳥取県〕

難
(84) 描写が精緻を極めている。〔大分県〕

(85) 濃厚なスープ。〔栃木県〕

3 注意すべき読み

(1) 祭りで足袋を履《は》く。〔岩手県〕

(2) 田舎に住む。〔栃木県〕 99%

(3) 木綿のハンカチを買う。〔岩手県〕

(4) 絶好の日和に恵《めぐ》まれる。〔和歌山県〕

(5) 作成した冊子を頒布する。〔神奈川県〕 50%

差がつく
(6) 祖母の柔和な表情が思い出された。〔新潟県〕 56%

難
(7) 役員を更迭する。〔宮城県〕 27%

(8) 夏至の日に雨が降る。〔福井県〕

(9) 会議を暫時、中断する。〔新潟県〕 55%

差がつく
(10) 神社の境内を散歩した。〔福井県〕

(11) 汎用性の高い方法を使う。〔岐阜県〕

(12) その一言は蛇足だ。〔和歌山県〕

超重要
(13) 矛盾した発言。〔和歌山県〕

2 漢字の書き

漢字・語句

出題率 99.0%

入試メモ
漢字の書きは必ず出題される。
小学校で習う漢字を確実に書けるようにしよう。

実力アップ問題

解答・解説｜別冊 p. 3

1 漢字一字の書き

正答率

超重要
(1) 全国制覇《せいは》に向けて闘志《とうし》をモやす。〔青森県〕（　）94%

(2) 子供に泣いていたワケを尋《たず》ねる。〔千葉県〕（　）71%

(3) 木の切りカブに座《すわ》る。〔山梨県〕（　）87%

超重要
(4) 話し合って作戦をネる。〔山口県〕（　）

(5) 水がクダの中を流れる。〔山形県〕（　）86%

(6) 夕日が頬《ほお》を赤くソめる。〔福井県〕（　）

(7) 知人から手紙がトドく。〔大阪府〕（　）91%

(8) ケワしい山道を歩く。〔鹿児島県〕（　）87%

(9) 機嫌《きげん》をソコねる。〔長野県〕（　）67%

(10) 心をフルい立たせる。〔栃木県〕（　）

(11) 結論をミチビく。〔三重県〕（　）

(12) 笛の合図でイキオいよく走り出す。〔北海道〕（　）62%

(13) 詳《くわ》しい説明をハブく。〔岐阜県〕（　）63%

(14) 鳥がムれて飛ぶ。〔和歌山県〕（　）

(15) 提出の期限をモウける。〔三重県〕（　）72%

(16) 友達とのツもる話に時間を忘れる。〔高知県〕（　）74%

(17) ムし暑い日が続く。〔岩手県〕（　）

超重要
(18) 青くハれた空を、白い雲がゆっくりと流れている。〔新潟県〕（　）98%

(19) 寒さがキビしくなる。〔大阪府〕（　）69%

超重要
(20) セーターをアむ。〔群馬県〕（　）

超重要
(21) 親戚《しんせき》の結婚式《けっこんしき》にマネかれた。〔福島県〕（　）91%

(22) 富山でクらす。〔富山県〕（　）

差がつく
(23) 一歩シリゾいて道を譲《ゆず》る。〔山梨県〕（　）60%

(24) 波が岸辺にヨせる。［愛媛県］ 70%

超重要
(25) 畑をタガヤす手伝いをする。［宮城県］ 75%

超重要
(26) 頼《たの》まれた仕事をココロヨく引き受ける。［愛知県］

(27) ホテルのフロントに荷物をアズける。［鳥取県］ 78%

超重要
(28) 太陽の光をアびる。［大阪府］ 77%

(29) 皿に料理をモりつける。［北海道］ 88%

(30) 庭の草をミジカく刈《か》る。［三重県］ 97%

(31) 浜辺《はまべ》で美しい貝殻《かいがら》をヒロう。［東京都］

(32) 人をウヤマう心を育む。［岐阜県］ 64%

(33) 私は本件では反対ハである。［大分県］

(34) 体力をヤシナう。［長野県］

(35) イサましいかけ声。［山形県］ 76%

(36) 相手の実力をミトめる。［大阪府］ 90%

(37) プールでオヨぐ。［和歌山県］

(38) トップとの差を三秒にチヂめる。［千葉県］ 88%

超重要
(39) 社会生活をイトナむ。［愛媛県］ 88%

(40) 山の新鮮《しんせん》な空気をスう。［福島県］ 98%

(41) 塩を加えて、料理の味をオギナった。［新潟県］ 69%

(42) 彼《かれ》は的をイた質問をした。［滋賀県］ 71%

(43) 駅前通りに店をカマえる。［宮城県］ 47%

(44) やせた土地をコやす。［三重県］ 61%

(45) 友をササえる。［長野県］ 98%

(46) 日の出をオガむ。［和歌山県］

超重要
(47) 先生の言葉を心にキザんだ。［福井県］

(48) 春の訪《おとず》れをツげるように花が咲《さ》く。［秋田県］ 76%

差がつく
(49) 巧《たく》みに機械をアヤツる。［埼玉県］ 69%

(50) 大勢の前で褒《ほ》められてテれる。［大分県］

(51) 美しい景色に心がナゴむ。［岐阜県］

差がつく
(52) 湖のほとりで釣《つ》り糸をタらす。［北海道］ 57%

(53) 責任をハたす。 〔大阪府〕 54%

(54) カりた物を返す。 〔高知県〕 80%

(55) 実験の成功を信じてウタガわない。 〔山梨県〕 73%

(56) 夕え間ない努力の成果。 〔青森県〕 80%

(57) 前夜にフって積もった雪が、朝日を受けて輝《かがや》く。 〔東京都〕 74%

超重要

(58) オサナい頃《ころ》の写真を見る。 〔岐阜県〕 85%

(59) 一つの時代が幕をトじる。 〔愛媛県〕 91%

(60) 柔道着《じゅうどうぎ》のオビを締《し》める。 〔山形県〕 84%

(61) 笑い声が飛びカう教室。 〔千葉県〕 54%

(62) 大きな城をキズく。 〔滋賀県〕 82%

超重要

(63) 北海道は自然がユタかだ。 〔北海道〕 86%

(64) ヒタイに汗《あせ》をかく。 〔大阪府〕

(65) 海岸にソった道を歩く。 〔岐阜県〕

2 熟語の書き

(1) ウチュウには無数の銀河がある。 〔大阪府〕

(2) コーヒーにサトウを入れる。 〔山形県〕 86%

超重要

(3) ナットクのいく仕上がり。 〔長野県〕 85%

難

(4) 選手のフンキを促《うなが》す。 〔鹿児島県〕 34%

(5) 会議室の壁《かべ》に大型モニターをセッチする。 〔北海道〕 68%

(6) 要点をカンケツに述べる。 〔埼玉県〕 51%

(7) 公園をサンサクする。 〔和歌山県〕

超重要

(8) 海のシゲンを有効に使う。 〔岐阜県〕 88%

(9) ノウゼイは国民の義務である。 〔宮城県〕 84%

(10) 友人のチュウコクに従う。 〔福井県〕

(11) 平和がエイキュウに続くことを願う。 〔滋賀県〕 77%

難

(12) 決勝でゼンセンしたチームに観衆が拍手《はくしゅ》を送る。 〔東京都〕 26%

(13) 病人のカンゴに当たる。［大分県］（　　）

難 (14) 申込《もうしこみ》用紙にショメイする。［青森県］（　　） 46%

(15) 温暖なチイキに住む。［岐阜県］（　　） 89%

難 (16) 彼女《かのじょ》の考えにキョウメイする。［愛媛県］（　　） 37%

(17) 祖父はキンベンな人だ。［富山県］（　　）

(18) 新人賞のコウホに挙げられる。［愛媛県］（　　） 55%

(19) 白熱したセッセンを制して優勝する。［山梨県］（　　） 70%

(20) 結果から原因をスイソクする。［三重県］（　　） 65%

(21) 今年の夏はコウスイ量が多かった。［島根県］（　　）

難 (22) 大会での連覇《れんぱ》というシナンのわざを成し遂《と》げた。［千葉県］（　　） 30%

差がつく (23) センモン家に意見を聞く。［岩手県］（　　）

(24) 手紙をユウビンで送る。［群馬県］（　　）

(25) 高校生らしいセイケツな身だしなみを心がけたい。［愛知県］（　　）

(26) キュウキュウシャが出動する。［高知県］（　　） 49%

超重要 (27) 知識をキュウシュウする。［栃木県］（　　） 89%

(28) 駅までの道をオウフクする。［山口県］（　　）

(29) 花屋のカンバンを見つける。［三重県］（　　）

(30) 自然と調和した町作りに必要なザイゲンを確保する。［東京都］（　　） 54%

(31) 万国《ばんこく》ハクラン会を見学する。［青森県］（　　） 59%

(32) サンパイ客でにぎわう神社。［福井県］（　　）

(33) 注文をツイカする。［大阪府］（　　）

(34) カンダンの差が激しい一日。［鹿児島県］（　　）

超重要 (35) 善悪をハンダンする。［岐阜県］（　　） 89%

(36) 歓迎会《かんげいかい》でスンゲキを披露《ひろう》する。［山形県］（　　） 53%

(37) 絵をテンラン会に出品する。［島根県］（　　）

(38) 弟のかぜが治るまでカンビョウする。【大阪府】

(39) 家庭ホウモンをする。【長野県】 73%

(40) 国連にカメイしている国を調べる。【富山県】

難

(41) ここ数日の気候はまさにサンカンシオンだ。【千葉県】 41%

(42) 目的地までのウンチンを調べる。【北海道】 70%

差がつく

(43) 実力をハッキする。【栃木県】 65%

(44) 先週からのカンパは弱まり、春の陽気となった。【新潟県】 67%

(45) 畑にヒリョウをまく。【和歌山県】

(46) 次に会うヤクソクをする。【大阪府】

(47) アジアの国々とのボウエキが盛《さか》んになる。【島根県】

超重要

(48) フクザツな構造。【長野県】 77%

(49) 飛行機のモケイを作る。【千葉県】 79%

---

(50) カイダンを上がって教室へ向かう。【三重県】 85%

(51) ゲンカクに審査《しんさ》する。【愛媛県】 46%

(52) ツウカイな冒険《ぼうけん》小説を楽しんで読む。【青森県】 68%

(53) 資源をコウリツよく利用する。【山形県】 88%

(54) 土地をバイバイする。【和歌山県】

(55) 会社のキボが大きくなる。【山梨県】 77%

(56) 提案についてサンピを問う。【大阪府】

(57) ギャッキョウに立ち向かう。【山形県】 68%

(58) オリンピックのカイカイ式。【長野県】 94%

(59) 音楽室からケイカイな曲が流れてくる。【秋田県】 64%

(60) 優勝のシュクガ会を行う。【群馬県】

(61) ごみをショリする。【大阪府】 61%

(62) 試合は雨でジュンエンになった。【鹿児島県】 48%

(63) 大型のクレーン車をソウジュウする。【新潟県】〔　〕 47%

差がつく (64) 電車がテッキョウを渡《わた》る。【北海道】〔　〕 63%

(65) 高原の牧場でニュウギュウが草をはむ。【東京都】〔　〕 94%

(66) サクバンから降っていた雨がやんだ。【山梨県】〔　〕 81%

超重要 (67) 特殊《とくしゅ》なリョウイキについて深く学ぶ。【愛知県】〔　〕

差がつく (68) 学業にセンネンする。【栃木県】〔　〕 64%

難 (69) セイコウ雨読の日々を送る。【福井県】〔　〕

難 (70) 明日の結果は新チームのシキンセキとなる。【千葉県】〔　〕 11%

(71) 母のキョウリから、みかんが届く。【東京都】〔　〕

(72) 歌曲をリンショウする。【大阪府】〔　〕

(73) 羊をホウボクする。【栃木県】〔　〕

(74) 消費者のコンランを招く。【岐阜県】〔　〕

3 注意すべき書き

差がつく (1) 子どもの成長のカテイを、ビデオで記録した。【新潟県】〔　〕 56%

難 (2) 換気《かんき》とサイコウを考えて窓の位置を決める。【山梨県】〔　〕 11%

(3) 天気は一転してカイセイとなった。【山口県】〔　〕

難 (4) 興奮して頬《ほお》をコウチョウさせる。【埼玉県】〔　〕 18%

(5) 方位ジシンを使って、方位を確かめる。【山梨県】〔　〕 73%

差がつく (6) 両国の努力でユウコウ的な関係を築いている。【鳥取県】〔　〕 57%

(7) 学級委員をツトめる。【島根県】〔　〕

(8) 姉は銀行にツトめている。【青森県】〔　〕 65%

(9) 国家をオサめる。【栃木県】〔　〕 55%

(10) 国に税金をオサめる。【岩手県】〔　〕

3 熟語の知識

1 二字熟語の構成

出題率 19.8%

二字熟語の構成は、次の六つに分けられる。

① 似た意味の漢字の組み合わせ……例 計測・増加
② 反対(対《つい》)の意味の漢字の組み合わせ……例 往復・伸縮
③ 主語＋述語の漢字の組み合わせ……例 地震・国立
④ 上が下を修飾《しゅうしょく》する漢字の組み合わせ……例 激痛・特技
⑤ 下が上の目的(対象)になる漢字の組み合わせ…例 着席・握手
⑥ 接頭語・接尾語《せつびご》が付く組み合わせ……例 無害・知的

覚えよう **熟語の構成の見分け方**

それぞれの漢字の意味を確かめる。**訓読み**にすると意味がわかりやすくなる。

例 **地震《じしん》**→**地**が**震《ふる》**える〈主語＋述語〉
激痛→**激**しい**痛**み〈上が下を修飾する〉
着席→**席**に**着**く〈下が上の目的(対象)になる〉

熟語の読み

熟語の読みは音読み＋音読み、訓読み＋訓読みの場合が多いが、中には音読み＋訓読み、訓読み＋音読みの場合もある。

① 音読み＋訓読み(重箱《ジュウばこ》読み)…例 台所《ダイどころ》・縁側《エンがわ》・本屋《ホンや》
② 訓読み＋音読み(湯桶《ゆトウ》読み)…例 場所《ばショ》・荷物《にモツ》・雨具《あまグ》

入試メモ 二字熟語の構成を問う出題が多い。四字熟語は意味を確認《かくにん》しておこう。

出題率 41.7%

2 三字熟語の構成

出題率 1.0%

三字熟語の構成は、一字＋二字熟語、二字熟語＋一字、一字＋一字＋一字の三種類に分けられる。接頭語＋二字熟語、二字熟語＋接尾語の形が多い。

① 一字＋二字熟語……例 無関心(無＋関心)、悪循環《あくじゅんかん》(悪＋循環)
② 二字熟語＋一字……例 具体的(具体＋的)、自由化(自由＋化)
③ 一字＋一字＋一字…例 衣食住(衣＋食＋住)

3 四字熟語

出題率 25.0%

〔よく出る四字熟語〕

一朝一夕《いっちょういっせき》…ごくわずかな間。
針小棒大《しんしょうぼうだい》…大げさに言うこと。
起死回生《きしかいせい》…一気に立て直すこと。
二束三文《にそくさんもん》…非常に安いこと。
傍若無人《ぼうじゃくぶじん》…勝手に振《ふ》る舞《ま》うこと。
自画自賛《じがじさん》…自分で自分をほめること。
異口同音《いくどうおん》…多くの意見が一致《いっち》すること。
一日千秋《いちじつせんしゅう》…待ち遠しい気持ちで一日が長く感じること。

覚えよう **間違《まちが》えやすい四字熟語**

○**言語道断《ごんごどうだん》**——×言語同断
○**異口同音《いくどうおん》**——×異句同音
○**心機一転《しんきいってん》**——×心気一転
○**絶体絶命《ぜったいぜつめい》**——×絶対絶命
○**五里霧中《ごりむちゅう》**——×五里夢中
○**単刀直入《たんとうちょくにゅう》**——×短刀直入

実力アップ問題

解答・解説｜別冊 p. 4

正答率

1 次の熟語と同じ構成の熟語を、あとの**ア**〜**エ**から一つ選び、記号で答えなさい。

(1) 通園 ［静岡県］

ア 粗雑《そざつ**》　**イ** 県営

ウ 盛衰《せいすい》　**エ** 遭難《そうなん》

［　］ 55%

(2) 密疎《みつそ》 ［長崎県］

ア 公園　**イ** 豊富

ウ 表裏《ひょうり》　**エ** 日没《にちぼつ》

［　］ 62%

(3) 黙読《もくどく》 ［富山県］

ア 人造　**イ** 決心

ウ 博愛　**エ** 永遠

［　］

2 超重要

次の**ア**〜**オ**のうち、熟語の構成が他と異なるものを一つ選び、記号で答えなさい。 ［福島県］

ア 愛好　**イ** 表現

ウ 身体　**エ** 直接

オ 創造

［　］ 75%

3 難

次の文章中の――線部**ア**〜**カ**のうち、似た意味の漢字で構成された熟語になっているものをすべて選び、記号で答えなさい。 ［埼玉県］

ア国立公園でイ登山をしたときに見つけた珍《めずら》しい植物のウ種類について、エ駅前の図書館で、オ是非《ぜひ》ともカ詳細《しょうさい》を調べてみてください。

［　］ 37%

4 差がつく

次の**ア**〜**エ**の――線部をそれぞれ漢字に直したとき、「善悪」と熟語の構成が同じになるものを一つ選び、その漢字を書きなさい。 ［北海道］

ア 約束の時間をげんしゅする。

イ かんだんの差が激しい地域である。

ウ ケーキをきんとうに分ける。

エ 富士山のとうちょうに成功する。

［　］ 48%

5 超重要

次の**ア**〜**エ**のうち、熟語の構成が同じものの組み合わせはどれか。一つ選び、記号で答えなさい。 ［栃木県］

ア 歓迎《かんげい》—登山

イ 縮小—加減

ウ 不在—日没

エ 価値—身体

［　］ 75%

6 「荷台」という熟語と、読みのうえで音訓の順序が同じものを、次の**ア**〜**エ**から一つ選び、記号で答えなさい。 ［香川県］

ア 手本　**イ** 試合

ウ 役割　**エ** 蜜蜂《みつばち》

［　］

漢字・語句

7

2

「無意味」は、「意味がない」を漢字三字の熟語で言い換《か》えたものである。次の**ア**〜**エ**を、それぞれ――線部の漢字を用いて漢字三字の熟語に言い換えるとき、「無」で始まるものを一つ選び、記号で答えなさい。［京都府］

ア 一致《いっち》していない　**イ** 体験していない

ウ 関心がない　**エ** 常識がない

（　　）

8

2

次の□に共通して入る語を、あとの**ア**〜**エ**から一つ選び、記号で答えなさい。［宮城県］

・□許可
・□作為《さくい》
・□頓着《とんちゃく》

ア 未　**イ** 非

ウ 不　**エ** 無

（　　）

9

3

次の文章を読んで、あとの問いに答えなさい。［岡山県］

志摩《しま》ちゃんの名前が、活字になって雑誌に載《の》っている。こんな田舎《いなか》でも手に入るようなメジャーな雑誌に。

いきなり雑誌の上に頭を伏《ふ》せて、言葉を失った私に、志摩ちゃん以外の二人がヒいているのが明らかに伝わってきた。気まずさを隠《かく》すため、私は何とか台詞《せりふ》を探す。

「す、ごいじゃん、こんな雑誌に。普通《ふつう》、大学生とかが載ってるよね、高校生でこんなさ」

活字に目を泳がせたまま私が言うと、三年生のほうが「え、そうなんだ」と声を上げた。二年生の子が志摩ちゃんの手をつかむのが、視界の端《はし》に見えた。

89%

「うそ。すっごいね、志摩！　やっぱ才能あるよお」

才能。二年生の彼女《かのじょ》の、底抜《そこぬ》けに嬉《うれ》しそうな声でつむがれたその言葉に、私の心を覆《おお》うものが引き剝《は》がされる気がした。さっきまで私を覆っていた、温かい幸福感、ふわふわとした高揚《こうよう》、そういうものがメリッと不自然な音を立てて剝がれたのだ。

文章を読もうとしても、頭に入ってこない。機械的に目で追うことしかできない。

（豊島ミホ「ラブソング」より）

問　――線部「文章を読もうとしても、頭に入ってこない」とあるが、このときの「私」の状態を表す四字熟語として、最も適切なものを、次の**ア**〜**エ**から一つ選び、記号で答えなさい。

ア 曖昧模糊《あいまいもこ》　**イ** 空前絶後《くうぜんぜつご》

ウ 茫然自失《ぼうぜんじしつ》　**エ** 無我夢中《むがむちゅう》

（　　）

10

3

「悪□苦闘《とう》」が、「困難な状況《じょうきょう》の中で苦しみながら努力すること」という意味の四字熟語になるように、□にあてはまる最も適切な漢字一字を書きなさい。［愛媛県］

□

11

3

次の文中の□にあてはまる最も適切な言葉を、漢字二字で書きなさい。［愛知県］

▽これからの社会をたくましく生きていくために、臨機□に行動できる力を身に付けたい。

□□

85%

12 超重要

次のア～エのうち、――線部の四字熟語が正しく使われているものはどれか。最も適切なものを一つ選び、記号で答えなさい。〔栃木県〕

ア この部屋は清廉潔白《せいれんけっぱく》に保たれている。

イ 自然豊かな我田引水《がでんいんすい》の土地に暮らす。

ウ 国では森羅万象《しんらばんしょう》の保護を進めている。

エ 彼女は順風満帆《じゅんぷうまんぱん》な人生を送っている。

〔　　〕

13

次の文中の□にあてはまる最も適切な言葉を、あとの**ア**～**エ**から一つ選び、記号で答えなさい。〔愛知県〕

▽彼のすばらしい演奏は、□にできるものではない。

ア 一朝一夕《いっせき》　**イ** 一喜一憂《いちゆう》

ウ 一長一短　**エ** 一進一退

〔　　〕

14

次の文章を読んで、あとの問いに答えなさい。〔秋田県〕

一般《いっぱん》的に「博物館」の印象とはどのようなものでしょう。「厳《おごそ》かな雰囲気《ふんいき》の建物」や「貴重なものを収蔵している施設《しせつ》」でしょうか。現在、日本には六千もの「博物館」があるとされています。例えば、地域の歴史資料館は、最も身近でなじみ深い「博物館」です。科学館や美術館なども「博物館」ですし、意外に思うかもしれませんが、動物園も「博物館」に該当《がいとう》します。それぞれの「博物館」が担《にな》う役割は多種多様ですが、先人が守り伝えてきたものを未来に継承《けいしょう》するという営みは、共通しています。

問 多種多様 と同じ意味を表す四字熟語を、次の**ア**～**エ**から一つ選び、記号で答えなさい。

ア 大同小異

イ 千差万別《ばんべつ》

ウ 花鳥風月

エ 適材適所

〔　　〕

81%

15

次は、M中学校の文化委員会の話し合いで出された活動のスローガンの案である。四字熟語の本来の意味とスローガンに込《こ》めた思いが合致《がっち》していないものを、次の**ア**～**エ**から一つ選び、記号で答えなさい。〔大分県・改〕

	スローガン	スローガンに込めた思い
ア	一致団結	委員会の仲間やそれ以外の生徒とも目標を達成するために全員が協力する。
イ	一挙両得	一つのことを成し遂《と》げるため、お互《たが》いの得意分野を生かしながら物事に取り組む。
ウ	切磋琢磨《せっさたくま》	活動の成功に向け、他の委員会の生徒とともに励《はげ》まし合ったり競《きそ》い合ったりしながら努力する。
エ	勇猛果敢《ゆうもうかかん》	目標を達成するために、失敗を恐《おそ》れずさまざまな活動に思い切って取り組む。

〔　　〕

4 漢字・語句 漢字の知識

入試メモ
行書と楷書《かいしょ》の違《ちが》いをおさえておこう。部首、画数、筆順の知識を確認《かくにん》しよう。

出題率 38.5%

1 部首

出題率 6.3%

行書で書かれた部首の形に注意する。行書では、点や線が省略されたり、筆順が変わったりすることがある。

	楷書→行書		楷書→行書
きへん……	村→村	てへん…………	拝→拝
いとへん……	組→組	さんずい…………	海→海
しめすへん…	祈→祈	くさかんむり……	草→草
ころもへん…	補→補	たけかんむり……	答→答
ごんべん……	語→語	もんがまえ………	開→開
のぎへん……	私→私	れっか(れんが)…	点→点

2 画数

出題率 14.6%

折れ曲がる画など、間違えやすい部分に注意する。

例 一画で書く 永 気 万 及 号
二画で書く 印（ｴ 印） 了（フ 了） 風（丿 几 風）
三画で書く 己（コ コ 己） 女（く 女 女） 道（首 道 道）
弓（コ コ 弓） 阝（ﾌ ３ 阝）

〔画数の数え方〕
共通の部分をもつ漢字は、画数を類推しやすい。
例 万（3）→方（4）→防（7）・芳（7）

3 筆順

出題率 2.1%

筆順の原則をおさえておく。

① 上から下へ。例 宀 安 案
② 左から右へ。例 彳 術 術
③ 横画と縦画が交わるときは、横画が先。例 𠂉 牛 生
④ 中央から左右へ。例 白 泊 楽
⑤ 外側から内側へ。例 | 冂 同
⑥ 全体を貫《つらぬ》く画は最後。例 一 亘 亘 車、一 再 再

覚えよう **形が似ているのに筆順が違う漢字**

ナ { ノが先……例 有、布、右
　 { 横画が先…例 在、友、左

ノ { 左払《はら》いが先……例 九、成、及
　 { 左払いがあと…例 力、刀、原

4 書体

出題率 21.9%

行書の場合、次の点に注意する。

① 点や線がつながったり、省略されたりすることがある。
例 根→根、結→結
② 筆順が変わることがある。
例 花（一 十 艹 花）→花（丶 ﾉ ﾉ 花）
③ しめすへん（ネ）ところもへん（衤）が同じ形になる。
例 礼→礼、補→補

実力アップ問題

解答・解説｜別冊 p.6

正答率 31%

1

難 ↪1

漢字「美」の部首と同じ部首をもつ漢字を、次のア〜エから一つ選び、記号で答えなさい。［高知県］

ア 義　イ 契
ウ 英　エ 益

〔　　〕

2

↪2

次の漢字の総画数をそれぞれ数字で答えなさい。［島根県］

① 敬　〔　　〕画

② 吸　〔　　〕画　［山口県］

3

↪3

「成」の二画目を濃《こ》くなぞりなさい。［島根県］

4

↪3

次は、「風」という漢字を楷書体で書いたものである。黒ぬりのところは何画目になるか。数字で答えなさい。［山口県］

〔　　〕画目

5

超重要 ↪1・4

次の行書で書かれた部首を含《ふく》む漢字はどれか。あとのア〜エから一つ選び、記号で答えなさい。［栃木県］

ア 稲　イ 旅
ウ 福　エ 極

〔　　〕

正答率 82%

6

↪1・4

「秒」の偏《へん》を行書で書いたものはどれか。次のア〜エから一つ選び、記号で答えなさい。［三重県］

ア 　イ 
ウ 　エ 

〔　　〕

正答率 98%

7

↪1・2・4

次のA〜Dの漢字について、正しく楷書で書いた場合、部首が同じ画数になる組み合わせを、あとのア〜カから一つ選び、記号で答えなさい。［和歌山県］

ア AとB　イ AとC　ウ AとD
エ BとC　オ BとD　カ CとD

〔　　〕

8
超重要 ↪2・4

次の行書で書かれた漢字を、楷書《かいしょ》で書いたときの総画数を数字で書きなさい。〔高知県〕

超

〔　　〕画

85%

9
超重要 ↪2・4

「夢」を楷書で書いた場合の総画数と、次のア〜エの行書の漢字を楷書で書いた場合の総画数が同じものを、一つ選び、記号で答えなさい。〔福岡県〕

ア 設　イ 雑
ウ 絹　エ 程

〔　　〕

83%

10
↪2・4

次のア〜エの行書で書かれた漢字を楷書で書いたとき、楷書の総画数が同じ漢字を二つ選び、記号で答えなさい。〔鳥取県〕

ア 緑　イ 補
ウ 無　エ 起

〔　・　〕

78%

11
超重要 ↪2・4

次のア〜エの行書で書かれた漢字を楷書で書いたとき、総画数が最も多くなるものを選び、記号で答えなさい。〔鹿児島県〕

ア 粉　イ 閑
ウ 茶　エ 波

〔　　〕

89%

12
↪4

中学校で学んだ古文を行書で次のように書いた。気をつけた点として最も適切なものを、あとのア〜エから一つ選び、記号で答えなさい。〔福井県〕

夏は夜。月のころはさらなり。

ア 楷書で書くときに比べ、点画の方向や形が変化しないように書いた。
イ 楷書で書くときに比べ、筆脈があらわれるように意識して書いた。
ウ 楷書で書くときに比べ、点画に丸みがあらわれないように書いた。
エ 楷書で書くときに比べ、速く書くために筆順を変化させて書いた。

〔　　〕

13
差がつく ↪4

次の□内は、「相如」を楷書で書いたものである。○で囲んだ部分の点画の省略や連続に注意して、「相如」を行書で書きなさい。

相如

［宮崎県］

14
↪4

「世界平和」を楷書で書いた場合と比べ、「点画の省略」と「点画の連続」の二つの特徴《とくちょう》が見られるものを、次のア～エから一つ選び、記号で答えなさい。

ア 世　イ 界　ウ 平　エ 和

［大分県］

15
↪4

次の文は、行書で表記している。漢字を行書で書くときの特徴として適切なものを、あとのア～エからすべて選び、記号で答えなさい。

［沖縄県］

私は数学者になるほど想像力が豊かではなかったので詩人になった。

ア 点や画の形が丸みを帯びる。
イ 点や画の方向及《およ》び止めや払《はら》いの形が変わる。
ウ 点や画が直線的で角張っている。
エ 点や画が連続したり省略されたりする。

［　　］

69%

16
↪4

「私」を行書で書くと「私」となり、楷書で書いたときと異なる特徴が表れている。その特徴を説明したものとして最も適切なものを、次のア～エから一つ選び、記号で答えなさい。

［茨城県］

ア 横画が左上がりになっている。
イ 点画の省略が見られる。
ウ 縦画から横画への連続がある。
エ 右払いの方向の変化がある。

［　　］

17
差がつく ↪4

「継」は、楷書の「継」を行書で書いたもので、筆順が変化している。このように、楷書のときとは筆順が変化している行書の漢字を、次のア～エから一つ選び、記号で答えなさい。ただし、楷書については、小・中学校の教科書にある筆順とする。

［千葉県］

ア 光　イ 球　ウ 花　エ 染

［　　］

56%

漢字・語句

漢字・語句

5 語句の意味

入試メモ
類義語・対義語・多義語は、選択《せんたく》式問題での出題が多い。間違《まちが》えやすい語句は本文中での意味をしっかりとらえよう。

出題率 38.5%

1 類義語・対義語

出題率 10.4%

〔類義語の例〕

同じ漢字を含《ふく》むもの……方角―方向、意外―案外、実態―実情

同じ漢字を含まないもの…任務―使命、出版―刊行、進歩―向上

和語のもの…へだたり―開き、明かす―打ち明ける、暮らす―過ごす

〔対義語の例〕

反対（対《つい》）の意味の漢字を含むもの…困難↔容易、勝利↔敗北

打ち消しの意味の漢字を含むもの…当番↔非番、有益↔無益

熟語全体で反対（対）の意味のもの…理想↔現実、権利↔義務

和語のもの…私《わたくし》↔公《おおやけ》、顔見知り↔見ず知らず、尊い↔いやしい

2 多義語

出題率 3.1%

複数の意味をもつ言葉。文章中の語の意味を前後の文脈で判断する必要がある。国語辞典の形の出題も見られる。

例 **かける**　金庫に鍵《かぎ》を**かける**。（とれないようにとめる）

友人に声を**かける**。（一方から他方へ渡《わた》す）

頭から水を**かける**。（上からかぶせるようにする）

ブレーキを**かける**。（機械などを作動させる）

帽子《ぼうし》を壁《かべ》に**かける**。（上からぶらさげる）

3 注意すべき語句

出題率 29.2%

〔間違えやすい語句〕

役不足…その人の能力に対して、役割が軽すぎること。

例 彼《かれ》が書記では役不足だ。（彼には書記よりも重い役割の方がふさわしいという意味。）

例 私の力不足で落選した。（自分の能力が足りない場合は「力不足」。）

おもむろに・やおら…動きがゆっくりしている様子。（「不意に・いきなり」という意味ではない。）

例 おもむろに立ち上がる。

例 やおら口を開いた。

やぶさかでない…～するのにためらわない。

例 協力するのにやぶさかでない。（協力を惜《お》しまないという意味。）

まんじり…ちょっと眠《ねむ》る様子。

例 雷雨《らいう》のため、その夜はまんじりともできなかった。（ふつう、打ち消しの語句を伴《ともな》う。）

寸暇《すんか》を惜しんで…わずかな時間もむだにしないで。

例 寸暇を惜しんで研究に明け暮れた。（「寸暇を惜しまず」は誤り。）

取りつく島もない…頼《たよ》りにするものがなく、どうしようもない。

例 あの人にお願いしようとしたが、取りつく島もなく断られた。（「取りつく暇もない」は誤り。）

〔文章中の意味〕

入試問題では、文章中の意味を問われることが多いので、知らない語句であっても、**前後の言葉を頼りに意味を類推できる**。

実力アップ問題

解答・解説 別冊p.7

1

中学生の正広さんは、春休みのボランティア活動で保育施設《しせつ》を訪《おとず》れた。次の会話を読んで、あとの問いに答えなさい。 〔岡山県〕

正広　はじめまして。僕《ぼく》の名前は正広です。今日はみんなと一緒《いっしょ》に遊びたいんだけど、何をしたいかな。
園児A　じゃあ、外で鬼《おに》ごっこをしようよ。
園児B　私はお部屋でお絵かきがしたいな。
園児C　外のほうが楽しいよ。ボール遊びをしようよ。
園児D　私もお部屋の中がいいな。
正広　今日は晴天で暖かいから、外で遊ぼうか。
園児A　セイテンデ……？

問　——線部「晴天で」とあるが、この表現は園児Aにうまく伝わらなかった。これを、園児にとってわかりやすい表現に改めるとき、適切な言葉を「……暖かいから、」に続くように五字以内で書きなさい。

□□□□□ 暖かいから、

正答率 94%

2

次の文章を読んで、あとの問いに答えなさい。 〔山口県〕

一枚の横断幕が目に入った。

〈走れ！　自分を信じて〉

最後に瞳からかけられたエールを思い出す。

（走って！　自分を信じるのよ）

ぼんやりとした頭で考える。

自分だけを信じる。本当にそうなんだろうか？　と——。

確かに瑞希《みずき》は一人で走っていた。だけど、本当に一人だったら、ここまで頑張《がんば》れなかった。

先頭で襷《たすき》を繋《つな》いだ先輩達《せんぱいたち》、倒《たお》れ込《こ》みながら駆《か》け込んできた歩《あゆむ》、付き添《そ》ってくれた部員達、応援《おうえん》してくれた観衆。

そして。

最後に「走れ」と背中を押《お》してくれた母。

——ありがとう。私を走らせてくれた人達……。

次第《しだい》にはっきりとしてくる外界の音。

気がつくと、高瀬先生の顔が目の前にあった。


（蓮見恭子『襷を、君に。』光文社より）

問　——線部「ぼんやりと」の対義語を、文章中から書き抜《ぬ》きなさい。

〔　　　　〕

3 差がつく

「独創」の意味は国語辞典に次のように載《の》っていた。□には「独創」の対義語が入るが、最も適切なものを、あとのア～エから一つ選び、記号で答えなさい。 〔沖縄県〕

> どくそう【独創】〔名〕
> □ではなく、独自の考えで物事を生み出すこと。また、そのもの。「——性のある彫刻《ちょうこく》」

ア　模倣《もほう》　　**イ**　主観
ウ　積極　　**エ**　必然

〔　　　　〕

4
↳2

次の文章を読んで、あとの問いに答えなさい。［岩手県・改］

「便利、便利」と言いますが、わたしたちにとって便利とはなにを意味するのでしょうか。

「足はどうするの？」

旅行に行くときなど、こんな会話をすることがあります。「足」とは、車か電車かタクシーか？　どの移動手段を使うかを尋《たず》ねるときに使います。この表現が、わたしたちにとっての技術とはなにか、便利とはなにか、を考えるときのヒントになります。

（佐倉統・古田ゆかり『おはようからおやすみまでの科学』より）

問　——線部「足はどうするの？」の「足」と同じ意味で用いられているものはどれか。最も適切なものを、次の**ア**～**エ**から一つ選び、記号で答えなさい。

ア　大きな物音に驚《おどろ》き思わず足を止めた。
イ　大雪の影響《えいきょう》で学校までの足を奪《うば》われた。
ウ　満開の桜を見に遠くまで足を運んだ。
エ　グラウンドのぬかるみに足を取られた。〔　　〕

5
超重要　↳3

次の文の——線部「遭遇《そうぐう》する」の意味として最も適切なものを、あとの**ア**～**エ**から一つ選び、記号で答えなさい。［新潟県］

▽極《きわ》めてすぐれたインタヴュアーに遭遇すると、自分でも意外と思えることを喋《しゃべ》っていることがある。

（沢木耕太郎『不思議の果実』より）

ア　予期せずに出会う　**イ**　理解してもらう
ウ　話を聞いてもらう　**エ**　誘導《ゆうどう》されてしまう〔　　〕

90%

6
↳3

次の語句の意味として最も適切なものを、それぞれ**ア**～**エ**から一つずつ選び、記号で答えなさい。［京都府］

(1)　「率直《そっちょく》に」
ア　むやみやたらに
イ　普段《ふだん》よりおおげさに
ウ　他の人より先に
エ　飾《かざ》りけなくありのままに〔　　〕

(2)　「固有の」
ア　強くてかたい
イ　そのものに限ってある
ウ　他よりも重要な
エ　まれにしか存在しない〔　　〕

7
超重要　↳3

次の文章を読んで、あとの問いに答えなさい。［大阪府］

確かに、言葉が伝えるものは情報です。しかし、言葉は単に情報が通じればいいというものではありません。〝互《たが》いに気持ちよく言葉を交《か》わすことができるようにしよう〟——最近、そういう気持ちが薄《うす》れ、ぞんざいな言い方をしても、まったく悪いと思っていない人を見掛《みか》けますが、とても悲しくなります。

（北原保雄『日本語の常識アラカルト』より）

問　——線部「ぞんざいな」の文章中での意味として最も適切なものを、次の**ア**～**エ**から一つ選び、記号で答えなさい。

84%

ア 落ち着きのない　イ わかりにくい
ウ 無礼な　エ 思わせぶりな
〔　　〕

8

次の文の――線部「おぼしき」に近い意味の熟語として適切なものを、あとのア～エから一つ選び、記号で答えなさい。〔石川県〕

▽リーダーとおぼしき男が話す。

ア 希望　イ 記憶《きおく》
ウ 発見　エ 推測
〔　　〕

9 難

「失笑する」が正しい意味で使われている最も適切なものを、次のア～エから一つ選び、記号で答えなさい。〔千葉県・改〕

ア 彼《かれ》の思いもよらない行動に、つい失笑した。
イ 彼のいつもの冗談《じょうだん》に腹をかかえて失笑した。
ウ 私の行動に、彼はとまどいながら失笑した。
エ 私の発言に対し、彼は冷たい目で失笑した。
〔　　〕

10

次の文章の――線部「自足」の意味として最も適切なものを、あとのア～エから一つ選び、記号で答えなさい。〔愛知県〕

重要なことは、このズレがあるからこそ、人間はほかの動物のように自足することができず、自分が生きる世界を絶えずつくり替《か》えていかなければならないということ。
（小林康夫「学ぶことの根拠」より）

ア 自由自在に動き回ること
イ 不足がないか自ら確かめること
ウ 現状に自ら満足すること
エ 自分の力で成長していくこと
〔　　〕

26%

11 思考力

次の文章を読んで、あとの問いに答えなさい。〔島根県〕

ヘレンは「愛」ということばを一生懸命《いっしょうけんめい》考え、理解したことで、言語は、抽象的《ちゅうしょうてき》な概念《がいねん》にも名前をつけることができるのだということを知りました。これは、「モノには名前があり、ことばはモノの名前だ」という洞察《どうさつ》に次ぐ、第二の洞察を彼女《かのじょ》に与《あた》えたはずです。
（今井むつみ『ことばの発達の謎を解く』より）

問 漢和辞典を利用して文章中の洞察の意味を考えることにした。あとに示したそれぞれの漢字の〔意味〕と、文章中でどのように使われているかをふまえて、洞察の意味を十字以上、二十字以内で答えなさい。

〈漢和辞典に載《の》っていた説明〉

【洞】9画　音ドウ　訓ほら
〔意味〕①ほら穴　②つらぬく　③見抜《みぬ》く
【察】14画　音サツ
〔意味〕①調べ考える　②わきまえる　③思いやり

10
20

慣用句・ことわざ・故事成語

入試メモ 慣用句・ことわざ・故事成語は、意味と使い方が問われる。言い回しを正確に覚えておこう。

出題率 19.8%

1 慣用句

出題率 13.5%

いくつかの言葉が結びついて、ある決まった意味を表す表現。

〔よく出る慣用句〕

① 体の一部に関する慣用句

足を引っ張る…人の成功や進行の邪魔《じゃま》をする。
例 仲間の足を引っ張る。

目に余る…見過ごせないほどひどい。 例 彼《かれ》の言動は目に余る。

小耳にはさむ…ふと耳に入る。偶然《ぐうぜん》聞く。
例 うわさ話を小耳にはさむ。

② 生き物に関する慣用句

うり二つ…そっくりであるさま。 例 顔がうり二つの兄弟。

根も葉もない…根拠《こんきょ》が全くない。 例 根も葉もないうわさ。

すずめの涙《なみだ》…ごくわずかなこと。 例 すずめの涙ほどの土地。

③ その他の慣用句

雲をつかむ…とらえどころがないさま。
例 雲をつかむような曖昧《あいまい》な話。

油を売る…むだ話などで仕事を怠《なま》ける。
例 忙《いそが》しくて油を売る暇《ひま》もない。

水をさす…横から邪魔をする。 例 和《なご》やかな会談に水をさす。

覚えよう 注意すべき慣用句

- ○**恩に着せる**――×恩を着せる
- ○**首をかしげる**――×頭をかしげる
- ○**脚光《きゃっこう》を浴びる**――×脚光を集める
- ○**手に負えない**――×手が負えない

2 ことわざ

出題率 4.2%

教訓などを含《ふく》んだ、ひと続きの言葉。昔から伝わるものが多い。

〔よく出ることわざ〕

雨降って地固まる…もめ事があったあとはよりよい関係を築ける。

好きこそものの上手なれ…好んですることは上達も速い。

二兎《にと》を追う者は一兎をも得ず…二つを一度に得ようとして失敗すること。

百聞は一見に如《し》かず…何度も人から聞くより一度自分の目で見た方が確かである。

類は友を呼ぶ…気の合う者が自然に集まって仲間になること。

猿《さる》も木から落ちる…名人でも失敗することはある。（「河童《かっぱ》の川流れ」「弘法《こうぼう》にも筆の誤り」も似た意味）

3 故事成語

出題率 2.1%

故事（言い伝えや歴史的事実）をもとにした言葉。中国の古典によるものが多い。

〔よく出る故事成語〕

漁夫《ぎょふ》の利…二者が争ううちに、第三者が利益を独占《どくせん》すること。

杞憂《きゆう》…無用の心配。取り越《こ》し苦労。

圧巻…最も優《すぐ》れた部分。いちばん優れたもの。

四面楚歌《しめんそか》…周りみんなが敵であること。孤立《こりつ》すること。

蛇足《だそく》…よけいなつけたし。

実力アップ問題

解答・解説　別冊 p.8

正答率

1　I・3　95%

「過去にあったことを、すべてなかったことにすること」という意味をもつ慣用句を、次の**ア**～**エ**から一つ選び、記号で答えなさい。〔高知県〕

ア　水に流す　　**イ**　水泡《すいほう》に帰す

ウ　背水の陣《じん》　　**エ**　覆水盆《ふくすいぼん》に返らず

2　I

「拍車《はくしゃ》をかけた」の意味として最も適切なものを、次の**ア**～**エ**から一つ選び、記号で答えなさい。〔富山県・改〕

ア　進み具合を速めた。

イ　新たな道を示唆《しさ》した。

ウ　後退をうながした。

エ　長期間、停滞《ていたい》させた。

3　超重要　I　82%

次の文章中の□にあてはまるものとして、最も適切なものを、あとの**ア**～**エ**から一つ選び、記号で答えなさい。〔鳥取県〕

記者からのするどい質問に対して、彼はいいかげんな答えを繰《く》り返した。彼の□ようなこの態度によって、ますます多くの記者から質問を浴びせられることとなった。

ア　花を持たせる　　**イ**　横車を押《お》す

ウ　お株を奪《うば》う　　**エ**　お茶を濁《にご》す

4　I

次の**ア**～**オ**の――線をつけた慣用句の中で、使い方が正しくないものを一つ選び、記号で答えなさい。〔福島県〕

ア　先輩からかけられた言葉を心に刻む。

イ　現実の厳しさを知り襟《えり》を正す。

ウ　彼の日々の努力には頭が下がる。

エ　大切な思い出を棚《たな》に上げる。

オ　研究の成果が認められ胸を張る。

5　I

次の慣用句に関する会話中の□にあてはまる内容として最も適切なものを、あとの**ア**～**エ**から一つ選び、記号で答えなさい。〔埼玉県・改〕

生徒　私は『気がおけない』という言葉を『安心できない』という意味で理解していましたが、正しくは『□』という意味だとはじめて知りました。

先生　『気がおけない』は『気のおけない』ともいいますね。

ア　遠慮《えんりょ》がいらない

イ　落ち着きがない

ウ　関係がない

エ　油断ができない

6

↪2

「他人に利することがめぐりめぐって自分にかえってくる」という意味のことわざとして最も適切なものを、次の**ア**～**エ**から一つ選び、記号で答えなさい。〔福井県・改〕

ア 情けをかける
イ 旅は道連れ世は情け
ウ 情けは無用
エ 情けは人のためならず

〔　　〕

7

↪2

あやさんは、ALTのメイ先生に日本語についてインタビューを行った。□にあてはまる言葉として最も適切なものを、あとの**ア**～**エ**から一つ選び、記号で答えなさい。〔宮城県〕

メイ先生　難しいけれど、面白《おもしろ》いのはことわざです。英語にもことわざはたくさんありますが、日本語ならではの表現に出会うとうれしくなります。「二階から目薬」、「立て板に水」、それから、用心の上にも用心して行動するという意味の……。

あや　わかりました、「□」ですね。

メイ先生　そうです。上手に言い表していますよね。ことわざも興味深い文化の一つですので、たくさん覚えていきたいです。

ア 立つ鳥あとを濁《にご》さず
イ 果報は寝《ね》て待て
ウ 石橋をたたいて渡《わた》る
エ 縁《えん》の下の力持ち

〔　　〕

86%

8

↪3

次の故事成語の意味として最も適切なものを、あとの**ア**～**エ**から一つ選び、記号で答えなさい。〔鳥取県・改〕

▽「虎穴《こけつ》に入《い》らずんば、虎子《こじ》を得ず。」

ア 細心の注意を払《はら》わなければ、失敗は避《さ》けられない。
イ 他人への思いやりがなければ、信頼《しんらい》は得られない。
ウ 危険を冒《おか》さなければ、大きな成功は収められない。
エ 長い時間をかけなければ、何事も成し遂《と》げられない。

〔　　〕

9

↪3

次の文章を読んで、あとの問いに答えなさい。〔島根県・改〕

ある男がわなをかけて鹿《しか》をとらえたが、射殺したのだと言って弓の腕前《うでまえ》を自慢《じまん》しようと考えた。わなにかかった鹿に向かって矢を射たものの鹿には当たらず、わなをつないでいた綱《つな》を切ってしまい、鹿は逃《に》げてしまった。男が悔《くや》しがってもどうにもならなかった。

（『古今著聞集』〈現代語訳〉より）

問 次の**ア**～**エ**の故事成語（中国の古典から生まれた言葉）の中で、この話が伝えていることと最も近いものはどれか。一つ選び、記号で答えなさい。

ア 推敲《すいこう》　**イ** 矛盾《むじゅん》
ウ 蛇足《だそく》　**エ** 五十歩百歩

〔　　〕

〔文法〕

出るとこチェック　文法

次の問題を解いて、文法の知識を確認《かくにん》しよう。

1 品詞の識別 → p.38

□ 01 「私は学校へ行く。」から自立語をすべて書き抜《ぬ》きなさい。（　　）

□ 02 「大きな鳥が空を飛ぶ。」の「大きな」の品詞を答えなさい。（　　）

□ 03 「球技の楽しさを伝える。」の「楽しさ」の品詞を答えなさい。（　　）

□ 04 「先生から声をかけられる。」の「られる」の品詞を答えなさい。（　　）

□ 05 「母は、犬が好きだ。」の「が」の品詞を答えなさい。（　　）

□ 06 「楽しい時間は早く過ぎる。」から動詞を一つ書き抜きなさい。（　　）

□ 07 「部屋をすぐに片付ける。」から副詞を一つ書き抜きなさい。（　　）

□ 08 「おかしな話。」「変な話。」の「おかしな」「変な」のうち、形容動詞であるのはどちらか。（　　）

□ 09 「付属語の助動詞と助詞の違《ちが》いは、助動詞には□があるが、助詞には□がない。」の□に共通してあてはまる言葉を答えなさい。（　　）

2 文の組み立て → p.42

□ 10 「暖かな日がしばらく続く。」を文節に区切ると、いくつに分かれるか。数字で答えなさい。（　　）

□ 11 「母は、花柄《はながら》の服が好きだ。」の——線部と＝線部の文節どうしの関係を答えなさい。（　　）

□ 12 「父は、日曜日に釣《つ》りに出かけた。」の「日曜日に」が修飾《しゅうしょく》する文節を答えなさい。（　　）

□ 13 「兄は音楽を聴《き》いて いる。」の——線部と＝線部の文節どうしの関係を答えなさい。（　　）

□ 14 「私の家は学校の近くにある。」の「私の家は」は、文の成分では何にあたるか。（　　）

□ 15 「問題点は、期間が短すぎる。」は、文節の係り受けが正しくない。「短すぎる」の部分を正しく直しなさい。（　　）

3 用言の活用 → p.46

□ 16 「長い手紙を書きました。」の「書き」の活用形を答えなさい。（　　）

□ 17 「朝早く起きれば、間に合う。」の「起きれ」の活用形を答えなさい。（　　）

□ 18 「青い服をよく着る。」の「着る」の活用の種類を答えなさい。（　　）

□ 19 「運動会で活躍《かつやく》する。」の「活躍する」の活用の種類を答えなさい。（　　）

□ 20 「楽しい旅行。」の「楽しい」の未然形を答えなさい。（　　）

□ 21 「形容詞・形容動詞の活用形は、動詞と同様だが、□形はない。」の□にあてはまる言葉を答えなさい。（　　）

□ 22 「書い／て／み／た」は単語に区切られている。活用がある単語をすべて抜《ぬ》き出し、終止形に変えて書きなさい。（　　）

4 意味・用法の識別

↓p.50

□ 23 「母に買い物を頼《たの》まれる。」の「れる」の意味は〈受け身・可能・自発・尊敬〉のうちのどれか。（　　）

□ 24 a「もうすぐ始まるそうだ。」、b「もうすぐ始まりそうだ。」の「そうだ」のうち、人から伝え聞いた意味を表すのはどちらか。（　　）

□ 25 a「妹のくつを買う。」、b「市の職員になる。」、c「私の選んだ本。」の「の」のうち、意味・用法が一つだけ違うのはどれか。（　　）

□ 26 a「かわいい犬がいる。」、b「かわいい犬がほしい。」の「犬が」のうち、主語であるのはどちらか。（　　）

□ 27 「新しい服を買わない。」の「ない」は〈形容詞・助動詞〉のうちのどちらか。（　　）

□ 28 「向こうから来るのがぼくの兄だ。」の「だ」は〈形容動詞の活用語尾《ごび》・助動詞〉のうちのどちらか。（　　）

5 敬語

↓p.54

□ 29 「先生がいらっしゃる。」の「いらっしゃる」は、敬語の種類〈尊敬語・謙譲語《けんじょう》・丁寧語《ていねい》〉のうちのどれか。（　　）

□ 30 「謙譲語とは、相手に敬意を表すために、人の動作などをへりくだって言う敬語である。」の□に共通してあてはまる言葉を答えなさい。（　　）

□ 31 「彼《かれ》が田中君だ。」の「田中君だ」を丁寧語を使って書き直しなさい。（　　）

□ 32 「父がこちらにいらっしゃいます。」の「いらっしゃいます」を正しく直すには、〈こられます・まいります〉のうちのどちらを使えばよいか。（　　）

□ 33 「お客様が食べる。」の「食べる」を尊敬語を使って書き直しなさい。（　　）

□ 34 「先生にもらった本。」の「もらった」を謙譲語を使って書き直しなさい。（　　）

出るとこチェックの答え

1　01 私・学校・行く　02 連体詞　03 名詞　04 助動詞　05 助詞　06 過ぎる　07 すぐに　08 変な　09 活用

2　10 4　11 主・述の関係　12 出かけた　13 補助の関係　14 主部　15 例 短すぎることだ

3　16 連用形　17 仮定形　18 上一段活用　19 サ行変格活用　20 楽しかろ　21 命令　22 書く・みる・た

4　23 受け身　24 a　25 c　26 a　27 助動詞　28 助動詞

5　29 尊敬語　30 自分　31 例 田中君です　32 まいります　33 例 召し上がる　34 例 いただいた

文法

品詞の識別

出題率 34.4%

入試メモ
文中の語の品詞を識別する問題が多く出題される。品詞が変化した単語の識別に注意。

1 品詞の種類

出題率 16.7%

単語は、次の十種類の品詞に分けられる。

単語			
自立語	活用する（＝用言）	言い切りが「ウ段」で終わる	①動詞
自立語	活用する（＝用言）	言い切りが「い」で終わる	②形容詞
自立語	活用する（＝用言）	言い切りが「だ・です」で終わる	③形容動詞
自立語	活用しない	主語になる（＝体言）	④名詞
自立語	活用しない	連体修飾語《しゅうしょくご》になる	⑤連体詞
自立語	活用しない	連用修飾語になる	⑥副詞
自立語	活用しない	接続語になる	⑦接続詞
自立語	活用しない	独立語になる	⑧感動詞
付属語	活用する		⑨助動詞
付属語	活用しない		⑩助詞

●品詞が変化した単語…例 心が動く。（動詞）→心の動き。（名詞）
海が近い。（形容詞）→海の近く。（名詞）

2 活用する自立語

出題率 7.3%

①動詞………動作、存在などを表す。例 歩く・ためらう・いる
②形容詞……状態、性質などを表す。例 美しい・寒い・ない
③形容動詞…状態、性質などを表す。例 確かだ・変だ・きれいだ

覚えよう **補助用言に注意**

本来の意味が薄《うす》れ、意味を添《そ》えるだけの用言。

例 書いて＋いる（「存在」の意味が薄れている）
例 考えて＋みる（「見る」の意味が薄れている）
例 古く＋ない（「存在しない」の意味が薄れている）

3 活用しない自立語

出題率 7.3%

④名詞……物事の名前などを表す。
例 大きな犬。フランスに行く。
⑤連体詞…名詞を修飾する。
例 この道を行く。あらゆる方法を試す。
⑥副詞……主に用言を修飾する。
例 きらきら光る。とても速い。
⑦接続詞…接続語になる。例 正しい。しかし、物足りない。
⑧感動詞…独立語になる。例 おや、雨が降り出したよ。
●連体詞の識別…例 おかしい話。（形容詞）／おかしな話。（連体詞）
※活用するかどうかで判断する。〔○おかしくない／×おかしなない〕「おかしな」は活用しないので連体詞。

4 付属語

出題率 4.2%

⑨助動詞…用言や他の助動詞などのあとにつく。活用する。
れる・られる…例 友達に名前を呼ばれる。たくさん食べられる。
そうだ…例 明日は雨が降るそうだ。明日は雨が降りそうだ。
⑩助詞…体言、用言、助動詞、他の助詞などのあとにつく。活用しない。
の（格助詞）……例 私のかばん。左側にあるのが病院です。
と（格助詞）……例 バスと電車。
と（接続助詞）…例 春になると気温が上がる。

実力アップ問題

解答・解説 ┃ 別冊 p.9

1

↪1

次の文を単語に分ける場合、その分け方と品詞の並びとして適切なものを、あとのア～オから一つ選び、記号で答えなさい。〔熊本県〕

▽さらさらと流れていた。

ア 名詞＋助詞＋動詞＋助詞＋動詞

イ 名詞＋助詞＋動詞＋動詞＋助詞

ウ 副詞＋動詞＋助詞＋助動詞

エ 副詞＋助詞＋動詞＋助詞＋動詞

オ 連体詞＋動詞＋助詞＋助動詞

2

↪1

次の文から自立語をそのままの形で二つ抜《ぬ》き出して書きなさい。〔長野県〕

▽父は言った。

3

↪1

次のア～エの――線部から、活用する語を一つ選び、記号で答えなさい。〔富山県〕

ア ある日のことです。

イ ちょっと姿勢を崩《くず》す。

ウ 情けない思いをする。

エ 一人で泣いたというのです。

正答率

4

↪2 難

次の文から、動詞をそのままの形で書き抜きなさい。〔岐阜県〕

▽せっかく手に入れたんだ。

5

↪2

次の文の――線部「暖かく」の品詞名を書きなさい。〔山口県〕

▽春になると、暖かくなってくる。

6

↪2

次のア～エの――線部「ない」の中から形容詞を一つ選び、記号で答えなさい。〔島根県〕

ア ぼくは行かない。

イ 誰《だれ》も集まらない。

ウ 行かねばならない。

エ 大事なことではない。

7

↪3

次の文の――線部「あたかも」の品詞は何か。あとのア～エから一つ選び、記号で答えなさい。〔佐賀県〕

▽あたかも現実の世界であるかのような錯覚《さっかく》を起こさせる。

ア 形容詞　**イ** 形容動詞

ウ 副詞　**エ** 接続詞

20%

8

↪3 難

次の文の――線部「たとえ」と同じ品詞が使われている一文を、あとのア～エから一つ選び、記号で答えなさい。　〔高知県〕

▽たとえ上手にできないとしても、努力は大事だ。

ア　あれもこれも桜の花だ。

イ　桜の花が美しく咲《さ》いた。

ウ　静かに桜の花が散っていく。

エ　ゆっくり桜の花を見る。

〔　　〕

40%

9

↪4 難

次の文の――線部「れる」の品詞名を書きなさい。　〔愛媛県〕

▽オオバコは踏《ふ》まれることで種子を運ぶ。

〔　　〕

36%

10

↪4

次の文の――線部「そうだ」の品詞として最も適切なものを、あとのア～エから一つ選び、記号で答えなさい。　〔京都府・改〕

▽教養人としての条件の第一は、バランスのとれた知識をもっていることであるといえそうだ。

ア　助詞　　**イ**　助動詞

ウ　感動詞　　**エ**　形容動詞

〔　　〕

11

↪1

次の文の――線部「裏返し」の品詞と同じ品詞のものを、あとのア～エの――線部から一つ選び、記号で答えなさい。　〔福岡県〕

▽紙を裏返しにする。

ア　力試しに問題を解いてみた。

イ　使った机を元の位置に戻《もど》し下校した。

ウ　もしもし、田中さんですか。

エ　少しお待ちくださいと言われた。

〔　　〕

50%

12

↪1 難

次の文の――線部「大きな」と同じ品詞のものを、あとのア～エの――線部から一つ選び、記号で答えなさい。　〔青森県〕

▽大きな問題はない。

ア　きっと雨が降るだろう。

イ　穏《おだ》やかな風が吹《ふ》く。

ウ　たいした度胸の持ち主だ。

エ　小さい頃《ころ》の思い出。

〔　　〕

23%

13

↪1 難

次の文の――線部「その」と同じ品詞のものを、あとのア～オの――線部からすべて選び、記号で答えなさい。　〔岡山県〕

▽その日は雨だった。

ア　静かな海を見つめる。

イ　あの人の話を聞きたい。

ウ　安心したような顔つきだ。

エ　それは何ですか。

オ　大きな声で話す。

〔　　〕

17%

14 超重要 ↪1

次のア〜エの――線部の中で、一つだけ他と品詞が異なるものを選び、記号で答えなさい。［大阪府・改］

ア　たとえ間違《まちが》っていてもめげない。
イ　温かく感じる言葉遣《ことばづか》い。
ウ　やはり努力がいちばん大事です。
エ　特に改善することもない。

〔　　〕

86%

15 ↪1

次のア〜オの――線部の中には、品詞の分類からみて同じものがある。それはどれとどれか。記号で答えなさい。［静岡県］

ア　子どもはもともと発見、創造を得意としている。
イ　運動をともなう遊びは知性の発達に重要だ。
ウ　目の前の出来事は、膨大《ぼうだい》な情報を含《ふく》んでいる。
エ　絵を描《か》くとき、すべて見たものをシンボル化する。
オ　目にした世界をある一定の条件のもとで切り取る。

〔　　・　　〕

16 超重要 ↪2

次の文の――線部「いる」と同じ働きをしているものを、あとのア〜エの――線部から一つ選び、記号で答えなさい。［奈良県］

▽世界がどのようにできているのかを考える。

ア　君の力がどうしてもいる。
イ　この湖の水は澄《す》んでいる。
ウ　この音色は胸にしみいる。
エ　私の兄はロンドンにいる。

〔　　〕

88%

17 差がつく ↪1

次の文中の「寒さ」を、あとのように説明した。〔A〕〔B〕に入る品詞として適切なものを、あとのア〜エからそれぞれ一つずつ選び、記号で答えなさい。［秋田県］

▽三月になり、寒さが和らいできた。

> 「寒さ」は「寒い」という〔　A　〕の語幹「寒（さむ）」に、接尾語《せつびご》の「さ」が付いて、〔　B　〕に変わった単語である。

ア　動詞
イ　形容詞
ウ　形容動詞
エ　名詞

A〔　　〕　B〔　　〕

59%

18 ↪1

次の①と②の文中の――線部の品詞は何か。最も適切なものを、あとのア〜オからそれぞれ一つずつ選び、記号で答えなさい。［滋賀県］

①　彼女《かのじょ》の懸命《けんめい》に祈《いの》る姿が、私に勇気を与《あた》えてくれた。
②　彼女の懸命な祈りが、私に勇気を与えてくれた。

ア　名詞　イ　形容詞　ウ　副詞
エ　動詞　オ　助動詞

①〔　　〕　②〔　　〕

48%　75%

2 ≫文法 文の組み立て

入試メモ 文節や単語に分ける問題が多く出題される。文節の役割を理解して、係り受けをおさえよう。

出題率 34.4%

1 文節・単語

出題率 11.5%

ネ(サ・ヨ)を入れて文節に分ける。文節や単語に正しく分けるには、自立語・付属語の識別が大事。

覚えよう **文節と単語の違《ちが》い** 自立語(赤字) 付属語(黒字)

文節 私は ネ 昨日の ネ 朝 ネ 早く ネ 起きました ネ。

単語 私｜は｜昨日｜の｜朝｜早く｜起き｜まし｜た。

① 自立語は、必ず**一つの文節に一つ**だけある。

② 自立語は、必ず**文節の最初**にある。

③ 付属語は、一文節に**一つもない場合も複数ある場合もある。**

④ 付属語は、文節の**最初にくることはない。**

※複数の文節が連なって、一文節のような働きをするものを**連文節**という。

2 文節どうしの関係

出題率 10.4%

特に並立《へいりつ》の関係と補助の関係には注意が必要。

① 主・述の関係…例 私は(主語) 楽しく 過ごした(述語)。

② 修飾《しゅうしょく》・被《ひ》修飾の関係…例 私は 楽しく(修飾語) 過ごした(被修飾語)。

③ 接続の関係…例 疲れたが(接続語)、楽しく 過ごした(受ける連文節)。

④ 並立の関係…例 私は 楽しく 有意義に 過ごした。

※入れ替《か》えても意味が変わらない。

⑤ 補助の関係…例 私は 楽しく 過ごして いる(補助動詞)。

※「過ごして いる」は連文節になる。

3 文の成分

出題率 1.0%

① **主語**……「何が」「誰《だれ》が」にあたる文節。

② **述語**……「何だ」「どんなだ」「どうする」「ある・いる」などにあたる文節。

③ **修飾語**…他の文節を詳《くわ》しく説明したり、補ったりする文節。

④ **接続語**…文や文節をつなぐ働きをもつ文節。

⑤ **独立語**…他の文節とは直接関係がない文節。

※連文節の場合は、**主部・述部・修飾部・接続部・独立部**という。

4 文節の係り受け

出題率 12.5%

文節の係り受けが正しくないと、不自然な文になってしまう。特に、主・述の関係に注意する。

例 ×私の夢は、宇宙飛行士になりたい。
○私の夢は、宇宙飛行士になることだ。

● **呼応(陳述《ちんじゅつ》)の副詞**…副詞には、対応する言い方が決まったものがある。

例 **まるで** 魚のような 泳ぎだ。
彼《かれ》のことは**全く** 知らない。
もし 私がいたら止めただろう。
たとえ 今はつらくても、前に進んで行こう。

実力アップ問題

解答・解説 別冊 p.10

正答率

1

次の文を文節に区切ったものとして最も適切なものを、あとの**ア**〜**エ**から一つ選び、記号で答えなさい。［長崎県］

▽上も下もありません。

ア 上も下も／ありません。
イ 上も／下も／ありません。
ウ 上も／下も／あり／ません。
エ 上／も／下／も／あり／ませ／ん。

〔　　〕

70%

2

次の文は、いくつの文節でできているか。数字で答えなさい。［山口県］

▽面白《おもしろ》い勝負ができるというものです。

〔　　〕

3

次の各文を単語に区切ったものとして最も適切なものを、あとの**ア**〜**エ**からそれぞれ一つずつ選び、記号で答えなさい。

① 本はあまり読みません。［茨城県］

ア 本／は／あま／り／読み／ません。
イ 本は／あま／り／読みま／せ／ん。
ウ 本／は／あまり／読み／ませ／ん。
エ 本は／あまり／読み／ま／せん。

〔　　〕

② 走ってくる人がいた。［三重県］

ア 走って／くる／人／が／いた。
イ 走って／く／る／人／が／いた。
ウ 走っ／て／くる／人／が／い／た。
エ 走っ／て／く／る／人／が／い／た。

〔　　〕

58%

4

次の文は、いくつの単語でできているか。数字で答えなさい。［沖縄県］

▽こちらを見ずに応える。

〔　　〕

5

次の文の══線部「大きな」と修飾・被修飾の関係にあるものを、──線部**ア**〜**キ**から一つ選び、記号で答えなさい。［北海道］

▽ア水族館の　イ水槽《すいそう》の　ウ中で　大きな　エくらげが　オゆらゆらと　カ泳いで　キいる。

〔　　〕

77%

6 差がつく

次の文の══線部「どうしても」と修飾・被修飾の関係にあるものを、──線部**ア**〜**エ**から一つ選び、記号で答えなさい。［滋賀県］

どうしても旧暦《きゅうれき》の正月の前に、ア住み慣れた古い家に別れ、イなじみ深い故郷をあとにして、私が今暮らしをウ立てている異郷の地へエ引っ越《こ》さねばならない。

（魯迅・作　竹内好・訳『故郷』より）

〔　　〕

58%

文法

7 ↪2

次の文の**ア**〜**エ**の――線部と‖線部の文節どうしの関係のうち、補助の関係にあるものを一つ選び、記号で答えなさい。［埼玉県］

▽青い　空を　高く　速く　飛んで　いるのは　新型の　飛行機だ。

（**ア**：青い―空を　**イ**：高く―速く　**ウ**：飛んで―いるのは　**エ**：新型の―飛行機だ）

49%

8 ↪2

次の文章中の――線部と‖線部の、文節どうしの関係は、あとの**ア**〜**エ**のどれにあたるか。最も適切なものを一つ選び、記号で答えなさい。［山口県］

「en」とはそもそもギリシャ語で「中へ」を意味する接頭辞である。「viron」は古くは「円」を意味していたというから、日本語の「環」と同じイメージをもった言葉であると考えていいだろう。（仙田満『人が集まる建築』より）

ア　主・述の関係　**イ**　修飾《しゅうしょく》・被《ひ》修飾の関係

ウ　並立《へいりつ》の関係　**エ**　補助の関係

9 ↪3 難

次の文の――線部「不利な」のように、他の文節を詳《くわ》しく説明したり、内容を補ったりする働きをもつ文節を何というか。書きなさい。［長野県］

▽不利なルールになっている。

29%

10 ↪3 難

次の――線部「大事件である」を述部とする一文から、主部にあたる二文節を、そのまま書き抜《ぬ》きなさい。［愛媛県］

▽普通《ふつう》に考えれば、草刈《くさか》りや耕起は、植物にとっては生存が危《あや》ぶまれるような大事件である。（稲垣栄洋『植物はなぜ動かないのか』より）

40%

11 ↪3

次の文の――線部「つまり」の働きを説明したものとして最も適切なものを、あとの**ア**〜**エ**から一つ選び、記号で答えなさい。［長崎県］

一から十でも、わかり切っていると感じるもの同士の間では、モノゴトをはっきり明示しないで、〝あれ、どうする〟と言うだけで相手ははっきりしたメッセージであると思うのである。

つまり、論理は、人間関係によって、密疎《みつそ》を異にする、ということである。（外山滋比古『聴覚思考　日本語をめぐる20章』より）

ア　これまでに述べてきた話題をまとめている。

イ　関係のある二つの事柄《ことがら》を並べて比べている。

ウ　前に述べたことと対立する内容を挙げている。

エ　直前で述べた内容に新たな事実を加えている。

82%

12 ↪4 超重要

次の**ア**〜**エ**の文のうち、文の係り受け（照応関係）が正しいものはどれか。一つ選び、記号で答えなさい。［栃木県］

81%

ア　この企画《きかく》の問題点は、予算内で完成させるのが難しい。
イ　満腹だった私は、デザートを兄に頼《たの》んで食べてくれた。
ウ　雨の日には、私は図書館で読書をすることにしている。
エ　私の夢は、オリンピックに出場してメダルをとりたい。

〔　　〕

13 超重要 ↪4

次の文は、複数の解釈《かいしゃく》ができる文となっている。これを①、②の内容を含《ふく》み、解釈が一つになるように書き直した文として最も適切なものを、あとのア〜エから一つ選び、記号で答えなさい。〔千葉県〕

▽先生方と一緒《いっしょ》に市民会館で活動している合唱団の皆《みな》さんがステージを盛り上げてくれます。

① ステージを盛り上げてくれるのは合唱団の皆さんと先生方
② 市民会館で活動しているのは先生方ではなく合唱団の皆さん

ア　市民会館で、先生方と一緒に活動している合唱団の皆さんがステージを盛り上げてくれます。
イ　市民会館で活動している合唱団の皆さんが、先生方と一緒にステージを盛り上げてくれます。
ウ　先生方と一緒に市民会館で活動している合唱団の皆さんが、ステージを盛り上げてくれます。
エ　先生方と一緒に市民会館で活動している、合唱団の皆さんがステージを盛り上げてくれます。

〔　　〕

82%

14 差がつく ↪4

次の文章中の——線部「よもや」について、この言葉が直接かかるものを、あとのア〜エから一つ選び、記号で答えなさい。〔東京都〕

この草子は、わたしの目に映り、またわたしの心に思うことを、よもや人が見ることはあるまいと思って、所在ない里住《さとずま》いの間に、書き集めてあるのだが、全く無意味なつまらぬことながら、人にとっては不都合な言い過《す》ぎしもしてしまいそうな箇所《かしょ》もいくつかあるので、うまく隠《かく》しておいたと思ったのに、気がついてみたら、心ならずも世間に洩《も》れてしまっていたのだった。

（『枕草子』〈現代語訳〉より）

ア　人が　　イ　見ることは
ウ　あるまいと　　エ　思って

〔　　〕

52%

15 ↪4

次の文の——線部「よく」が直接かかるのはどの言葉か。一文節で書き抜きなさい。〔石川県〕

▽よく、道に沿ってどこまでもオオバコが生えているようすを見かけるが、それは、種子が車のタイヤなどについて広がっているからなのだ。

（稲垣栄洋『植物はなぜ動かないのか』より）

〔　　〕

用言の活用

1 動詞の活用形

出題率 9.4%

動詞の活用形は、次の六種類。（赤字は活用語尾《ごび》）

① 未然形…「ない・う・よう」などに続く。例 聞かない・聞こう
② 連用形…用言や「ます・た」などに続く。例 聞きます・聞いた
③ 終止形…言い切る。例 聞く。
④ 連体形…「とき・こと」などの体言に続く。例 聞くとき
⑤ 仮定形…「ば」などに続く。例 聞けば
⑥ 命令形…命令して言い切る。例 聞け。

2 動詞の活用の種類

出題率 9.4%

動詞の活用の種類は、次の五種類。

① 五段活用…活用語尾がア・イ・ウ・エ・オの五段に変化する。
② 上一段活用…活用語尾がイ段を中心に変化。
③ 下一段活用…活用語尾がエ段を中心に変化。
④ カ行変格活用（カ変）…「来る」の特別な活用。
⑤ サ行変格活用（サ変）…「する」と「する」が付いた動詞の特別な活用。

可能動詞
「〜できる」の意味を表す動詞。五段活用の動詞がもとになり、下一段活用になる。
例 走る→走れる

覚えよう 活用の種類の見分け方

「ない」を付けてみてその直前の語尾で判断する。

例 書く＋ない →書かない（ア段＝五段活用）
例 生きる＋ない→生きない（イ段＝上一段活用）
例 答える＋ない→答えない（エ段＝下一段活用）

入試メモ 動詞の活用形や活用の種類を問う問題が出題される。活用形と活用の種類の見分け方を覚えておこう。

出題率 18.8%

▼動詞の活用表

種類	基本形		未然形	連用形	終止形	連体形	仮定形	命令形
	例	語幹／続き方	ない・う・よう	ます・た	言い切る	とき	ば	命令して言い切る
五段	書く	か	か こ	き い	く	く	け	け
上一段	起きる	お	き	き	きる	きる	きれ	きろ きよ
下一段	受ける	う	け	け	ける	ける	けれ	けろ けよ
カ変	来る	（くる）	こ	き	くる	くる	くれ	こい
サ変	する	（する）	させし	し	する	する	すれ	しろ せよ

3 形容詞・形容動詞の活用

出題率 2.1%

形容詞・形容動詞の活用の種類はそれぞれ一種類のみ。命令形がない。

▼形容詞・形容動詞の活用表

品詞	基本形		未然形	連用形	終止形	連体形	仮定形	命令形
	例	語幹／続き方	う	た・ない・なる	言い切る	とき	ば	命令して言い切る
形容詞	白い	しろ	かろ	かっ く う	い	い	けれ	○
形容動詞	静かだ	しずか	だろ	だっ で に	だ	な	なら	○

※形容動詞には「〜です」の形もある。

実力アップ問題

解答・解説｜別冊p.11

正答率

1 超重要

次の文の——線部「来」の活用形を、あとの**ア**〜**エ**から一つ選び、記号で答えなさい。［香川県］

▽この間、友達が遊びに来てさ。

ア 未然形
イ 連用形
ウ 連体形
エ 仮定形

［　　］

2

次の文の——線部の活用形を書きなさい。［秋田県］

▽AI（人工知能）にはできないこともあるため、すべてを任せてよいわけではありません。

［　　］

3

次の文の——線部「読み」と動詞の活用形が同じものを、あとの**ア**〜**エ**から一つ選び、記号で答えなさい。［徳島県］

▽毎朝、新聞を読みます。

ア 本屋に行くときに友達に会った。
イ 冬の夜空には多くの星が見える。
ウ 市役所を経由してバスが来た。
エ 雨がやめば外は明るくなるだろう。

［　　］

4 難

次の**ア**〜**オ**の——線部の動詞の中から、活用形が他と異なるものを一つ選び、記号で答えなさい。［福島県］

ア ゴールの直前で抜《ぬ》かれて悔《くや》しかったです。
イ 四月になり桜がきれいに咲《さ》きました。
ウ 祖母は抽選《ちゅうせん》に当たって大喜びでした。
エ のどが渇《かわ》いたのでお茶を飲みたいです。
オ 今まで聞いた話の中で一番感動しました。

［　　］

21%

5 差がつく

次の各文の——線部に含《ふく》まれている動詞の終止形を書きなさい。［兵庫県・改］

(1) 緊張《きんちょう》を強《し》いられる。［　　］
(2) 予想が満たされる。［　　］

58%

6 差がつく

次の文の中から、動詞をそのまま書き抜きなさい。また、この場合の活用形を書きなさい。［岐阜県］

▽とても歩けたものではない。

動詞［　　］・活用形［　　］形

7 超重要

「表す」と活用の種類が同じ動詞を、次の**ア**〜**エ**から一つ選び、記号で答えなさい。［秋田県］

ア 計画する
イ 書く
ウ 来る
エ 起きる

［　　］

75%

8

→2

次の文の――線部「食べる」と活用の種類が同じものを、あとの**ア**～**エ**から一つ選び、記号で答えなさい。〔三重県〕

▽私たちは、よく食べる。

ア 過ごす
イ 生きる
ウ 受ける
エ 来る

〔　　〕

78%

9

→2

次の**ア**～**エ**の――線部の動詞の中から、活用の種類が他と異なるものを一つ選び、記号で答えなさい。〔鹿児島県〕

ア 立場が異なる。
イ 特徴《とくちょう》を挙げる。
ウ 一部と見なす。
エ 端的《たんてき》にあらわす。

〔　　〕

57%

10

→2

次の文の――線部の活用の種類を、あとの**ア**～**エ**から一つ選び、記号で答えなさい。〔高知県〕

▽先生から、「合唱は心を合わせることが大事」というアドバイスをもらったおかげで、納得《なっとく》のいくハーモニーがつくれたと思います。

ア 五段活用
イ 上一段活用
ウ 下一段活用
エ サ行変格活用

〔　　〕

11

→2

次の文の――線部「起きる」と活用の種類が同じ動詞を、あとの**ア**～**エ**から一つ選び、記号で答えなさい。〔新潟県〕

▽朝起きると、すぐに散歩に出かけた。

ア 目を閉じると、次第《しだい》に気持ちが穏《おだ》やかになった。
イ 家に帰ると、妹と弟が部屋の掃除《そうじ》をしていた。
ウ 山を眺《なが》めると、頂上に白い雲がかかっていた。
エ 姉が来ると、家がいつもよりにぎやかになっていた。

〔　　〕

12

→1・2

次の文の――線部「続ける」の活用の種類と活用形を書きなさい。〔熊本県〕

▽気象庁と環境省《かんきょうしょう》は、市民参加による観測も取り入れて、調査枠《わく》組みの検討を続けると発表した。

活用の種類〔　　〕・活用形〔　　〕

13

→2 難

次の文章中の――線部**ア**～**エ**の四つの動詞のうち、一つだけ活用の種類が異なるものがある。一つ選び、記号で答えなさい。〔千葉県〕

私の今年度の目標は、みんなのために黙々《もくもく》と汗《あせ》をアかくことです。

私は昨年、国語の時間に学んだ「義を見て為《な》さざるは、勇無《な》きなり。」という言葉が印象に残っています。というのも、学級には、誰《だれ》の仕事でもないけれど、誰かがそっとやっておかなければならない仕事があります。

40%

それをやっている人がウいるからこそ、学級が成り立っていることも私はわかっていました。
しかし、今までの私は、自分がそんなことをすると、心の中で失笑《しっしょう》する人がいるのではないか心配になり、行動にエ移すのをためらっていました。
中学校生活も最後の一年となりました。今年は、みんなのためになると思うことに、黙々と取り組んでいきたいと思います。

〔　　〕

14

差がつく →1・2

次の各文の――線部の動詞の、活用の種類と活用形を書きなさい。

(1) 生きることは仕事をすること。〔長野県〕

(2) 毎日何もしないが非常に疲《つか》れた。
（永井荷風『ふらんす物語』より）〔熊本県〕

(1) 活用の種類〔　　〕・活用形〔　　〕
(2) 活用の種類〔　　〕・活用形〔　　〕

15

→2

次の文の――線部「生き」と同じ活用の種類の動詞を含《ふく》むものを、あとのア～エから一つ選び、記号で答えなさい。〔岐阜県〕

▽現代の人々は、集団を作って助け合って生きている。

ア 弟はいつも家で学校のことを楽しそうに話す。
イ 白い鳥が春の温かい日光を浴びる。
ウ 友人から急に相談を受ける。
エ 妹は自分の部屋で毎日読書する。

〔　　〕

16

→3

次の文の□にあてはまるよう、「寒い」という語を活用させて一語で書きなさい。〔和歌山県〕

▽外はさぞ□う。

〔　　〕

17

思考力 →1・3

次の文の□には、「食べる／て／いる／ば／よい／た」という単語を活用させ、一続きにした言葉が入る。〔例〕にならい、必要に応じて活用させて書きなさい。〔岩手県・改〕

▽こんなにおいしいなら、もっと早く□。

〔例〕考える／られる／た → 考えられた
食べる／て／いる／ば／よい／た → □

〔　　〕

18

→3

次の文章を読んで、あとの問いに答えなさい。〔和歌山県〕

花は美しく咲《さ》いていても一陣《いちじん》の風で□散ってしまい、楽しく生きている人もその栄華《えいが》は続くことはない。悲しいことばかりが続く人生の山を越《こ》えてきたが、それはまるでお酒を飲んで眠《ねむ》ったときに浅い夢をみたかのようにいま思えばはかないものだ、という意味である。
（金田一春彦《きんだいちはるひこ》『心にしまっておきたい日本語』より）

問 文章中の□には、状態を表す形容詞が入る。筆者の解説の文意にふさわしい語を、文章中から抜《ぬ》き出し、直後の「散ってしまい」に続く形で書きなさい。

〔　　〕

4 文法 意味・用法の識別

1 助動詞の用法

出題率 5.2%

〔複数の意味・用法をもつ助動詞〕

① れる・られる…例 友達に声をかけられる。（受け身）
　もっと食べられる。（可能）
　昔のことが思い出される。（自発）
　先生が話される。（尊敬）

② そうだ…例 今にも雨が降りそうだ。（様態）
　明日は雨が降るそうだ。（伝聞）

③ ようだ…例 もうすぐ始まるようだ。（推定）
　まるで花のようだ。（たとえ）

2 助詞の用法

出題率 6.3%

〔複数の意味・用法をもつ助詞〕

① の…例 弟のくつ。（所有〈格助詞〉）
　家の遠い人。（主語〈格助詞〉）
　弟のを借りる。（体言の代用（＝もの）〈格助詞〉）

② と…例 友達と会う。（相手〈格助詞〉）
　「はい」と言う。（引用〈格助詞〉）
　走ると疲《つか》れる。（条件〈接続助詞〉）

③ が…例 犬が走る。（主語〈格助詞〉）
　自転車がほしい。（対象〈格助詞〉）
　呼んだが来なかった。（逆接〈接続助詞〉）

④ ながら…例 友達と話しながら歩く。（同時〈接続助詞〉）
　せまいながら快適な部屋。（逆接〈接続助詞〉）

入試メモ 同じ意味・用法の語を選択《せんたく》させる問題が多く出題される。頻出《ひんしゅつ》の語は識別できるようにしておこう。

出題率 16.7%

3 単語の識別

出題率 5.2%

違《ちが》う品詞のもの、単語の一部分などに注意する。

① ない…例 時間がない。（形容詞）
　とても危ない。（形容詞の一部）
　正しくない。（補助形容詞）
　よくわからない。（助動詞）

覚えよう 打ち消しの助動詞の識別

助動詞「ない」は「ぬ」に置き換《か》えることができる。

助動詞	わから**ない**→○わから**ぬ**
形容詞	時間が**ない**→×時間が**ぬ**
補助形容詞	正しく**ない**→×正しく**ぬ**

② に…例 学校に行く。（格助詞）
　すぐに立ち上がる。（副詞の一部）
　穏《おだ》やかに話す。（形容動詞の活用語尾《ごび》）

③ らしい…例 母は明日忙《いそが》しいらしい。（助動詞）
　悲しそうに見える。（助動詞「そうだ」の一部）
　いかにも母らしい言い方だ。（形容詞の一部）

④ だ…例 彼《かれ》はとても元気だ。（形容動詞の活用語尾）
　向こうから来るのが兄だ。（断定の助動詞「だ」）
　昨日、本を読んだ。（過去の助動詞「た」が濁《にご》ったもの）

実力アップ問題

解答・解説 別冊p.12

1 差がつく

次の文の――線部「れる」の意味として最も適切なものを、あとの**ア**～**エ**から一つ選び、記号で答えなさい。　［高知県］

▽和歌によく歌われる素材。

ア 受け身　**イ** 自発
ウ 可能　**エ** 尊敬

〔　　〕

正答率 63%

2

次の文の――線部「れ」と同じ意味・用法のものを、あとの**ア**～**エ**から一つ選び、記号で答えなさい。　［大阪府］

▽使うという行為《こうい》の意義が問われてきた。

ア 私ならこの壁《かべ》を越《こ》えられる。
イ 道に捨てられているごみを拾う。
ウ 先生は何時に出発されますか。
エ 昔のことが自然と思い出された。

〔　　〕

76%

3 難

次の文章中に――線部「られ」とあるが、これと同じ働きをしているものを、あとの**ア**～**エ**の中から一つ選び、記号で答えなさい。　［宮城県］

おばあちゃんが、真に食べたかったものって、これかもしれない。

そんな風味の思いを裏付けるように、カンミは、「やっと食べられた」と、顔いっぱいに笑い、
「上出来やね！」
と、特大の太鼓判《たいこばん》を捺《お》した。

（まはら三桃『風味◎』より）

ア 私は犬に追いかけられた。
イ 私は旅の思い出を忘れられない。
ウ 私は母から家事を任せられた。
エ 私は父にほめられたい。

〔　　〕

37%

4

次の文の――線部「そうだ」と同じ意味・用法のものを、あとの**ア**～**エ**から一つ選び、記号で答えなさい。　［京都府］

▽豊かな知識をもっているといえそうだ。

ア 南の島で見る夕日はとても美しいそうだ。
イ 午後は雨が降りそうだと彼女《かのじょ》は言っていた。
ウ 彼は今度の生徒総会で意見を言うそうだが本当だろうか。
エ そうだ、次の休みの日には一緒《いっしょ》に映画を見に行こう。

〔　　〕

5 差がつく

次の文の――線部「ようだ」と同じ意味・用法のものを、あとの**ア**～**エ**から一つ選び、記号で答えなさい。　［栃木県］

▽兄は連日の試合で疲れているようだ。

ア この夜景はちりばめた星のようだ。
イ おじは昨日から外出中のようだ。
ウ 冬の山はまるで眠《ねむ》っているようだ。
エ 彼女の笑顔《えがお》はひまわりのようだ。

〔　　〕

60%

6

超重要 ↩2

次の文中の――線部「と」のうち、同じ働きをするものの組み合わせとして最も適切なものを、あとのア～エから一つ選び、記号で答えなさい。〔神奈川県〕

▽友だちaと山道を登っていくbと山が紅葉に彩《いろど》られており、山頂から遠くの景色を眺《なが》めるcと、晴れ晴れdとした気分になった。

ア aとb　**イ** aとd
ウ bとc　**エ** cとd

〔　　〕

7

↩2

次の文章中の＝＝線部「の」と文法上同じ働きをしているものを、――線部**ア**～**エ**から一つ選び、記号で答えなさい。〔沖縄県〕

「世界で一番わかりにくいのは、日本語とアラビア語だ」と外国人はこんなふうに文句を言うらしい。まあ、たしかに日本語というのはかなり変わった言語体系ではあります。

じつは、日本以外の世界に住んでいる多くアの人びとはバイリンガルだともいえます。ひとつに限らずいろんな言語を話せることが多い。たとえばアメリカだったら、英語だけでなく、むしろスペイン語イのほうが通用する地域というウのもある。同じように、どの国でもたいてい二ヵ国語くらいは通用することが多い。

それに引き換《か》え、日本人はモノリンガルだといえるでしょう。日本語以外エの言語が通用する地域というのは、まずありえない。

（古井由吉「言葉について」より）

〔　　〕

89%

8

↩2

次の文章中の――線部**ア**～**ウ**のうち、他と働きの異なるものを一つ選び、記号で答えなさい。〔大阪府〕

たとえば、みなさんの住んでいる地元に、子どもの頃《ころ》によく遊んだりして慣れ親しんだ川があったとしましょう。もし、桃《もも》が流れてきた川アが、その川だったら、「桃《もも》太郎《たろう》」の話にとても親しみをもつと思うんですね。しかし、もしこれイが、行ったこともなければ聞いたこともない、遠いところの川での話だとしたら、興味は湧《わ》かないとまでは言いませんウが、それほどは親しみを感じないのではと思います。

（山泰幸『だれが幸運をつかむのか』より）

〔　　〕

9

↩2

次の文の――線部と同じ用法のものを、あとの**ア**～**エ**の――線部から一つ選び、記号で答えなさい。〔茨城県〕

▽どちらも黄色でありながら同じではない。

ア 音楽を聞きながら読書をする。
イ 知っていながら黙《だま》っている。
ウ メモを取りながら話を聞く。
エ 歌いながら散歩をする。

〔　　〕

10

↩3 難

次の各文の――線部a～cの文法上の性質の組み合わせとして最も適切なものを、あとの**ア**～**エ**から一つ選び、記号で答えなさい。〔青森県〕

38%

▽二人の違《ちが》いをよく示すものと思わaれた。
▽作品を制作すbれば表現したこととなる。
▽ローマ時代の作品が数多く残さcれた。

ア　a自発の助動詞　b可能の助動詞
　　c尊敬の助動詞
イ　a自発の助動詞　b動詞の一部
　　c受け身の助動詞
ウ　a受け身の助動詞　b動詞の一部
　　c尊敬の助動詞
エ　a受け身の助動詞　b可能の助動詞
　　c受け身の助動詞

［　　］

11 難 ↪3

次の文の――線部「さらに」の「に」と同じ意味・用法のものを、あとのア～オの――線部から一つ選び、記号で答えなさい。［福島県］

▽私にはさらに大切なものがある。

ア　マラソンランナーが、風のように走り抜《ぬ》けた。
イ　昨日は遅《おそ》かったので、今日は明るいうちに帰ろう。
ウ　球技大会では、クラスのために頑張《がんば》るつもりだ。
エ　誕生日のプレゼントを、友人の家まで届けに行った。
オ　家族で遊園地へ行き、一日中大いに楽しんだ。

［　　］

38%

12 超重要 ↪3

次の文の――線部「ない」と同じ品詞のものを、あとのア～エの――線部から一つ選び、記号で答えなさい。［兵庫県・改］

83%

▽吹奏楽部《すいそうがくぶ》には入らない。

ア　駅までそれほど遠くない。
イ　今年は雨が少ない。
ウ　忙《いそが》しくて遊ぶ時間がない。
エ　彼《かれ》は掃除《そうじ》をしようとしない。

［　　］

13 ↪3

次の文の――線部「らしい」と文法上の働きが同じものを、あとのア～エの――線部から一つ選び、記号で答えなさい。［島根県］

▽怪我《けが》で大会出場を断念したらしい。

ア　王者らしい余裕《よゆう》のある試合はこびだ。
イ　かわいらしい子猫《こねこ》の仕草にいやされる。
ウ　今日は春らしい陽気で気持ちがいい。
エ　風が強まるらしいから気をつけてね。

［　　］

14 ↪3

次の文章中の＝＝線部「ない」と同じ品詞のものを、――線部ア～エから一つ選び、記号で答えなさい。［埼玉県］

清《きよ》が物をくれるときには、必ずおやじも兄もいないときに限る。俺《おれ》は何が嫌《きら》いだといって、人に隠《かく》れて自分だけ得をするほど嫌いなことはアない。兄とはむろん仲がよくイないけれども、兄に隠して清から菓子《かし》や色鉛筆《いろえんぴつ》をもらいたくはウない。なぜ、俺一人にくれて、兄さんにはやらエないのかと清にきくことがある。

（夏目漱石『坊っちゃん』より）

［　　］

56%

文法

5 敬語《けいご》 ≫文法

入試メモ
敬語の種類を確実に覚えておこう。
尊敬語と謙譲《けんじょう》語を正しく使えるようにしよう。

出題率 14.6%

1 敬語の種類

出題率 3.1%

① **尊敬語**…ある人の動作などを高めて言う(書く)ことで、その人に対する敬意を表す敬語。

特別な動詞を使った形	**いらっしゃる**(行く・来る)・**おっしゃる**(言う)・**ご覧になる**(見る)・**召《め》し上がる**(食べる・飲む)・**なさる**(する) など	例 先生がいらっしゃる。先生が召し上がる。お客様がなさる。
「お(ご)…になる」の形	**お書きになる**・**ご出席になる** など	例 先生がお読みになる。先生もご出席になる。
助動詞を使った形	**れる・られる**	例 先生が読まれる。先生が来られる。

② **謙譲語**…自分や自分に近い立場の人の動作などをへりくだって言う(書く)ことで、相手に対する敬意を表す敬語。

特別な動詞を使った形	**参る**(行く・来る)・**申し上げる**(言う)・**拝見する**(見る)・**うかがう**(行く)・**いただく**(もらう) など	例 先生に申し上げる。先生からいただく。
「お(ご)…する」の形	**お伝えする**・**ご案内する** など	例 先生にお伝えする。お客様をご案内する。

③ **丁寧《ていねい》語**…話し方(書き方)を丁寧にすることで、相手に対する敬意を表す敬語。

助動詞などを使った形	**です・ます・ございます** など	例 彼《かれ》が田中さんです。こちらでございます。

2 敬語の使い方

出題率 11.5%

間違《まちが》えやすい敬語表現に注意する。

① **目上の人の動作に謙譲語を使わない。**

例 ×こちらでお待ちしてください。
○こちらでお待ちになってください。

※「お待ちする」は謙譲語なので、目上の人には尊敬語の「お待ちになる」を用いる。

② **身内の動作などには謙譲語を使う。**

例 ×母がご覧になっています。
○母が拝見しています。

※「ご覧になる」は尊敬語なので、身内の動作には謙譲語「拝見する」を用いる。

③ **敬語を過剰《かじょう》に重ねて使用しない。**

例 ×先生がお話になられていらっしゃる。
○先生が話していらっしゃる。

覚えよう **敬語の誤用**

謙譲語に「れる・られる」を付けても尊敬語にはならない。

例 ○先生がこちらにいらっしゃる。
×先生がこちらに参られる。
※「参る」(謙譲語)+「れる」は尊敬語にならない。

実力アップ問題

解答・解説｜別冊 p.13

1

↪1

次の文の――線部「ください」の敬語の説明として最も適切なものを、あとのア～エから一つ選び、記号で答えなさい。［静岡県］

▽保育士さんが、目の高さに注意して、ゆっくり話をするといいよと、声をかけてくださいました。

ア 「くれる」の尊敬語で、「保育士」に対する敬意を示す表現。

イ 「くれる」の尊敬語で、「聞き手」に対する敬意を示す表現。

ウ 「くれる」の謙譲語で、「保育士」に対する敬意を示す表現。

エ 「くれる」の謙譲語で、「聞き手」に対する敬意を示す表現。

〔　　〕

正答率 65%

2

↪1

次の文の――線部「申し上げ」の説明として最も適切なものを、あとのア～エから一つ選び、記号で答えなさい。［和歌山県］

▽卒業式で母が先生にお礼を申し上げた。

ア 尊敬語で「母」への敬意を表している。

イ 尊敬語で「先生」への敬意を表している。

ウ 謙譲語で「母」への敬意を表している。

エ 謙譲語で「先生」への敬意を表している。

〔　　〕

3

↪2

次の文の――線部「行ったら」を謙譲語に改めるとどうなるか。あとのア～エから一つ選び、記号で答えなさい。［岩手県］

▽訪問予定の十日は何時に行ったらいいでしょうか。

ア お願いしたら

イ いらっしゃったら

ウ うかがったら

エ お訪ねになったら

〔　　〕

正答率 96%

4

↪2

次の文の――線部「来てください」を尊敬語を用いて書き改めるとどうなるか。あとのア～エから一つ選び、記号で答えなさい。［三重県］

▽おうちの人も来てください。

ア お参りください

イ お伺《うかが》いください

ウ お越《こ》しください

エ お召しください

〔　　〕

5

↪2

次の文の――線部「来る」を、意味を変えずに敬意を表す適切な表現に直して書きなさい。［茨城県］

▽私は、「校長先生が来る。」と言ってしまい、担任の先生から敬語を正しく使うように注意されたことがあります。

〔　　〕

6

超重要 ↪2

次の文の――線部「聞きたい」を敬語を使った表現に直して書きなさい。〔宮崎県〕

▽はじめに、Aさんに話を聞きたいのですが、いよいよ選挙が近づいてきました。今、どのようなお気持ちですか?

〔　　　　　　〕

7

↪2

次の会話を読んで、あとの問いに答えなさい。〔和歌山県〕

和歌子　先生、お久しぶりです。お変わりありませんか。

先　生　やあ、久しぶりだね。私も定年退職してもう三年になるよ。

和歌子　そうなんですか。今は何かしているのですか。

先　生　市の水泳教室で子供たちに水泳を教えているよ。

問　会話中の――線部「何かしているのですか」を、尊敬語を用いて書き直しなさい。

〔　　　　　　〕

8

超重要 ↪2

次の文は、すみれさんのスピーチの一部である。――線部を適切な言い方に改めなさい。〔島根県〕

▽先日、自宅のパソコンで海外留学について調べていたら、「すみれは海外留学をしてみたいのか?」とお父さんがおっしゃいました。

〔　　　　　　〕

95%

9

↪2

次の――線部の敬語の使い方として最も適切なものを、ア～エから一つ選び、記号で答えなさい。〔新潟県〕

ア　姉が描いた絵を拝見してください。

イ　あなたが私に申したことが重要です。

ウ　私が資料を受け取《め》りにまいります。

エ　兄は先に料理を召し上がりました。

〔　　　〕

10

超重要 ↪2

次の文の――線部「待っています」を、謙譲語《けんじょう》を用いた表現に直して書きなさい。ただし、「……います」の形で八字で書くこと。〔千葉県〕

▽皆様《みなさま》のご来場を待っています。

84%

11

↪2

中学生の真一さんが、電話で書店に本を注文した。店員と真一さんの会話を読み、――線部「もらえ」を適切な敬語を使って書き直しなさい。〔岡山県〕

真　一　「〇〇」という本を注文したいのですが。

店　員　ありがとうございます。一冊でよろしいですか。

真　一　はい、一冊です。本が届いたら連絡《れんらく》してもらえますか。

店　員　かしこまりました。では、連絡先を教えてください。

〔　　　　　　〕

80%

〔読解①（出題内容別）〕

◀出題率

内容理解・空欄補充（説明的文章）

入試メモ
内容理解、空欄補充《くうらんほじゅう》は、必ず出題される基本的な設問。ここで失点しないよう、述べられたことを確実に読み取ろう。

出題率 94.8%

1 内容理解

出題率 93.8%

指示語が指し示す内容や、傍線部《ぼうせん》で述べられたことを正確に読み取る。

① 指示語の指し示す内容を読み取る

指示語が指し示す内容は、原則として**指示語よりも前**にある。まずは前に戻《もど》って探していく。必ず指示語の部分に入れてみて、前後の文脈に合うことを確認する。

② キーワードを見つける

文章中に何度も出てくる重要な語句を**キーワード**という。キーワードを見つけることで、本文の内容を適切に理解することができる。

③ 理由を見つける

文と文の関係をとらえることで、理由の書かれた場所を見つけることができる。

覚えよう　理由を表す順接の接続語

「だから」「それで」などの順接の接続語は、理由を見つける際に鍵《かぎ》となる。

例 [A]→だから→[B]。
※この場合、AがBの理由を表す。

● 選択肢《せんたくし》の言い換《か》えに注意

選択肢の中の言葉は、文章中の言葉そのままではなく、言い換えてあることが多い。その言い換えが同じ意味の言葉なのか、そうでないのかに注意する。

例 環境破壊《かんきょうはかい》が加速する現実を遺憾《いかん》に思う。
→〇① 環境破壊の進行をとても残念に感じている。
→×② 環境破壊の進行は歓迎《かんげい》されない。
※①は例文と同じ意味。②は意見ではなく事実として述べられているので例文と異なっている。

2 空欄補充

出題率 77.1%

文章中に設けられた空欄にあてはまる語句を答える。前後の文脈に注意して、あてはまる語句を考える。

① 接続語をあてはめる

文と文や、段落と段落をつなぐ役割の接続語を空欄にあてはめる設問は、選択肢から選ぶ形が多い。**文と文の関係や段落どうしの関係**に注目する。

② 文章の要約文を完成させる

空欄を設けた要約文に、文章中の語句をあてはめて完成させる設問は、キーワードを入れさせる出題が多い。文章中のどこの内容が要約されているかに注目する。

〔出題形式のパターン〕
〇文章中の語句をそのまま抜《ぬ》き出してあてはめる。
〇選択肢からあてはめる語句を選ぶ。
〇文章中の語句を用いて、あてはめる語句を書く。
※必ず空欄にあてはめた形で通して読んでみて、前後の文脈に合うことを確認《かくにん》すること。

実力アップ問題

解答・解説 別冊 p.14

1

次の文章を読んで、あとの問いに答えなさい。　〔長崎県〕

生きものにとって、そして人間にとって、時間と関係はとても大事です。時間をかけること、関係を大事にすること。人間同士の関係はもちろん、ほかの生きものたちとの関係もとても大事です。自然を壊《こわ》すということはそういうものを壊します。環境外の自然破壊には多くの人が気がついています。だから、環境問題を考えましょうという声は大きくなっています。でも自然を壊す行為《こうい》は人間も壊すという感覚はあまり持たれていないのではないでしょうか。それは怖《こわ》いことです。バランスを考えていかなければいけません。そういうところからも人間は生きものだと考えることはとても大事だと思います。

（中村桂子『知の発見「なぜ」を感じる力』より）

差がつく **問**　——線部「それ」の指示内容を解答欄に合う形で本文から三十字以内で書き抜きなさい。

（30字の解答欄）こと。

46%

2

次の文章を読んで、あとの問いに答えなさい。　〔滋賀県〕

よく知られているように、タンポポには外国からやってきた外来の西洋タンポポと、昔から日本にある在来の日本タンポポに大別される。実際には、西洋タンポポと呼ばれる中に、セイヨウタンポポやアカミタンポポなどいくつかの種類があり、日本タンポポの中にもカントウタンポポやカンサイタンポポなどいくつか種類があるが、ここでは単純に「西洋タンポポ」、「日本タンポポ」と表現することにしよう。

タンポポを指標*とした「タンポポ調査」と呼ばれるものが、よく行われている。西洋タンポポは都市化したところに多く分布する。これに対して、日本タンポポは、自然の残った田園地帯や郊《こう》外《がい》によく見られる。そのため、西洋タンポポと日本タンポポの分布を見ると、環境が都市化しているかどうかがわかるのである。

（稲垣栄洋『植物はなぜ動かないのか』より）

（注）指標…物事を判断したり見当をつけたりするための目印。

難 **問**　——線部「タンポポ調査」について、この調査では何を調べることで、どのようなことがわかるか。書きなさい。

40%

3 ↪2

次の文章を読んで、あとの問いに答えなさい。 [広島県]

春になれば鶯《うぐいす》が鳴き、枯《か》れ野に若菜がよみがえる。夏の夜は蛍《ほたる》が舞《ま》い、秋になれば赤とんぼが水辺に降り、雁《かり》が空を渡《わた》る。春の大潮の日には潮干《しおひ》狩《が》りを楽しみ、田植え前の田んぼに産卵にやってくる鯉《こい》や鮒《ふな》を生け捕《ど》り、ススキの穂《ほ》の出るころには山でキノコを狩《か》る。それは、毎年確実に繰《く》り返された、よみがえる自然の恵《めぐ》みとの出会いである。そのような自然であれば、人々は、それを信頼《しんらい》し、その恵みにたよって安全で豊かな暮らしを営むことができる。

ごく最近まで、日本列島の人々は、大方、そのような自然に囲まれて暮らしてきた。田んぼは主食の米だけでなく、副食の魚や貝や野菜をも恵んでくれる*ウエットランドであった。太古の昔から連綿と続いてきた営みとそれを包む自然の間の確かな絆《きずな》は古い詩歌に詠《よ》みこまれ、新しい時代になっても違和感《いわかん》のない共感を寄せることができたのである。

［　］数十年前から事情が一変した。そのころから、一定の範囲《はんい》のなかで揺《ゆ》れ動くのではない、とどまることのない*不可逆的な自然の変化が目立つようになったのである。人々のなじみ深い身近な動植物が姿を消し、異国からやってきた動植物が目立つようになった。

（鷲谷いづみ『自然再生』より）

(注) ウエットランド…浅い水域も含《ふく》めた湿地帯《しっちたい》の総称《そうしょう》。
不可逆…もとに戻《もど》せないこと。

超重要

問 ［　］に入る最も適切な言葉を、次の**ア**～**エ**から一つ選び、記号で答えなさい。 〔　　〕

ア つまり　**イ** だから
ウ ところが　**エ** さらに

97%

4 ↪2

次の文章を読んで、あとの問いに答えなさい。 [大阪府]

言葉遣《ことばづか》いを良くするためには、やはり敬語の使い方がポイントになります。

敬語といっても、丁寧《ていねい》語、尊敬語、謙譲《けんじょう》語、また丁重語、美化語という分類もあり、使い方のルールや仕組みがあります。これらを身に付けていく上で大切なことは、二つの基本を押《お》さえておくことです。

第一に、敬語は［　］表現であるということです。そして、第二に、敬語は人と人との距離《きょり》を保つための表現であるということです。

第一の点について、例えば「お洋服」と言いますが、これは服を敬って言っているのではなく、持ち主を敬っている表現です。また、行くの尊敬語で「いらっしゃる」と言いますが、これも行くという行為《こうい》ではなく、行為する人を敬っている表現です。「あなたのお洋服」とは言っても、「お前のお洋服」とは言いません。「先生がいらっしゃる」とは言っても「あいつがいらっしゃる」とは言いません。これは、主語と述語の不整合というよりも、〝お前〟とか〝あいつ〟呼ばわりする人は、そもそも敬っていないので、その持ち物や動作なども敬語の対象にはならない、ということです。

第二の点ですが、敬語は、敬うべき人に対してだけ使うものではなく、対等・水平の関係の人に対しても用います。敬語の本質は、相手との距離を保つことにあるのです。

例えば初対面の人には、まずは互《たが》いに敬語を使って会話します。これは、知らない者同士、なれなれしくしてはいけない間《あいだ》柄《がら》ですから、敬語で距離を保つわけです。そして、学校でも職場でも近所でも、親しくなるにつれて、うち解けた言葉遣い、敬語を使わない会話へと変化していきます。

（北原保雄『日本語の常識アラカルト』より）

差がつく

問 □に入る最も適切な言葉を、次の**ア**～**エ**から一つ選び、記号で答えなさい。

ア 主語に用いるのではなく、つねに述語に用いる

イ モノや行為を敬うのではなく、あくまで人を敬う

ウ モノを対象とするのではなく、行為や動作を対象とする

エ 敬うべき人にだけ使うのではなく、対等・水平の関係の人にも使う

〔　　〕

46%

5

→Ⅰ・2

次の文章を読んで、あとの問いに答えなさい。（1～3は段落番号である。）

［香川県］

1 科学を学習する目的は、発見された「事実」を覚えることではない。今日覚えた事実や理論が、一〇年後には棄却《ききゃく》されているかもしれない。

2 科学はデータをもとに論理を組み立て、理論を構築するプロセスである。では、「科学を実践《じっせん》する」ために、子どもは何を学ばなければならないのだろうか？　学校で、理科の時間などで実験をし、データをとり、分析《ぶんせき》する、という学習はしているだろう。しかし、それらは「科学を行う」ための要素に過ぎない。科学的思考ができるようになるために必要なのは、むしろ、理論の検討のしかた、仮説の立て方、仮説の検討のための実験のデザインのしかた、データの解釈《かいしゃく》の仕方、結論の導き出し方、などの論理を組み立てるスキル*なのである。

3 もちろん、ここでいう「科学」は自然科学に限らない。心理学はもちろんのこと経済学、法学のような社会科学も同じだ。さらに敷衍《ふえん》*すれば、どのようなことであれ、単なる好き嫌《きら》いではなく、理にかなった意思決定をするために、論理構築スキルに則《のっと》った思考が必要である。

（今井むつみ『学びとは何か――〈探求人〉になるために』より）

（注）スキル…技能や技術。　敷衍…おし広げること。

問 ――線部「科学的思考ができるようになる」とあるが、科学的思考とは、どのようなもののことであり、どうすることを目的としたものだと筆者はいっているか。それを説明した次の文の□に入る最も適切な言葉を、3段落からそのまま抜《ぬ》き出し、それぞれ十五字以内で書きなさい。

▽科学的思考とは、［①］のことであり、［②］ことを目的としたもの。

①

②

≫読解①（出題内容別）

2 心情・主題（文学的文章）

入試メモ
心情理解は、小説の読解に欠かせない出題。
小説の山場（クライマックス）をつかんで主題を読み取ろう。

出題率 85.4%

1 心情理解

出題率 84.4%

登場人物の心情をつかむことは、小説の読解にとって最も重要な課題である。登場人物の行動や気持ちを表す会話、描写《びょうしゃ》に注目して心情を読み取る。

① 登場人物を知る

心情を理解するためには、登場人物について知らなければならない。登場人物がどのような人物かを本文から読み取る。

○登場人物の**人物像**やおかれた**状況**《じょうきょう》、**行動**をおさえる。
○登場人物どうしの関係をつかむ。
例 家族、仲の良い兄弟、ライバル関係の友達など。

② 会話や描写から読み取る

登場人物どうしの会話や描写によって、心情を推《お》し量ることができる。「喜んでいる」「寂《さび》しかった」など直接的な表現ばかりとは限らないので、注意して読み取る。

○会話の言葉遣《ことばづか》い、口調、話す態度などから心情を推し量る。
○行動や表情、様子を表す描写から心情を推し量る。
例 ためらう様子、勢いよく歩く様子、笑いをこらえる様子など。

覚えよう　心情を表す言葉

小説の作者は、直接的な言葉を避《さ》けて心情を描《えが》くことが多い。

例 **目の前が真っ暗になる**…絶望する
唇《くちびる》**をかむ**…悔《くや》しがる
肩《かた》**を落とす**…落胆《らくたん》する

③ 心情の変化に注目する

誰《だれ》かの言葉や状況の変化によって、心情も変化していく。心情の変化は主題となることが多いので、しっかりとらえる。

2 主題

出題率 29.2%

主題とは、作者がその文章を通じて**最も伝えたい内容**のこと。**テーマ**ともいう。論説文の要旨《ようし》と違《ちが》って、直接的に書かれているとは限らない。

① 主題を見つける

小説の**山場**（クライマックス）や登場人物の**心情の変化した場面**に、作者が最も伝えたいことが書かれている。出題は多くはないが、主題をおさえて作品を理解することで、他の問題も正答に導くことができる。

○登場人物がたどりついた思いに注目する。
○小説の山場にあたる部分から作者のメッセージを読み取る。
○登場人物の心情に大きな変化が起きている場面に注目する。

※文章全体を要約してみて、どの部分が重要なのかを確かめる方法もある。要約すると、どこを取り上げ、どこを切り捨てるべきかがつかみやすい。

実力アップ問題

解答・解説 別冊 p.15

1

次の文章を読んで、あとの問いに答えなさい。 〔埼玉県〕

高校三年生の「私」は放送部の部員である。五月になり、Nコン（NHK杯《はい》全国高校放送コンテスト）の参加申し込みの締《し》め切りが近づいている。

電車が揺《ゆ》れている。つり革《かわ》が、右から左に揺らいでいる。紺《こん》色《いろ》のシートに座り、スクールバッグの中から私は一冊の文庫本を取り出す。今年の朗読部門の指定作品のうちの一つだった。読みすぎたせいか、その表紙は不自然な形に折れ曲がっている。ページをめくると、黄色の蛍光《けいこう》ペンが様々な箇所《かしょ》を塗《ぬ》り潰《つぶ》しているのが分かる。細やかな文字が滲《にじ》み、白い紙面はわずかに黒く濁《にご》っていた。

『でも、伝えようとしなきゃ、なんにも始まらないんだよ。』

無意識の内につぶやいたのは、指定作品の一節だった。少女たちが互《たが》いに本音をぶつけ合う、小説内のワンシーン。紙面に引かれた黄色の線を指でなぞり、私はそっと目を伏《ふ》せる。

朗読部門で一人の発表者に与《あた》えられる時間は、一分三十秒から二分の間だけだ。それよりも短すぎてはいけないし、長すぎてもいけない。参加者たちはその時間内に収まるように苦心しながら、自分の表現したい場所を選ぶ。

私は何をしたいんだろう。薄《うす》っぺらな文庫本を片手に、揺れるつり革をぼんやりと眺《なが》める。去年の私もこうやって指定作品に蛍光ペンで線を引いた。自分が発表するならここを読みたい。そう思って、真っ直《す》ぐな線を引いていた。だけど、結局私が舞《ぶ》台《たい》に立つことはなかった。

——二年前のあの日から、私はずっと現実から逃《に》げ続けている。

（武田綾乃「白線と一歩」より）

問 ——線部「薄っぺらな文庫本を片手に、揺れるつり革をぼんやりと眺める。」とあるが、このときの「私」の心情を説明した文として最も適切なものを、次の**ア**～**エ**から一つ選び、記号で答えなさい。

ア 朗読したいシーンは見つかっているが、Nコンに参加するかどうか迷っている。

イ 指定作品を何度読んでも、自分が発表する読みたい場所が決まらず悩《なや》んでいる。

ウ 昨年も同じ指定作品に蛍光ペンで線を引いたことを、なつかしく思い出している。

エ 自分が発表したいと思う場所を、どうやって時間内に収めようか苦心している。

〔　　〕

50%

2

次の文章を読んで、あとの問いに答えなさい。 〔宮城県〕

中学生の伊藤風味《いとうふうみ》の家は老舗《しにせ》の和菓子《わがし》屋。家族や店にいた客と一緒《いっしょ》に、新しく完成させた製品の試食をし、その名前を考えている場面。

「で、これは、なんというお菓子かね」

*おじいさんがたずねた。湯のみのお茶が減っていないのは、口の中のおいしさをそのままにしておきたいのだろう。

「そうやった。それが、まだ決まってないんですよ」

*和志《かずし》がはっとしたように答える。

「娘《むすめ》の、風味っていう名前からとろうとは思っとるんですけどね」

「風味ケーキがいいんやないね。*ハイカラで」

*カンミが言い、

「アン風味はどうかしら。餡《あん》はカタカナでね」

*典子《のりこ》も言った。

「そうねえ」

どちらも悪くはないと、風味は思う。

そのとき、おじいさんが口を開いた。

「風味さんじゅうまるっちゅうのは、どうやろうか」

「①さんじゅうまる、ですか?」

和菓子の名前にしては、とっぴな感じの名前を風味は繰《く》り返した。

「ああ。カステラ良し、餡子《あんこ》良し、黒蜜《くろみつ》良しのさんじゅうまる。今から考えりゃあ、炭鉱の仕事は三重苦やったきな。危なくて、暗くて、汚《きたな》かった。わしら毎日、汗《あせ》まみれの黒狸《くろだぬき》みたいになって、穴から出てきよった」

「*3Kの元祖みたいな仕事やったね」

*三島さんが同意すると、おじいさんは、

「このお菓子は、あのころの石炭みたいに輝《かがや》いとる。わしゃ、自分のしてきた仕事に丸をいっぱいつけちゃりたいんよ」

ふっと優《やさ》しい顔をした。

「それはいいですね」

カンミも深くうなずいた。

「炭鉱の仕事あっての今ですきね」

カンミはいつもそう言うのだ。今の人の生活は、昔の人が積み重ねた上にある。便利になったいいところも、おかげで都合が悪くなったところもあるけれど、いいところの裏には、必ず苦労した昔の人がいるのだと。

「やけん、炭鉱の人たちには、感謝せんといかんとよ」

「うん」

いつもなら、「うざっ」と返すところだが、風味は神妙《しんみょう》な返事をした。おじいさんの話をきいたせいか、ずっと和志の苦労を見ていたせいか、すんなり胸に入ってきた。

「そうやな。*筑豊《ちくほう》のこれからに願いもこめてな。過去、現在、未来、みんな丸のさんじゅうまるやな」

和志がうなずくと、典子がメモ帳を出してきた。

「こうしたらいいんやないかしら」

風味◎、と記号を書く。

「おう、そりゃいいな。なんかしらん、しゃれとる」

と和志は手を打った。

風味は、

「②風味さんじゅうまる」

とつぶやいてみた。胸の中で、さんじゅうまるが転がる音が鈴《すず》のようにきこえた。


（まはら三桃『風味◎（さんじゅうまる）』より）

(注) おじいさん、三島さん…店にいた客。　和志…風味の父。
ハイカラ…しゃれていること。　カンミ…風味の祖母。

典子…風味の母。　3K…ここでは、過酷《かこく》な労働環境《かんきょう》を指す。

筑豊…福岡県と大分県にまたがる地域。炭鉱があった。

難

問　――線部①「さんじゅうまる、ですか?」、②「風味さんじゅうまる」とあるが、「風味さんじゅうまる」というお菓子の名前に対する風味の印象の変化を、四十五字以内で説明しなさい。

45

20%

3

次の文章を読んで、あとの問いに答えなさい。

「私」は、人間に捕《と》らえられ、現在は動物園の檻《おり》の中にいるライオンである。　［長野県］

妻は草原を知らなかった。

遠く離《はな》れた都会の公園の、檻の中で生まれたからである。妻の父母がふるさとの話を語り聞かせなかったのは、一生を晒《さら》し物として過ごすほかはない娘《むすめ》を、*不憫《ふびん》に思ったからなのだろう。だから妻は、草原を知らないどころか、草原の話すら聞いてはいなかったのだ。

父母の心にまで思い至らなかった私は、幼い日々の記憶《きおく》を寝《ね》物語《ものがたり》に聞かせてしまった。そのときの妻の驚《おどろ》きようは忘れがたい。彼女《かのじょ》は私たち種族が、みな檻の中で生まれて檻の中で死んでゆくものと思いこんでいたのだった。いや私たちばかりではなく、周囲の檻や、声ばかり聞こえて見えざる岩山にある獣《けもの》たちのすべてが、そういうものだと信じていた。

驚くのも当たり前だ。獣たちの本来あるべき場所は、遥《はる》かな草原や深い森の中だなどと、どうして彼女に信じられよう。空を行く鳥のように、大地を自由に駆《か》け回っていたなどと。

妻は夜ごと私に草原の話をせがんだ。しかし私とて、幼い日の記憶がそれほど豊かではなかった。同じような話をくり返し、ときには見もせぬものを見たように語った。

いったい彼女は、どうしてあれほど執拗《しつよう》に、帰らざるふるさとの話を欲《ほっ》したのだろう。今さら聞いたところで詮方《せんかた》ない話を。

妻が私の話を聞くことで、みずからの運命を嘆《なげ》き、瞋《いか》りの感情を抱《いだ》くのではないかと私は怖《おそ》れた。だが、彼女はけっして瞋らなかった。おそらく私の父の訓《おし》えと同様に、妻もまた都会の公園の檻の中で、父母からその心得を授《さず》けられていたのだろう。

妻は夜ごと私の話を聞きながら、私の腕《うで》の中で眠《ねむ》った。

子らを授かったとき、妻は私に懇願《こんがん》した。草原の話を聞かせてあげて、と。

酷《むご》い話かもしれないと思いもしたが、私は妻の願いを*掬《きく》して、いまだ目も開かぬ子供らにふるさとの話を聞かせた。よしや帰らざるふるさとであろうと、父祖の生きたところ、おのれのあるべきところは知らねばならぬと思ったからである。

妻の親は娘を不憫に思って語らなかったが、妻はその親心ゆえに無知であった自分自身を、不憫に思ったにちがいなかった。涸《か》れ尽《つ》きていたはずの記憶は、子供らに語るうちに掘《ほ》り起こされた。

草原の風の匂《にお》い。乾《かわ》いた大地と、たくましく根を張る灌木《かんぼく》。水場に群《む》らがる獣たち。それらは弱きに見えて、身を守る術《すべ》をそれぞれに知っており、けっして人間たちが投げ入れる肉のように、たやすい餌《えさ》ではないこと。

伝説でもいい、と私は思った。たとえ檻の中とは無縁《むえん》の話でも、おのれが本来かくあるべきと知れば、晒し物でも見世物でもない*矜持《きょうじ》を、きっと持つことができるから。

（浅田次郎『獅子吼』より）

（注）不憫…気の毒なこと。　掬する…事情をくみ取って察する。
矜持…自負・誇《ほこ》り・プライド。

難 **問**　――線部「伝説でもいい」という考えが思い浮《う》かんだとき、「私」は、子どもたちがどのように生きることを望んでいたと考えられるか。「草原」「ライオン」の語を用いて、三十字以上五十字以内で書きなさい。

読解①（出題内容別）

3 読解①（出題内容別）

場面・情景・表現（文学的文章）

入試メモ　小説の場面分けや、情景と心情の関わり、表現に関する設問。文章の特徴《とくちょう》をつかみ、表現の意図をとらえよう。

出題率 54.2%

1 場面・情景

出題率 13.5%

小説では、場面を読み取ったり、情景描写《びょうしゃ》から登場人物の心情を読み取ったりする必要がある。

① 場面を読み取る

場面の読み取りには、**登場人物**とその関係、**場所**、**とき（時代・季節・時間など）**をおさえることが大切。

○人物・場所・時間などを把握《はあく》して、文章全体の流れをおさえる。全体をつかむことで作者の意図をとらえることができる。

○小説の場合、**場面の転換《てんかん》**が行われる。空間的な転換だけでなく、現実の場面から**回想場面**へなど時間的な転換が行われることがある。

② 情景を読み取る

情景から登場人物の心情を読み取る。

○風景などの描写が象徴《しょうちょう》しているものが、心情を表す。一見関係のない描写に見えても、登場人物の心情と結びつけて考える。

例「どんよりとした雲に覆《おお》われた空が広がる。」
→登場人物の暗い気持ちを表している。
「岸には波が打ち寄せては消え、また打ち寄せる。」
→登場人物が同じことを繰《く》り返し考えている様子。

2 表現

出題率 42.7%

小説に見られる表現技法や、作品における表現の特徴などを読み取る必要がある。

① 表現技法をとらえる

表現技法の中では比喩《ひゆ》の出題が多い。

覚えよう　**比喩の種類**

直喩「〜ようだ」を使ってたとえる。例 鳥のように飛べる飛行機。
隠喩《いんゆ》「〜ようだ」を使わずたとえる。例 ビルの林が続く。
擬人《ぎじん》法 人でないものを人にたとえる。例 山が遠くで呼んでいる。

② 文章表現の特徴をとらえる

文章全体を通しての表現の特徴とその効果をとらえる。選《せん》択《たく》式で問われることが多い。各選択肢《し》を丁寧《ていねい》に読み、本文にあてはまるかどうか、ひとつひとつ判断していく。

【よく見られる特徴の例】

○会話文が多い。→具体的になる。
○写実的な描写が多い。→現実感が増す。
○同じ言葉を繰り返す。→強く印象に残す。
○一人称《いちにんしょう》で展開していく。→内面が深く描《えが》かれる。
○短い文を連続させる。→テンポよく進める。

実力アップ問題

解答・解説 別冊 p.15

1

次の文章を読んで、あとの問いに答えなさい。 〔島根県〕

百メートルを五本走った走哉《そうや》の息は、すっかりあがっていた。両手をひざについたまま肩《かた》を上下させていると、眉間《みけん》にしわをよせた父さんが近寄ってきた。

「走哉は背が高いんだから、もっとストライドを広くとれ。何度も言ってるだろ」

ストライドというのは、歩幅《ほはば》のことだ。走哉は返事をするかわりに、父さんのあごのあたりを見上げた。

「いつもより少し大またのつもりで走れば、ももだって自然と高くあがるんだ」

身長が一九〇センチ近くもある父さんの声が、頭上に降ってくる。

「それから大事なのは目線だ。足が遅《おそ》いやつっていうのは、たいがい下を向いて走ってる。ずっとまっすぐ前を見て走れば、必ずタイムがあがる」

次々に言われるいろんなことが、走るたびに頭からあふれ出して、ぽろぽろと落ちていく。

「さ、次はスタートダッシュの練習だ。スタートダッシュこそ、短距離《たんきょり》の命だからな」

父さんはそう言いながら、つま先で地面に線を引いた。

※〔公園の向こう側には、真っ白いマンションがぼんやりうかんでいる。同じクラスの陸《りく》がすんでいるマンションだ。
ふたりでハマっているゲームのことが頭をよぎった。陸は今ごろ、新しいモンスターの攻略《こうりゃく》中だろうか。〕

「ハイ！　位置について」

走哉の思考をさえぎるように、父さんは強い口調で言った。

（佐藤いつ子『駅伝ランナー』より）

問 この文章の※の部分の説明として最も適切なものを、次の**ア**～**エ**から一つ選び、記号で答えなさい。

ア 公園の向こう側の光景を描写に加えることで、広い中央公園を走るつらさを描いている。

イ マンションの白さを強調することで、走哉が選手として活躍《かつやく》する明るい未来を予感させている。

ウ 友人の陸のことを話題に出すことで、走哉が練習に集中しきれていない様子を伝えている。

エ 新しいモンスターの話題を出すことで、走哉が競《きそ》い合うこととなるライバルの存在を暗示している。

〔　　〕

2

次の文章を読んで、あとの問いに答えなさい。 〔福島県〕

中学二年生の関口俊太《せきぐちしゅんた》は、自転車のロードレースに備えて練習していたが、ライバルである朝倉蓮《あさくられん》の記録を超《こ》えることができずにいた。しかも、練習中に転倒《てんとう》して自転車を壊《こわ》してしまい、ロードレースへの出場をあきらめていた。

窓の外では蝉《せみ》が鳴き続けていた。扇風機《せんぷうき》をつけ首を正面に固定する。いつもの夏休みなら図書館に涼《すず》みに行くところだが、動くのが*億劫《おっくう》だった。

*岩熊《いわくま》の店に三日行くのをやめただけで、急に時は流れなくなった。ひたすら自分を持て余す。考えるということ自体、やめたかった。自転車に乗っているときは時が瞬《また》く間に過ぎたのに、今は時間が敵だった。

（自転車か。）

ボロボロになった*ロードバイクのことを考えた。岩熊が俊太のためだけに作ってくれた完全オーダーメイドとも言える車体である。石膏《せっこう》で尻《しり》の型を取り、全て俊太のためにあつらえてくれた。

あの自転車もひどく壊《こわ》れてしまった。

（謝《あやま》りたい。）

ふと思った。今まで自分の傷についてしか考えていなかったかもしれない。

もしかしたら岩熊も傷ついたのではないだろうか。商売の手を休め、俊太のためにあれだけの手間をかけてくれたのだ。

「俺《おれ》とお前の夢だ。」と岩熊は言った。

夢が破れたのは自分だけではない――。

（土橋章宏『スマイリング！――岩熊自転車　関口俊太』より）

（注）　億劫…めんどうで気が進まないこと。　岩熊…自転車店の店主。
ロードバイク…ロードレースで用いる自転車。

差がつく **問**　――線部「窓の外では蟬が鳴き続けていた」とあるが、「鳴き続けていた」という描写《びょうしゃ》にはどのような効果があるか。その説明として最も適切なものを、次の**ア**〜**オ**から一つ選び、記号で答えなさい。

67%

ア　大切な自転車を壊してしまった責任を感じ、岩熊への謝罪の言葉をずっと考えている俊太の状況《じょうきょう》を、より印象づける効果。

イ　ロードレースで勝つことの難しさを知り、練習を再開するために気持ちを高めている俊太の状況を、より印象づける効果。

ウ　転倒《てんとう》をきっかけに自転車に乗ることをやめ、何をしたらよいかわからなくなっている俊太の状況を、より印象づける効果。

エ　自分の未熟さを知り、なぜ軽い気持ちで自転車を始めてしまったのかと悔《く》やんでいる俊太の状況を、より印象づける効果。

オ　転倒によって自転車に乗ることへの不安が強くなり、少しの音にも敏感《びんかん》になっている俊太の状況を、より印象づける効果。

［　　］

3

↪2

［福井県］

次の文章を読んで、あとの問いに答えなさい。

高校一年生の「私」は「うた部」に誘《さそ》われ、入部を決意する。以下はそれに続く場面である。

昨日までなんとも思ってなかったのに、気づくと、放課後が待ち遠しくなっていた。

廊下《ろうか》を歩くと、意識していないつもりでも、すぐうた部のプレートが目につく。そして、てっきり蛾《が》だと思ったのが、蝶《ちょう》に見えてくるから不思議だ。部屋へ入るとまだ、*いと先輩《せんぱい》だけだった。

「わーっ、よく来てくれたねぇ。」私を見ると、胸の前で小さく手を叩《たた》いて、駆《か》け寄ってきた。髪《かみ》からふわっといい匂《にお》いがする。

（村上しいこ『うたうとは小さないのちひろいあげ』より）

（注）　いと先輩…「うた部」の部長。

問　――線部「てっきり蛾だと思ったのが、蝶に見えてくる」は、どのようなことのたとえか。最も適切なものを、次の**ア**〜**エ**から一つ選び、記号で答えなさい。

ア　たいして気に留めなかったものが、自分にとって価値あるものに見えてくるということ。

イ よく理解できず怖《こわ》いと思っていたものが、見慣れた親しみのあるものだったということ。

ウ みんなに嫌《きら》われているからと毛嫌いしていたものが、実は憧《あこが》れの対象であるということ。

エ いつまでも進歩しないと思っていたものが、知らぬ間に大きく成長しているということ。〔　〕

4

↪2

次の文章を読んで、あとの問いに答えなさい。〔大分県〕

「弦《げん》」は小学六年生である。父の兄である「ハルオジ」の誘いをうけて、流鏑馬《やぶさめ》の射手《いて》に挑戦《ちょうせん》することになった。

「でも、ハルオジは、海王《かいおう》が、いい馬だと思ったんだよね。それで、わざわざ手にいれたんだよね。」

「ああ、それも、おれさまのつごう。」

「理由をおしえて。」

弦は、ハルオジを好奇心《こうきしん》いっぱいの顔で見あげる。

「かんたんだ。おれがもとめていた馬に、ぴったりだからだ。出会った時、海王はひどく人間を警戒《けいかい》していた。自分が捨てられたことに気づいていたんだな。馬は臆病《おくびょう》な性質といわれているけれど、その臆病にもいろいろあってな。警戒心が強かったり、きまった人間からしかえさを食べなかったり……。海王の場合は、臆病だから人間をきらったんじゃない。プライドが高いんだ。つまり、自分に誇《ほこ》りをもっている馬なんだ。」

「うん。たしかに、そういうにおいが、ぷんぷんしてくるよ。」

弦はわざとらしく鼻をつまんでみせた。

「だろ。いつも、どうどうとしていて、そして、めったなことで、とりみださない。おれはまだ、あいつの鳴き声すら、聞いたこともない。」

鳴き声といわれて、弦も、あっ、と思った。

「そういえば……おれも、聞いたことがない。」

「馬は人間とおなじで生まれたときに鳴き声をあげる。たくさんの馬の子がいても、母親は鳴き声で、自分の子をさがすことができるという。」

「すごいな。」

「だが、海王は鳴かない……。流鏑馬の馬はな、長いもの、音のするもの、ハデなものを見ても、怖気《おじけ》づかない馬が、ぴったりなんだよ。おれは、海王を心から尊敬している。」

「長いもの、音がするもの、ハデなもの？」

ひづめの音が聞こえてくる。弦の前を、また、馬が駈《か》けぬけていく。

「バシュッ。」

矢が的につきささるころには、ひづめの音はずっとむこうに遠のいている。そのころには、二本めの矢が風を切る音が聞こえてくる。

（大塚菜生『弓を引く少年』より）

問 この文章の表現の特徴《とくちょう》として最も適切なものを、次の**ア**～**エ**から一つ選び、記号で答えなさい。

ア 主人公の心情と対応する情景描写が、伯父《おじ》との関係の変化を効果的に表現している。

イ 「……」の多用が、思いを伝え合うことができない二人のもどかしさを表している。

ウ 馬のひづめや矢が的につきささる音などの聴覚《ちょうかく》的な表現が、臨場感をもたらしている。

エ 晴れ舞台《ぶたい》で活躍《かつやく》する射手の写実的な描写が、主人公を待つ明るい未来を暗示している。〔　〕

段落・要旨（説明的文章）

出題率 51.0%

入試メモ 段落ごとに内容をとらえ、筆者の考えをおさえよう。文章全体の要旨《ようし》をとらえることは最も重要。

1 段落構成

出題率 26.0%

論説文や説明文では、段落ごとの役割や、段落どうしの関係をとらえることが大切である。

① 段落の役割をとらえる

段落それぞれの役割を問う出題がよく見られる。まずは、**筆者の考え**が述べられた段落なのか、**事実**が述べられた段落なのかを見極《みきわ》める。

○段落を短く要約して、中心となる要素や文を見つける。

○文章全体の中で、問題（話題）の提起、例示、筆者の考え、結論などどの働きをしているか判別する。

段落構成の例
1 問題提起
2 例示
3 例の説明
4 筆者の主張

② 段落どうしの関係をとらえる

段落どうしの関係をとらえることによって、論説文が読み取りやすくなる。特に、**接続語に注目**しよう。

○段落それぞれの役割をおさえ、関係をとらえる。事実によって例示する段落→どの段落の内容に対する例なのか。

○段落の初めにある接続語に注目する。接続語の性質によって、前後の段落との関係がわかる。

▼接続語の種類

順接	それで・だから・すると	逆接	しかし・けれども・ところが
累加《るいか》・並立《へいりつ》	それから・しかも・また	対比・選択《せんたく》	または・あるいは・それとも
説明・補足	つまり・例えば・なぜなら	転換《てんかん》	ところで・さて

2 要旨

出題率 39.6%

筆者がその文章で**最も伝えたい内容**のこと。文章を短くしただけの要約とは違《ちが》うので注意。

○文章全体の中で、**キーワード**となっている言葉を見つけ出す。

○**最後の段落**など筆者の考えが書かれている部分に注目する。

○選択式問題の場合、文章中と違う言葉に言い換《か》えられていることがあるので注意。

○記述式問題の場合、できるだけ**文章中で使われている言葉を用いて**解答を作る。

〔出題形式のパターン〕

○文章の内容と合致《がっち》する選択肢《し》を選ぶ。

○筆者の考えをまとめて記述する。字数指定がある場合が多い。

覚えよう　要旨と主題

説明的文章（論説文・説明文など）の場合は「**要旨**」、文学的文章（小説・随筆《ずいひつ》など）の場合は「**主題**」ということが多い。どちらも著者の最も伝えたい内容を指す。最後の設問になり配点が高いことが多い。

実力アップ問題

解答・解説 別冊 p.16

1

次の文章を読んで、あとの問いに答えなさい。 〔東京都〕

人間の営む生産活動の基本には、食料の獲得《かくとく》という大問題があり、いかに第三次産業が発達した社会でも、結局は分業に支えられた食料調達のシステムが確立されている、ということが大前提なのである。歴史とは過去の人間の活動の総体であることから、その基礎《きそ》となる食料の獲得と分配とが、大きく社会を規定したはずで、食生活が歴史に占《し》めた位置は非常に重要であった、と考えなければならない。（第一段落）

しかし、これまでの食物史の最大の関心は、食料の消費の部分にのみ集中し、なにをどう食べたか、という課題に終始した観がある。ところが食料の消費は、その生産に裏付けられねばならず、生産の過程に強く関与《かんよ》する共同体や国家の問題と分けることはできない。むしろ生産に共同体や国家の意思が働き、実際に権力が関与するからこそ、生産条件が確保され生産力の向上が期待されたのである。（第二段落）

すなわち権力の生産への関与が、食料の社会的分配を強制的に行いうる根拠《こんきょ》となり、こうした歴史の帰結として、共同体もしくは国家内に階級が成立するのだ、と考えるべきだろう。したがって歴史学としては、従来の食物史の成果に学んだうえで、食料の生産や配分の問題までも視野に入れる必要がある。それゆえ食生活が、歴史の展開にどのような役割を果たしたのか、また政治・経済や文化・宗教のあり方が、逆に食生活にどのような影響《えいきょう》を与《あた》えたのか、を具体的に追究することが重要な課題となるのである。（第三段落）

（原田信男『日本人はなにを食べてきたか』より）

差がつく **問** 段落どうしの関係を説明したものとして最も適切なものを、次の**ア**～**エ**から一つ選び、記号で答えなさい。 65%

ア 第二段落で補足したこれまでの考え方について、第三段落では根拠を明らかにして論の妥当《だとう》性を主張している。

イ 第二段落でまとめた内容について、第三段落では対照的な事例を挙げて別の見解を提示している。

ウ 第二段落で示した新たな論点について、第三段落ではその要点を整理して論の展開を図っている。

エ 第二段落で述べた問題について、第三段落では具体的な事例を列挙して詳《くわ》しく一つ一つを分析《ぶんせき》している。

〔　　〕

2

次の文章を読んで、あとの問いに答えなさい。（1～3は段落番号である。） 〔愛知県〕

1 わたしは子どものころから、ものもちのよいほうで、いろいろなものを保存するくせがあった。ごくつまらない道具類のこわれたものだとか、けしゴムのかけらだとか、そういうガラクタ類まで、たいせつな宝物みたいに、どこかにしまいこんでいたのである。おおきくなってからは、ものばかりか、友人たちからもらった手紙類や、学校関係のパンフレット、紙きれまで、後生大事にのこすようになってしまった。ただし、いっさい整理ということをしらないから、なんでもかでも、箱のなかに乱雑につめこんでいただけである。わたしはいまでも、すくなくとも高等学校時代からの、このような「遺産」の山を、なすすべもなくかかえこんでいる。

2 学生時代はためこむだけでよかった。いよいよ自分の仕事がはじまってみると、これではどうしようもなかった。まえにきた手紙が、必要なときにでてこなかったり、会の印刷物が、みようと思うときにゆくえ不明だったりして、たいへんこまった。どういう整理法をとればよいのか、そんなことをおしえてくれる人もなかった。わたしは、自分自身の文書を整理するために、いろいろなことをやってみた。なんべんも失敗したが、そのたびに、すこしずつかしこくなった。そして、どうやら整理についての基本的原則みたいなものが、すこしわかったような気がしている。

3 一般《いっぱん》に、整理というのはどういうことなのか。どういう状態になれば、よく整理されているといえるのか。整理というのは、ちらばっているものを目ざわりにならないように、きれいにかたづけることではない。それはむしろ整頓《せいとん》というべきであろう。ものごとがよく整理されているというのは、みた目にはともかく、必要なものを必要なときにすぐ取り出せるようになっている、ということだと思う。世のなかには、一見乱雑にみえて、そのじつ、まったく整理のよい人がいる。逆に、本や書類を整然とならべているくせに、必要なときにはなにもでてこないという人もある。整理がよくて整頓のわるい人と、整頓がよくて整理のわるい人とがある、というわけである。整理は、機能の秩序《ちつじょ》の問題であり、整頓は、形式の秩序の問題である。やってみると、整頓よりも整理のほうが、だいぶんむつかしい。たとえば、書斎《しょさい》のなかをきれいに整頓することはだれでもできるが、整理することは本人でないとできない。

（梅棹忠夫『知的生産の技術』より）

問 2段落が果たしている役割の説明として最も適切なものを、次の**ア**～**エ**から一つ選び、記号で答えなさい。

ア 1段落をうけて筆者の学生時代の経験を紹介《しょうかい》し、その頃《ころ》に教えられた書類整理法を述べた3段落につなげている。

イ 1段落に続いて筆者の経験を述べ、その経験を通して発見した整理の基本原則をまとめた3段落につなげている。

ウ 1段落とは対照的な筆者の成功体験を述べ、整理に関する具体的な実例を集めて紹介した3段落につなげている。

エ 1段落とは異なる失敗談を紹介し、筆者自身がたどってきた整理法の歴史をふりかえる3段落につなげている。

［　　］

3

次の文章を読んで、あとの問いに答えなさい。（1～10は段落の番号である。）　［北海道］

1 どんなに質素な家であっても、どんな豪華《ごうか》な家であっても、窓はそこに住む人の気持ちのステージであるべきだと私は思う。それを意識していないと、物置のようになっている窓のおかげで立派な家も貧相《ひんそう》に見えてしまうのではないだろうか。

2 さて、日本の住宅が出窓を使いこなしていない現状を、私はいつも何か変だなと思って眺《なが》めている。みなさんが住んでいる近所の家の窓を、一度注意して眺めてみてほしい。特に出窓のある家。さて、どうだろう。「フーム、なるほど」と感心するほどの窓や「これは美しい」という窓には、なかなかお目にかかれないことに気づかれると思う。

3 ひょっとして出窓には、後ろ向きのぬいぐるみか段ボールの箱、もしくはテレビのお尻《しり》などが見えなかっただろうか。ついでに物に押《お》されて、変な具合によじれたレースのカーテンが見えなかっただろうか。

4 ほとんどの人は家の中が気持ち良ければいいという内側優先の発想しかないから、外から窓がどう見えるかなんてことは、ほとんど意識していないのではないだろうか。

5 窓は光が入ってくるただの「明るい壁《かべ》」みたいなものでしかないから、「見られること」など考えたこともないだろうし、ましてや「見せる」などと言われてもまるでチンプンカンプンで理解できないかもしれない。つまりそれは窓は仕切りにはなっていても、決して「内と外」をつないではいないということである。

6 ひょっとしたら昔から日本人の生活の中では、窓を通して「見る」という概念《がいねん》はあっても、「見られる」という概念は生まれなかったのかもしれない。現代の家とは違《ちが》う昔の窓の少ない日本家屋では、窓が小さな「明かり取り」の位置付け以上に育つのが遅《おく》れたからではないか。それなのに建物の洋風化が急速に進んだことで、意識の面ではまだ追いついていないのかもしれない。だから構えは洋風になったというのに「見られること」に関しては、まだ昔のままだと言うこともできるのではないか。

7 日本人は外国からさまざまなことを学んだ。気候、風土、習慣などの違いを越《こ》えて、あるものはそのままで、あるものは日本流に置き換《か》えられて、いいものはいいという発想でいろいろなものを受け入れてきた。

8 そんなものの一つに日本でもそれなりのブームになり、文化としても定着する兆《きざ》しのあるのがガーデニングである。日本人が今まで控《ひか》えめだった「見せたい」気持ちが、花や庭を通して小さな広がりを持ち始めてきたということなのだろう。花好き以外にもそんな気持ちの人が増えるのは、実にいいことだと思う。

9 いつもは窓など意識しない人が、なぜかクリスマスシーズンになると突然《とつぜん》イルミネーションを灯《とも》したりして、この時とばかりに飾《かざ》り付ける人もいる。それはそれでほほえましいことである。その時だけ「外」に対する意識が出てきて、自分の飾ったものを見てほしいという気持ちが強くなるのだと思う。

10 実は、そういう気持ちこそが大事なのである。そんなふうに芽生えてきた「見せること」や「見られること」への意識を、普段《ふだん》の生活でも持ち続けられるよう育てられないものだろうか。

（坂川栄治『「光の家具」照明』より）

難

問 ――線部「実は、そういう気持ちこそが……育てられないものだろうか。」とあるが、ここで、筆者が言おうとしていることを、八十五字程度で説明しなさい。ただし、9段落で筆者が述べている日本人の気持ちを明らかにすること。

85

8%

読解①（出題内容別）

5 筆者の思い（文学的文章）

読解①（出題内容別）

入試メモ
随筆《ずいひつ》では、筆者の考えと体験などを判別して読み取る。
随筆に書かれたテーマをとらえ、筆者の思いを読み取ろう。

出題率 2.1%

1 随筆の構成

出題率 1.0%

随筆は、筆者の考えや体験などを自由に書き記したものである。論説文・説明文に近いもの、小説に近いものなど、さまざまなものがある。

① 段落構成をとらえる

論説文などと同じように、随筆にも段落ごとに役割がある。それを読み取ることで、文章の全体像がつかみやすくなる。

○**筆者の考え**なのか、**体験**なのかを判別する。
○現在のことなのか、過去の回想なのかを見極《みきわ》める。
○接続語の働きに注目し、前後の段落の関係をとらえる。

覚えよう **接続語の働き**

順接・逆接などの働きによって、前後の段落の関係が明らかになる。接続語に注目して読んでいく。

順接（だから・すると）
後ろの段落が前の段落の理由・結果になる。
逆接（しかし・ところが）
前後の段落で逆のことを述べる。
説明・補足（つまり・例えば）
前の段落の内容を説明したり補ったりする。

〔構成のとらえ方〕
○段落ごとに要約して、段落の役割を確かめる。
○人物・場所・時間などを把握《はあく》して、文章の全体像をつかむ。
○筆者の考えが書かれた箇所《かしょ》を見つける（文末表現をヒントにする。「…と思われる。」「…と考える。」など）

2 筆者の思い

出題率 2.1%

随筆は、論説文ほど詳細《しょうさい》ではないものの、さまざまなテーマで筆者の考えを述べたものが多い。何のテーマに関する文章なのかをとらえる。

〔随筆のテーマ例〕
○文化・社会に関する文章
○日常生活や家族に関する文章
○自然・環境《かんきょう》に関する文章
○コミュニケーションや情報に関する文章
※論説文で扱《あつか》われるテーマや小説で扱われるテーマも、随筆のテーマになり得る。随筆は自由な形で書かれるので、テーマが読み取りにくいこともあるので注意する。

〔出題形式のパターン〕
○文章の内容と合致《がっち》するものを選ぶ。
○筆者の考えを表すキーワードを抜《ぬ》き出す。
○筆者の考えについて話し合う会話文を完成させる。

実力アップ問題

解答・解説 別冊 p.17

1 次の文章を読んで、あとの問いに答えなさい。 〔岩手県〕

私はいわば自分の甲斐性《かいしょう》なし意気地《いくじ》なし、あるいは、わがままというべきものから、弁当なしを経験した。つまり朝早く起きられないのである。弁当をつめるだけの、時間の余裕《よゆう》をみて起きることができなかった結果なのである。学校と私の家との距離《きょり》は遠くて、一時間半はかかる。八時はじまりだったので、学校にまに合うには、六時半に家を出ねばならず、したがってそのまえに食事をこしらえて、弟にもたべさせ弁当をつめてやり、自分も身繕《みづくろ》いなどをすれば、どんなに手早くしても五時半には起きることになる。その五時半が辛《つら》いのだった。弟には是《ぜ》非《ひ》お弁当を持たせようと思う気もちがあるので、これは無理にもこしらえるが、自分はおひるぬきの空腹のほうが遅刻《ちこく》よりまだしもである。ひっそりと全校の生徒が着席している朝礼の講堂へ、ことりことりと靴《くつ》の音を忍《しの》んではいるほど情《なさけ》ないことはない。

そんなことは友だちには知られたくなし、十二時になると校庭へ抜けて行く私に、「どうしたの？」と案じてくれる人へは、いい加減にうそをとりつくろう。友だちを偽《いつわ》ることはできても、簡単に偽れないのはおなかの虫だった。この虫はぐうと鳴き、きゅうと訴《うった》えて、私の不届《ふとどき》を暴露《ばくろ》しようとする正直な虫なのである。うそをつけば自然と意地っ張《ぱ》りになるものらしい。私は腹の虫に抵抗《ていこう》して、ますます腑甲斐《ふがい》ない弁当なしをとりつくろう意地を張った。[A]

仲子《のぶこ》さんという人がいた。つねに一緒《いっしょ》にいるというほどの特別なかよしではなかったが、気もちのいい人だった。「どうしたの？」と訊《き》いてくれた。私は例のとおり、うそ返辞をする。「そんならたべないほうがいいわね」と素直《すなお》である。私は簡単にだまされた仲子さんを、ちょっと滑稽《こっけい》に思った。

すると、その後しばらくして、「きょうもたべないの？」と言う。私は例のとおり。

「私のお弁当、決しておなかにさわらないお弁当なの。いっしょに半分ずつたべない？」

「だってたべたくないもの」

「それがね、ちょっとたべればもっとたべたくなるお弁当なのよ」

何度押《お》し問答しても、仲子さんはいささかも退くけはいがない。ただ、「おなかにさわらない」「割合おいしい」というだけで、そのほかを言わず、愉《たの》しそうに誘《さそ》うのである。なかよし同士のしつこい会話のかたちで言っているけれど、動かしがたい気もちを含《ふく》ませてくりかえし誘っていることは、もはや確実である。私はその誘いに乗りたい。けれども、それに乗れば、これまでのうそやとりつくろいは一挙にばれることになる。だから強情《ごうじょう》を張った。でも、仲子さんは私よりも少し強かった。微笑《びしょう》と強情とでは、強情が負けるのである。[B]

そのお弁当は、焼いたパンへ*バタと白い砂糖をぬったものだったが、一眼《ひとめ》でそれが丁寧《ていねい》にこしらえてあることがわかった。端々《はしばし》までバタと砂糖は丹念《たんねん》に行きわたっていた。「ほら、おいしいでしょう？」という、私が彼女《かのじょ》から予期したことばは、予期はずれで、仲子さんは一言も言わず、私がたべ終えたとき、「うちのおかあさんがきっと喜ぶわ」と言った。

私はぎょっとした。「だって、どうしてあなたのおかあさんが？」

「こんなに、ちょいちょいおなかが悪いのは、なにかわけがあるはずだと思うと言って、あなたのこと心配しているのよ」

パンはこのところずっと、仲子さんの一人前より余計に用意されていたものらしい。私はこの親子の*怜悧《れいり》な、そして温かい

気もちに打たれて、弁当なしのうそを粉々に崩《くず》さずにはいられなかった。C

その日からもう三十何年になる。仲子さんも私もおたがいに忙《いそが》しいので、*訪《と》いたずねは、ときたましかできないが、ずっと変わらない友情が続いている。あのときのパンは、三十年のあいだじゅう、私を励《はげ》ましつづけている。私のような者のところへも、ときには、空腹のうそをつく人が来ないでもない。私はじいっとそういう人を見つめていて、それから折をうかがって、バタと砂糖の、あのパンを薦《すす》める。D

（幸田文「うそとパン」より）

（注）バタ…バターのこと。　怜悧…頭の働きが鋭《するど》いこと。賢《かしこ》いこと。
訪いたずね…訪問すること。

問 文章を時間的な場面の展開で分けるとき、回想の場面は本文中のA～Dのどこまでになるか。最も適切なものを、次の**ア**～**エ**から一つ選び、記号で答えなさい。

ア Aまで　**イ** Bまで
ウ Cまで　**エ** Dまで

〔　　〕

2

↪2

次の文章を読んで、あとの問いに答えなさい。〔新潟県〕

インタヴューには、相手の知っていることばかりでなく、「知らないこと」まで喋《しゃべ》ってもらうという側面が明《あ》きらかに存在する。そんなことをいうと、知らないことなど喋れるはずがない、と反論されるかもしれない。だが、質問を投げかけられることで、その人が自分でも意識していなかったことを自身の内部に発見して喋ったり、思いがけないことを口走ったりするということは、必ずしも稀《まれ》なことではないのである。

私はインタヴューをすることで口に糊《のり》しているにもかかわらず、インタヴューをされるのが好きではないのだが、それでも年に何回かは応じざるをえなくなる。そのような時、極《きわ》めてすぐれたインタヴュアーに遭遇《そうぐう》すると、自分でも意外と思えることを喋っていることがある。そうか、自分はこんなことを考えていたのか、こんなことにこだわっていたのかとあらためて気づかされたりする。それは、どこか、格闘技《かくとうぎ》のプレイヤーたちがすぐれた対戦相手をもった時に通常とは異なる力量を発揮するのに似たところがある。自分以上の自分になる契機《けいき》を与《あた》えられるのだ。

逆に、自分がインタヴューする側にまわった時、いったいどれほど「自分以上の自分になる」契機を与えることができているかは自信がないが、ともかく、インタヴュアーにとっての喜びは、どうしても口を開いてくれない相手から大事なひとことを聞き出すということと、相手が自分の喋っていることに自分で驚《おどろ》いているという瞬間《しゅんかん》に立ち会えることであるように思われる。

（沢木耕太郎『不思議の果実』より）

差がつく

問 この文章の内容を説明したものとして最も適切なものを、次の**ア**～**エ**から一つ選び、記号で答えなさい。

ア インタヴューをするとき、大切なことは、相手の人物の体験など、「知っていること」を正直に話してもらうことである。

イ インタヴューをする最大の喜びは、口を開いてくれない相手から、まだ知られていない情報を聞き出すことである。

ウ すぐれたインタヴュアーは、相手の人物に「知っていること」だけでなく、「知らないこと」も喋らせることがある。

エ インタヴュアーの仕事は、相手の人物の思いがけないことを聞き出して、ノンフィクションを書くことである。

〔　　〕

54%

読解②

（出題テーマ別）

▼出題率

読解②（出題テーマ別）

文化・言語（説明的文章）

入試メモ　日本文化や日本語、哲学《てつがく》などに関連した文章が多く出題される。論理の展開を丁寧《ていねい》にたどって読み取ろう。

出題率 43.8%

実力アップ問題

解答・解説　別冊 p.17

1　次の文章を読んで、あとの問いに答えなさい。　［青森県］

アメリカも含《ふく》めて、西欧《せいおう》世界においては、古代ギリシャ以来、「美」はある明確な秩序《ちつじょ》を持ったもののなかに表現されるという考え方が強い。その秩序とは、左右相称性《さゆうそうしょうせい》であったり、部分と全体との比例関係であったり、あるいは基本的な＊幾何学《きかがく》形態との＊類縁性《るいえんせい》など、内容はさまざまであるが、いずれにしても客観的な原理に基《もと》づく秩序が美を生み出すという点においては一《いっ》貫《かん》している。逆に言えば、そのような原理に基づいて作品を制作すれば、それは「美」を表現したものとなる。

典型的な例は、現在でもしばしば話題となる八頭身の美学であろう。人間の頭部と身長が一対八の比例関係にあるとき最も美しいという考え方は、紀元前四世紀のギリシャにおいて成立した美の原理である。ギリシャ人たちは、このような原理を「カノン（規準）」と呼んだ。「カノン」の中身は場合によっては変わり得る。現に紀元前五世紀においては、優美な八頭身よりも荘重《そうちょう》な七頭身が規準とされた。だが七頭身にせよ八頭身にせよ、何かある原理が美を生み出すという思想は変わらない。ギリシャ彫刻《ちょうこく》の持つ魅力《みりょく》は、この美学に由来するところが大きい。

もっとも、この時期の彫刻作品はほとんど失われてしまって残っていない。残されたのは大部分ローマ時代のコピーである。しかししばしば不完全なそれらの模刻作品を通して、かなりの程度まで原作の姿をうかがうことができるのは、美の原理である「カノン」がそこに実現されているからにほかならない。原理に基づいて制作されている以上、彫刻作品そのものがまさしく「美」を表すものとなるのである。

だがこのような実体物として美を捉《とら》えるという考え方は、日本人の美意識のなかではそれほど大きな場所を占《し》めているようには思われない。日本人は、遠い昔から、何が美であるかということよりも、むしろどのような場合に美が生まれるかということにその感性を働かせて来たようである。それは「実体の美」に対して、「状況《じょうきょう》の美」とでも呼んだらよいであろうか。

例えば、「古池や蛙《かわず》飛びこむ水の音」という一句は、「古池」や「蛙」が美しいと言っているわけではなく、もちろん「水の音」が妙音《みょうおん》だと主張しているのでもない。ただ古い池に蛙が飛びこんだその一瞬《いっしゅん》、そこに生じる緊張感《きんちょうかん》を＊孕《はら》んだ深い静寂《せいじゃく》の世界に芭蕉《ばしょう》はそれまでにない新しい美を見出した。そこには何の実体物もなく、あるのはただ状況だけなのである。

日本人のこのような美意識を最もよく示す例の一つは、「春は曙《あけぼの》。やうやうしろくなりゆく山ぎはすこしあかりて……」という文章で知られる『枕草子《まくらのそうし》』冒頭《ぼうとう》の段であろう。これは春夏秋冬それぞれの季節の最も美しい姿を鋭敏《えいびん》な感覚で捉えた、いわば模範的《もはんてき》な「状況の美」の世界である。すなわち春ならば夜明け、夏は夜、そして秋は夕暮《ゆうぐれ》というわけだが、その秋について、清少納言《せいしょうなごん》は次のように述べている。

秋は夕暮。夕日のさして山の端《は》いと近うなりたるに、烏《からす》の寝《ね》どころへ行くとて、三つ四つ二つ三つなど、飛びいそぐさへあはれなり。まいて雁《かり》などのつらねたるがいとちひさく見ゆるは、いとをかし……。

これはまさしく「夕焼けの空に小鳥たちがぱあっと飛び立っているところ」というあの現代人の美意識にそのままつながる感覚と言ってよいであろう。日本人の感性は、千年の時を隔《へだ》ててもなお変わらずに生き続けている。

「実体の美」は、そのもの自体が美を表しているのだから、状況がどう変わろうと、いつでも、どこでも「美」であり得る。*《ミロのヴィーナス》は、紀元前一世紀にギリシャの植民地であった地中海のある島で造られたが、二一世紀の今日、パリのルーヴル美術館に並べられていてもその美しさに変わりはない。①仮に砂漠《さばく》のなかにぽつんと置かれても、同じように「美」を主張するであろう。だが「状況の美」は、状況が変われば当然消えてしまう。春の曙や秋の夕暮れの美しさは、長くは続かない。状況の美に敏感に反応する日本人は、それゆえにまた、美とは*万古《ばんこ》不易のものではなく、うつろいやすいもの、はかないものという感覚を育てて来た。うつろいやすいものであるがゆえに、いっそう貴重で、いっそう愛すべきものという感覚である。②日本人が、春の花見、秋の月見などの季節ごとの美の鑑《かん》賞《しょう》を、年中行事として特に好んで今でも繰《く》り返しているのも、そのためであろう。

（高階秀爾「実体の美と状況の美」より）

（注）幾何学形態…形状・図案などが法則的・規則的であるさま。
類縁性…形状・特質などが似ていて近い関係にあること。
孕んだ…中に含《ふく》みもった。
ミロのヴィーナス…一八二〇年にギリシャのミロス島で発見された大理石の立像。
万古不易…いつまでも変わらないこと。

(1) ——線部①「仮に砂漠のなかにぽつんと置かれても、同じように『美』を主張するであろう」とあるが、その理由として最も適切なものを、次の**ア**〜**エ**から一つ選び、記号で答えなさい。

ア ミロのヴィーナスは、美の原理である「カノン（規準）」を実現している作品だから。

イ ミロのヴィーナスは、不完全な作品だが、時を隔《へだ》てても失われずに存在しているから。

ウ ミロのヴィーナスの美が生まれる場面と条件については、明確な規準があるから。

エ ミロのヴィーナスの美は、砂漠という何もない場所に置かれると、さらにきわだつから。〔　　〕

59%

差がつく

(2) ——線部②「日本人が、春の花見、秋の月見などの季節ごとの美の鑑賞を、年中行事として特に好んで今でも繰り返している」とあるが、その理由を次のようにまとめた。□に入る適切な内容を、本文中の語句を用いて十字以内で書きなさい。

▽季節ごとの自然の美は、永遠には続かず、いずれ終わってしまうものだからこそ、ひととき□と日本人は感じるから。

									10

54%

2

次の文章を読んで、あとの問いに答えなさい。〔熊本県・改〕

対話とは、言葉を通じて互《たが》いの「想《おも》い」を受けとめあうことです。では、どうすれば①対話関係をつくっていくことができるのでしょうか。

私が授業やカルチャーセンターなどで話しあいをしてもらうとき、いつもお願いするのは、「たずねる・確かめる」ことです。「このあたり、もう少し詳《くわ》しく聞かせてもらえませんか？」とたずね、「あなたが言いたいことはこういうことでしょうか？私の理解は合ってますか？」と確かめる。これはとても大切な技術です。

このようなやり方をお願いするのは、なんとなくわかったように通り過ぎるのではなく、相手がその言葉で言おうとしている「想い」をキャッチするためです。相手の考え（思考）もきちんとわかりたいですが、それだけではなく、なぜそんなふうに考えるのか、もわかりたい。その考えにいたった文脈（その人のこれまでの経験）や、それにまつわる気持ちも受けとめたい。そのために「たずねる・確かめる」が有用なのです。

もちろん、いきなり自分の世界に無遠慮《ぶえんりょ》に入ろうとしてきた、と相手に感じさせてはいけません。相手の気持ちを感じ取りながらていねいにたずねることが必要です。

しかし、これまでの私の経験では、「あなたの発言をきちんと受けとりたいのです」というまっすぐな気持ちから「たずね・確かめ」ようとするときには、嫌《いや》がられることは少ない。むしろ、きちんとわかろうとしてくれてうれしい、と感じてもらえることが多いようです。

互いの「想い」の受けとめがうまくいくと、「自分の想いを聴《き》いてくれるんだな」と思えるようになり、安心して話せるようになります。きちんと聴いてもらえると思うと、話す側も、自分の気持ちや考えをなるべくピッタリくる言葉で伝えようと努力するようになり、言葉に対する繊細《せんさい》さが磨《みが》かれていきます。聴く側も、言葉を通じて想いをキャッチするのがうまくなる。こうやって、互いの間に存在の承認《しょうにん》が成り立ってきます。一定の期間、対話関係を続けると、そこは安全・安心な場になってきます。

対話関係がもたらすものは、相手の理解（他者理解）だけではありません。対話を通して相手の「想い」がわかってくると、「あの人はそう考えるんだな、自分はどうだろう」と、他者理解を通して②自己理解が深まっていきます。たとえば「自分の見方はちょっと偏《かたよ》っていたな」とか「こういう発想があっても面白《おもしろ》いな」という気づきが生まれます。

これを言い換《か》えれば、自分を客観視できるということでもあります。いいかたちで対話ができていくと、それぞれがどれくらい違《ちが》った生の条件（個性、家庭、時代状況《じょうきょう》の違いなど）を生きてきたかに気づくとともに、人間としての共通な想い（こういうことは誰《だれ》だってうれしい、悔《くや》しい）にも気づいていくことができる。自分が自分なりの特有な条件のなかを生きてきたこと、しかし皆《みな》と共通な想いがあることに気づいていくと、私は「みんなの中の一人〈one of them〉」だという開けた感覚が生まれてきます。（中略）

これに関連して、もう一つ伝えておきたいことがあります。③対話によって、価値あることを明確化できる、ということです。

*ソクラテスからはじまった哲学《てつがく》の対話は「よさ」（価値）の根拠《こんきょ》をテーマとしてきました。たとえば「勇気」は、もろもろの美徳のうちの一つとされている。では、「そもそも勇気とはどういうもので、なぜそれは『よい』のか？」、これをめぐって対話するのです。

「そもそも～とはどういうものか。なぜ・どのようにそれはよいのか」。これがソクラテスの対話の典型的な問いの仕方です。この問いをめぐって、それぞれが自分の体験に問いかけて言語化し、交換《こうかん》しあう。そうすることで、皆が納得《なっとく》できる、一《いっ》般《ぱん》性のある答えに近づいていくことができるのです。

何が価値あることなのか、何が大事なことなのか。こういったことを確かめることができると、どこに向かって生きていけばいいかがはっきりしてきます。

現代は、よさ（価値）が曖昧《あいまい》になってきている時代です。だからこそ、個人の生き方の面でも、社会の今後を構想するうえでも、哲学の対話が必要になっていると私は考えています。

（西研『しあわせの哲学』より）

（注）ソクラテス…古代ギリシャの哲学者。

(1) ——線部①「対話関係をつくっていくこと」について、ある生徒が、対話関係がつくられる段階を次のようにまとめた。[A]と[B]に入れるのに最も適切な言葉を、文章中から[A]は二字、[B]は五字でそれぞれ書き抜《ぬ》きなさい。ただし、二箇所《かしょ》ある[A]には同じ言葉が入る。

聴く側
・「たずねる・確かめる」考え・理由・経験・気持ちの理解
↓
・[A]を通じて想いをキャッチするのがうまくなる

話す側
・わかろうとしてくれてうれしい
・安心して話せるようになる
↓
・想いを伝えようと努力し、[A]に対する繊細さが磨かれる

[B]が成立

A

B

差がつく

(2) ——線部②「自己理解が深まっていきます」とは、何に気づき、何ができるようになるということか。四十字以上五十字以内で書きなさい。

50　40

(3) ——線部③「対話によって、価値あることを明確化できる」とあるが、筆者はその結果、何がもたらされると述べているか。最も適切なものを、次のア～エから一つ選び、記号で答えなさい。

ア 想像力が失われがちな現代における、独創的発想の手がかり。

イ 経験を軽視する現代における、実体験の重要性に気づく機会。

ウ 共生が難しい現代における、共同体の中の自分を見出《みいだ》す契機《けいき》。

エ よさが見えづらい現代における、個人と社会の進むべき指針。

オ 価値観が多様化する現代における、他者理解につながる糸口。

〔　　〕

2 友情・仲間（文学的文章）

読解②（出題テーマ別）

入試メモ 高校生や中学生を主人公にした小説が出題されやすい。登場人物の人物像と登場人物どうしの関係を中心に読み取ろう。

出題率 37.5%

実力アップ問題

解答・解説 別冊 p.18

1 次の文章を読んで、あとの問いに答えなさい。 〔徳島県〕

高校二年の茜《あかね》とトーコが立ち上げた俳句同好会。一年の夏樹《なつき》と真名《まな》が入会し、俳句甲子園《こうしえん》に出場するために必要な人数はあと一人。次は、一年の三田《みた》村理香《むらりか》が、茜から「*藻《も》の花やわが生き方をわが生きて」と「藻の花もわが生き方をわが生きて」の印象の違《ちが》いについて尋《たず》ねられ、答えた場面である。

「『藻の花も』とすると、歌っていても口ごもる感じがするんです。『も』の音が二回もあってこもるというかくもるというか、そう、ぱっとしない感じ。それに比べて、『藻の花や』で一回切ると、そのこもる感じが消えませんか？　それは、『や』がア段の音だからだと思うんです。ア段の音って明るい感じがしませんか？」

「明るい？　ア段って、つまり、アカサタナハマヤラワの音、ってことでしょ？　それが明るいの？」

夏樹が不思議そうに尋ねた。どう説明すればわかってもらえるのか、理香は言葉を探す。

「そう。私、ア段の音ってCコードのイメージがあるんですよ。ほら、ドミソの和音。」

一瞬《いっしゅん》会員たちはきょとんとした顔になったが、トーコ先輩《せんぱい》がぱっと顔を輝《かがや》かせて、こう受けてくれた。

「そう言えば、ドミソの和音って明るいイメージかも。ほら、たいていの童謡《どうよう》とか、それで始まるよね。『チューリップ』とか、『こいのぼり』とか。」

「あ、そう言えばそうね。」

これは茜先輩。一年生の二人も納得《なっとく》した顔になってくれた。それに勇気づけられて、理香は続ける。

「そもそも、人間の一番自然な発声は『ア』に近い音なんだそうです。これは私の先生の受け売りですけど。ほら、合唱や演劇の発声練習とかも、たいてい『アー』じゃないですか。人間にとって何も意識しないでも出てくる音なんですよ。だから赤ちゃんの泣き声もアーンアーン、になる。言葉に関係なく。」

皆《みな》さんが感心した顔になってくれるが、理香の説明は、これでほとんど終わりだ。

「……それだけです。だから『や』で言葉が切れるほうが、なんか、明るくて、ちょっと雰囲気《ふんいき》を変える感じだなって。すみません、全然理屈《りくつ》になってない。」

①トーコ先輩が、呆然《ぼうぜん》とした顔になっている。

「ううん、そんなことないよ。三田村さん、理香ちゃんか、私今、すごいことに気づかされた気がする。」

「え？」

「最初の俳句講義で、切れ字は俳句の基本だ、特に『や』を季語に付けるのは*王道だって言っても全然心に響《ひび》かなかったんだけどさ、『や』って*詠嘆《えいたん》の助詞なんだよね？　詠嘆なんて難しい言葉使うからわかりにくいのよ、感情表現のための言葉って考えれば、今の理香ちゃんの発言、すごく納得いかない？」

「ああ！」

真名が声を上げると、夏樹がぷっと噴《ふ》き出した。

「真名ちゃん、今の『ああ』も同じ理屈かも。人間が納得したり驚《おどろ》いたりすると、本能的に思わず出てくる言葉っていうか、音のわけでしょ。」

「わあ、ほんと……あ。」

「たしかに、『あ』で感心するよね、普通《ふつう》。」

「思いがけない人に会ったら『あら』とか『やあ』だし。」

「お風呂《ふろ》入って気持ちよくなっても『ああ〜』だわ。」

誰《だれ》からともなく、にぎやかな笑い声が上がる。トーコ先輩なんか、いつのまにか理香の手を握《にぎ》っている。

「すごいよ！　私たち今、すごい発見したのかも！　昔々の人も、『や』って、感嘆とか、驚きとか、そういうことを表す時につい漏《も》れる音だったから、そのまま言葉にしたんじゃないの？　だからこそ切れ字『や』は感動を表すの！　どう？　いいよ、偶然《ぐうぜん》でも、こじつけでも。今、結構大事なことを納得したんだから。俳句を作るなら、しっかりと声を出すこと。切れ字も、声に出した時にはちゃんと効果があること。感嘆のイメージを出せること。いいじゃない、これで②私たちとしては一歩前進なんでしょ？　それで十分だよ。」

茜先輩が深くうなずく。

「そうだよね。声に出して俳句を作る、か。うん、考えてみれば当たり前かも。もともと俳句って、句会で読み上げていたものだったんだから。……ね、三田村さん、いいえ、理香ちゃん。俳句同好会に入って。あなたが必要なの。」

真名もきっぱりとつけ加える。

「そう、五人目の会員です。」


（森谷明子『春や春』より）

（注）藻の花やわが生き方をわが生きて…富安風生《とみやすふうせい》「年の花」所収の句。
藻の花…淡水藻《たんすいそう》の花。夏、水面に出て葉の間に淡黄緑や白色の小さい花をつける。

王道…最も正当な方法。　詠嘆…感動すること。

(1) ——線部①「トーコ先輩が、呆然とした顔になっている」とあるが、このときのトーコの様子として最も適切なものを、次の**ア**〜**エ**から一つ選び、記号で答えなさい。

ア 謝《あやま》っている理香に声をかけるかどうか、迷っている様子。
イ 理香の話からひらめいたことに、自分自身で驚いている様子。
ウ 積極的な理香の態度に圧倒《あっとう》され、言葉が出てこない様子。
エ 理香の説明が中途半端《ちゅうとはんぱ》なために、よく理解できていない様子。

［　　］

思考力

(2) 次の文は、——線部②「私たちとしては一歩前進なんでしょ」について、ある生徒がまとめたものである。[a]・[b]に入る適切な言葉を文章中の言葉を用いて書きなさい。ただし、[a]には、十五字以上二十字以内で書き、[b]には、七字で書くこと。

▽俳句同好会の会員がア段の音を意識したことで、切れ字「や」は[a]ものだということに気づき、俳句を[b]ことが大切だとわかったということ。

a

b

2

次の文章を読んで、あとの問いに答えなさい。　［千葉県］

陸上の名門高校で長距離《ちょうきょり》選手として将来を期待されていた眞家早馬《まいえそうま》は、右《みぎ》膝《ひざ》の骨折という大けがを負い、陸上部を休んでいた。そんな折、調理実習部の井坂都《いさかみやこ》と出会い料理に没頭《ぼっとう》する。陸上部部長で早馬の親友助川《すけがわ》は、早馬の弟で同じ陸上部員の春馬《はるま》らとともに、早馬が戻《もど》ってくることを切実に待っている。次の文章は、駅伝競走大会の県予選がまさに始まろうとする場面を描《えが》いたものである。

一区のスタートまで、あと十分ほど。

全国高等学校駅伝競走大会の茨城《いばらき》県予選。そこまで大勢の人が観戦に来るわけではないが、それでもコースに沿う形で観客が集まっている。それに混じって地元ラジオ局やテレビ局のスタッフが機材を持ってうろうろしていた。

その中に、早馬の姿を見つけた。春馬のスタートではなく一区と二区の中継《ちゅうけい》地点で、最後の一番苦しいところで声援《せいえん》を送るつもりなのだろう。

「早馬」

少し声を大きくして、彼《かれ》を呼んだ。助川の呼びかけに気づいた早馬が、「何かあったのか？」という顔で駆《か》け寄ってくる。

中継所近くにはすでに二区を走る選手が集まっている。三キロという短い距離を走る二区には、各校ともスピード自慢《じまん》の選手を集中させる。顔を見れば名前が浮《う》かぶ、お馴染《なじ》みの連中ばかりだ。だからこそ、あまり怖《こわ》くはない。

「昨日の話の続きなんだけどさ」

①早馬の頬《ほお》が強《こわ》ばる。春馬のアキレス腱《けん》のこと、助川の大学のこと、話はいろいろしたはずだけれど、さすがの親友にはどの話の続きをしようとしているのかわかるらしい。

「別に、お前に無理にもう一度走ってほしいとは言わないよ」

「じゃあ、どうした」

「井坂とずっと料理してて、何か変わったか？」

井坂都の名前に、早馬は特に驚《おどろ》きも戸惑《とまど》いもしなかった。

「春馬が人参《にんじん》を食べるようになったよ」

我慢《がまん》できず吹《ふ》き出してしまった。あいつ、人参も食えなかったのか。

「そうか、よかったな」

「あとさ、自分のこともよーくわかったよ」

助川の隣《となり》に腰《こし》を下ろし、どこか清々《すがすが》しい顔で早馬は大きく息を吐《は》き出した。

「事実を事実として受け入れる心の準備を、少しずつできた、って感じかな」

「なんだよ、事実って」

「俺《おれ》は故障したんだな、とか。弟より走る才能ないんだな、とか。一回故障するだけで走るのが怖くなるくらい臆病者《おくびょうもの》だったんだな、とか、いろいろだよ」

自分で言葉にしていても、心の底で目を背《そむ》けていたものをきちんと受け入れることができた。そう続けた早馬は、［　　］顔をしていた。

「クラスの連中とかさ、俺の前では陸上の話を避《さ》けるんだよ。故障も手術もなかったみたいに何も言わないで、何も見なかった振《ふ》りをするんだ」

「確かに、そうだったかもな」

「最初は②ありがたいと思ってたけど、だんだん、それに甘《あま》えてるわけにもいかないんだって気づいたんだ。ていうか辛《つら》いんだ、それって。惨《みじ》めなんだ」

自分の膝に顎《あご》を置いて、助川は肩《かた》を竦《すく》めた。都は、見ない振りをしていたものを無理矢理認めさせる。目を背けていることを指摘《してき》して、高笑いする。嘲笑《あざわら》う。酷《ひど》い、と思うけれど、それが③ありがたいこともあるのだろう。眞家早馬のような、優《やさ》しい奴《やつ》には特に。

「それでお前は、やめることにしたのか」

「ああ、やめるよ」

彼は、諦《あきら》める勇気を手に入れたのだ。自分とも弟とも違《ちが》う場所を見つめて、違う道を歩いていく選択《せんたく》をしてしまったのだ。

「管理栄養士になるんだろ」

「スポーツ栄養士になる」

え？　一拍《いっぱく》間を置いて、助川は顔を上げた。早馬の顔を見た。まったく同じタイミングで、早馬もこちらを見ていた。

笑った。

「自分は走らないで、それでもスポーツに携《たずさ》わってられるのか、正直わからなかったんだけど。この一年、陸上部離《はな》れてみてわかったよ。俺、やっぱり陸上が好きだ。陸上をやってる連中が、好きだ」

早馬に釣《つ》られるように、自分も頬を緩《ゆる》ませていることに気づいた。スポーツ栄養士。それがどんなものなのか詳《くわ》しくは助川は知らないが、まったく別の方向へ行ってしまうと思っていた友が、わずかに、助川の視界に入る場所を走ってくれているような気がした。

（額賀澪『タスキメシ』より）

超重要

(1) ――線部①「早馬の頬が強ばる」について、このときの早馬の心の内を説明したものとして最も適切なものを、次のア〜エから一つ選び、記号で答えなさい。

85%

ア　本番を前にした場で無駄口《むだぐち》をきこうとする助川に対し、けしからぬと思った。

イ　親友に、再び陸上の世界に戻《もど》ってほしいと言われるのではないかと身構えた。

ウ　今から二区を走るべき助川が、心配顔で話しかけてきたことに不安を抱《いだ》いた。

エ　駅伝に出られなかった自分に、何を話すことがあるのかという怒《いか》りを覚えた。

〔　　〕

差がつく

(2) 文章中の□に入る言葉として最も適切なものを、次のア〜エから一つ選び、記号で答えなさい。

58%

ア　作り笑いを浮かべた

イ　明らかに未練を残した

ウ　悲しいくらい晴れやかな

エ　楽しくて仕方がないという

〔　　〕

超重要

(3) ――線部②「ありがたい」と――線部③「ありがたい」について、どのようなことに対して「ありがたい」のか。最も適切なものを、次のア〜オからそれぞれ一つずつ選び、記号で答えなさい。

ア　早馬が心の底で目を背けてきた事柄《ことがら》に、あえて向き合わせること。

イ　けがや手術のあと悩《なや》んでいた早馬を、常に激励《げきれい》し続けてきたこと。

ウ　早馬の不幸を見なかった振りをして、早馬との会話を避けること。

エ　早馬が忘れかけていた陸上への情熱を、思い出させてくれたこと。

オ　早馬がいる前では彼のけがや手術、陸上の話をしないでいること。

②〔　　〕　③〔　　〕

88%　83%

3 社会・生活（説明的文章）

》読解②（出題テーマ別）

入試メモ
人間の社会生活を扱《あつか》った文章が出題される。
筆者の考え方を正しく理解しよう。

出題率 31.3%

実力アップ問題

解答・解説 別冊 p.18

1 次の文章を読んで、あとの問いに答えなさい。 〔秋田県〕

道具には、①使い回しができるという性質もあります。ある場面での道具の使い方が、別の場面にも使えるなら、こんなに楽なことはありません。一度考えた方法を状況《じょうきょう》に応じて使い回すことで、再度考える時間と労力を削減《さくげん》できるからです。

道具がこの働きを持つのは、道具がそのフォルムや部品の組み合わせのうちに、問題解決の本質的な過程を封《ふう》じ込《こ》めているからです。問題を解決しようとすると多くの場合には、何を実現すればいいのか明確にする、アイディアを試《ため》してみる、うまくいかなければ改良する、という手続きが必要です。ところが、道具を使い回すときには、この手続きを初めからやり直す必要はありません。

道具の使い回しで再度考える時間と労力を削減できるのは、このためです。

いま手元にある様々な道具を見ても、そうは思えないかもしれません。でも、新しい道具が生み出されるまでの過程を振《ふ》り返ってみると、道具がその性質を備えていることがはっきりとわかります。

そもそも道具が生み出されるとき、その背景には、目の前にある不満な状態を、なんとか解消したいという欲求があります。例えば、楽に釘《くぎ》を抜《ぬ》きたいとか、楽に瓶《びん》の蓋《ふた》を開けたいという気持ちです。これは②解決を待つ問題といっていいでしょう。

私たちはこういった問題を解決するのに何が必要なのかを考え始めます。例えば、釘を抜くのなら、どの方向にどれくらい力を加えればいいのか、とか、どんな力が足りていないんだろうかと考えを巡《めぐ》らせます。いろんなアイディアを検討する過程で、解決方法が見つかります。

初めのうちは抽象《ちゅうしょう》的なアイディアかもしれません。しかし、それを実現するのは、いつだって具体的な部品の組み合わせです。ですから、いま手元にある道具のフォルムや部品の組み合わせは、人が問題をどんなふうに捉《とら》えたのか、そして、どう解決していったのかと直接的に対応しています。

ファンタジーアニメに登場するような*呪具《じゅぐ》とは違《ちが》って、道具にはスペル（呪文）が書いてありません。それもそのはずで、道具がもたらす作用は、文字のような*表象に置き換《か》えられているのではなく、道具の形状や部品の組み合わせとして組み込まれているからです。すなわち、道具の形そのものが道具の作用の表れなのです。そういう意味では、現実の道具というのは、アニメに登場する呪具などよりも魅惑《みわく》的なように私には思えます。

端的《たんてき》にいえば、道具を使った問題解決は、過去に工夫が凝《こ》らされた問題解決を再び適用することにほかなりません。道具を使い回すといえば、それだけのことに思えますが、それは実際のところ、道具の内に封じ込められた問題解決の過程を呼び起こし、目の前の問題に再び適用することなのです。

「こんなことができたらいいな」と思うことを実現するプログラミング思考の観点から見れば、これは魔法《まほう》のようですね。道具が備えた解決方法を引き出しさえすれば、いちいち考えなくても問題が正確に、かつ、美しく解決されるのですから。

（野村亮太『プログラミング思考のレッスン』より）

（注）　呪具…神秘的なものの力を借りて様々な不思議な現象を起こそうとするときに使う道具。
　　　表象…外にあらわれたしるし。

超重要

(1)　――線部①「使い回しができるという性質」により可能になることは何か。「…すること」に続くように、文章中から十三字で書き抜きなさい。

□□□□□□□□□□□□□すること。

(2)　――線部②「解決を待つ」とあるが、ここで述べられている「解決」とは、何がどうなることか。文章中の語句を用いて十五字以内で書きなさい。

思考力

(3)　次のノートは、本文をもとに読み取ったことや考えたことを、生徒がまとめたものである。これを読んで、後の問いに答えなさい。

〈アニメに登場する呪具と現実の道具との対比について〉

	道具がもたらす作用の表れ
アニメの呪具	作用が置き換えられている ⇩ スペル（呪文）
現実の道具	作用が組み込まれている ⇩ A

○アニメに登場する呪具と現実の道具を対比して論じることで、B を明確に示すことができると思った。表にまとめてみたら、「魅惑的」という筆者の考えへの理解を読み手に促《うなが》す効果もあるのではないかと思った。

〈「魅惑的」について〉

○これまで当たり前のように使っていたが、現実の道具には、呪具とは異なり、C という点で、魔法のような力がある。確かに「魅惑的」だと思う。

Ⅰ　A に入る最も適切な言葉を、文章中から八字で書き抜きなさい。

Ⅱ　B に入る言葉として最も適切なものを、次のア～エから一つ選び、記号で答えなさい。

ア　現実の道具の特徴《とくちょう》　　イ　両者の共通点
ウ　アニメの呪具の形状　　エ　現実の道具の欠点

〔　　〕

差がつく

Ⅲ　C に入る内容を、「過去」「現在」の二語を用いて、五十字以内で書きなさい。

2

次の文章を読んで、あとの問いに答えなさい。〔岡山県〕

＊ボードリヤールが指摘《してき》した重要な点は、「必要な物」の変化の①メカニズムが大いに機能するようになると、「人は決して満足しなくなる」ということです。本来ならば、不便な状態を解消するために物を手に入れて、「便利になって良かったなあ」となって「メデタシ、メデタシ」となるはずだったのに、「あれも必要だ」、「もっと新しいのが欲《ほ》しい」と常に思わされることになり、②欲しかった物を手に入れてもちっとも満足できない、という状態が現れます。こうした状態を、ボードリヤールは「新しい疎外《そがい》」と呼びました。物が足りないことによる不幸から脱出《だっしゅつ》するために、物があふれる社会をつくったのに、かえってそのことによって、物を手に入れても少しも満足できない。次々と新しいものを追い求めるよう欲望が煽《あお》られることで、常に欠乏《けつぼう》を感じるような状態がつくられてしまった。これは、新しい不幸ではないか、と。

　さらにボードリヤールは、「物の消費から意味の消費へ」という指摘もしています。それはどういうことなのか。不便や不快を解消するために物を手に入れたいという欲望には限度があります。それゆえ企業《きぎょう》は、限度を突破《とっぱ》するために、広告戦略などを通じて欲望を煽り立てるわけですが、その際には、「これが必要だから」というアピールだけでは十分ではなくなってくるので、「これがカッコいいから」ということ、言い換《か》えれば、「あなた自身がその物を通じて満足する」ことよりも「他人から□の眼差《まなざ》しを向けられることで満足する」であろうことをアピールするようになります。こうして、人々の物に対する欲望は、「ないと困る」から「あれば便利・快適だ」を通って、「あるとカッコいい」物を求めるように変化していきます。

　この変化は重大です。例えば、物を食べることを考えてみましょう。何も食べずに生きていくことは絶対にできませんから、食事は絶対に必要、「ないと困り」ます。どんなに不味《まず》い物でも栄養さえ摂《と》れれば生きてはいけますが、多くの人はできれば美味《おい》しい物を食べたいと考えます。「美味しい」とは「快さ」の一種ですから、美味しい物は「あれば快適」です。ここまでは「物に対する欲望」であると言えますが、「メディアで話題になっているあのレストランに行きたい」となると話が変わってきます。美味しい物はいくらでもあるわけで何を食べてもよいわけですが、「あの有名なお洒落《しゃれ》な店で食事をしたんだよ」と周囲に言いたいために食事をするならば、これは「物に対する欲望」に基《もと》づいて行動しているというよりも、③周囲から「自分はこう見られたい」という欲望を動機として行動していることになります。つまりここで、欲望の向かう対象が「物そのもの」ではなく、物に付随《ふずい》する「意味」や「記号」に変化しているのです。

　大事なのは、物を食べれば、お腹《なか》が一杯《いっぱい》になって（＝食欲が満たされて）欲望は消滅《しょうめつ》しますが、「意味」はいくら食べてもお腹が一杯にならないということです。メディアが着目する「お洒落な食べ物」や「お洒落なお店」は、次から次へと現れてきますから、いくら頑張《がんば》ってそれを追いかけても、満足することはありません。このように、物を消費する目的が物そのものから満足を得ることから、それに付随する「意味を消費する」ことへと変わったとき、どれほど消費をしてもちっとも満足できないという不幸な構造が完成するのだ、とボードリヤールは指摘しているのであり、そうした構造が確立した社会を「消費社会」と呼んでいるのです。

しかも、人々の消費への欲望は景気の浮沈《ふちん》を握《にぎ》っています。みんなが「もう別に要《い》らないよ」という状態になってしまったら、つくった物が全然売れなくなってしまい、極端《きょくたん》な場合、④経済が崩壊《ほうかい》してしまうのです。ですから、物をどれだけ手に入れても決して満足できないような不幸な状態に人々が置かれることによって経済全体が回る仕組みのなかに、私たちは現実に置かれているということです。

（白井聡「消費社会とは何か『お買い物』の論理を超えて」より）

（注）ボードリヤール…フランスの社会学者。

超重要

(1) ——線部①「メカニズム」の意味として最も適切なものを、次の**ア**～**エ**から一つ選び、記号で答えなさい。 76%

ア 欲望　**イ** 眼差し
ウ 対象　**エ** 仕組み

〔　　〕

(2) ——線部②「欲しかった物を手に入れてもちっとも満足できない、という状態」と同じ意味の表現を、文章中から十三字で書き抜《ぬ》きなさい。 68%

超重要

(3) 文章中の□に入れるのに最も適切な言葉を、次の**ア**～**エ**から一つ選び、記号で答えなさい。 82%

ア 憐憫《れんびん》　**イ** 感謝
ウ 羨望《せんぼう》　**エ** 軽蔑《けいべつ》

〔　　〕

(4) ——線部③「周囲から『自分はこう見られたい』という欲望を動機として行動している」とあるが、この具体例として適切でないものを、次の**ア**～**エ**から一つ選び、記号で答えなさい。 73%

ア クラスで花柄《はながら》の小物が流行しているので、容量は気にせず、ピンクの華《はな》やかな花の柄が付いた筆箱を購入《こうにゅう》する。

イ 有名百貨店の袋《ふくろ》に入れて高級感を出したかったので、母の誕生日プレゼントを、その百貨店に行って購入する。

ウ 丈夫《じょうぶ》で形も気に入っていた愛用のバッグに穴が開いたので、同じブランドの、よく似た形のバッグを購入する。

エ 人気芸能人が新ブランドのTシャツを着ている姿をテレビで見たので、通信販売《はんばい》を利用して、同じ物を購入する。

〔　　〕

難

(5) ——線部④「経済が崩壊してしまう」とあるが、この部分について説明した次の文の□に入れるのに適切な言葉を、文章中の言葉を使って三十字以内で書きなさい。 12%

▽「消費社会」では、□と、経済全体が回らなくなる。

30

自然・科学（説明的文章）

入試メモ　自然をテーマとして扱《あつか》った文章がしばしば出題される。説明されている内容を正しく理解しよう。

出題率 28.1%

1　実力アップ問題

解答・解説｜別冊 p.19

次の文章を読んで、あとの問いに答えなさい。　［三重県］

サケは肉の赤味《あかみ》が強い魚で、私たちは寿司《すし》でもよく食べるし、塩鮭《しおざけ》もよく食べます。それにイクラと呼ばれるその卵もおいしいものです。このように、サケは食材としてすぐれた魚と言えます。

一方、サケは生物学的にみてもなかなかおもしろい魚で、よく知られるように海と川を行き来します。川の上流にいて卵から孵《かえ》ったサケの赤ちゃんは川を下って海に降ります。淡水《たんすい》から海水に入るときには環境《かんきょう》が大きく変化するので、体の中でさまざまな生理機能も変化します。こうして海で一年から六年ほど過ごしたサケは、日本のものは*アラスカまでの大旅行をして生まれた川に戻《もど》って来ます。どこの川でもよさそうなものですが、自分の生まれた川の「匂《にお》い」を知っていて正しくその川に戻ってくるそうです。河口の近くまで戻ったサケは①ふるさとの川に入る前に、海に降りた時と逆に淡水への体の変化をしてから、川を遡《さかのぼ》ります。

川を下から上にのぼるにはエネルギーが必要で、サケはがんばってのぼります。上流までのぼると、そこでオスとメスが出会って卵を産み、そのまま一生を終えます。サケは海と川を行き来すると言いましたが、正確にいえば一度降りて、一度のぼるだけです。

思えばドラマチックなサケの一生です。川の上流で生まれて川を下り、太平洋を横断するほどの大旅行をし、ふるさとの川に戻ってくる。それだけでも奇跡的《きせきてき》なことですが、体が大きく、数が多いために、クマや人間の食料としても大いに役立つという重要な役割を果たしてもいるのです。

二十世紀も終わりの頃《ころ》になって、科学者たちは生態系の物質の動きにサケがどうかかわっているかということを調べ、思いがけないようなことを明らかにしました。

すでに書いたように、サケは、中には十キログラムにもなるものがいるほど大きな魚で、しかも数もたくさんいます。サケの豊かな川では川の水が盛り上がるほどになるとか、サケの群れに棒を立てても倒《たお》れないほどだとか言われるほどです。「物質の流れ」という点からみると、サケは肉というタンパク質や骨というカルシウムなどがたくさんつまったカプセルと見ることができます。そのカプセルには海の物質がたくさん含《ふく》まれています。研究者たちが調べたところ、一匹《いっぴき》のサケになんと百三十グラムの窒素《ちっそ》と二十グラムの*リンが含まれていたそうです。

引力の法則で水は上から下に、［　　］川の上流から下流に流れます。そして海にたまり、海から蒸発した水蒸気が水滴《すいてき》となり、雨としてまた山に戻って川を流れ下ります。こうして地球上の水は循環《じゅんかん》します。しかし、たとえば塩分は水と違《ちが》って空に上がることがないので、海にたまりつづけ、そのため、海は塩辛《から》いのです。多くの物質はそうして海にたまります。

さて、「海の物質のカプセル」であるサケは、引力の法則に逆らって川を遡ります。その結果、大量の海の物質が上流にもたらされます。研究者たちの試算によると、アラスカの川には、長さ二百五十メートルあたり、一ヶ月に八十キログラムの窒素と十一キログラムのリンがサケによって供給されるそうです。
その結果、どういうことが起きるか。サケがのぼってくる川にはたくさんのヒグマが集まってきます。ヒグマは越冬《えっとう》のために脂肪《しぼう》を蓄《たくわ》えないといけないので、秋にはものすごい食欲です。ある調査によれば一頭のヒグマは一シーズンに六百匹以上のサケを食べるそうです。ヒグマは川から離《はな》れた森に行ってゆっくりサケを食べますが、たいていは半分くらい食べてまた川に戻って次のサケを狙《ねら》います。食べ残しはカラスやコヨーテ*などほかの動物の餌《えさ》になります。

クマに食べられずに産卵を終えたサケは死にますが、その死《し》骸《がい》は鳥や魚やエビなどの餌になり、腐《くさ》れば菌類《きんるい》や微生物《びせいぶつ》を育てます。こうして川は豊富な海の窒素で満たされ、やがて孵《かえ》ったサケの稚魚《ちぎょ》にとっても豊富な栄養となります。つまりサケの親は自分の体を提供することで、ほかの動物だけでなく、自分の子供の栄養にもなっているのです。

サケを食べたヒグマはもちろん森で糞《ふん》をしますから、その時期の森の中はクマの糞だらけでとてもくさいといいます。その結果、森林の木は育ちがよいそうです。サケののぼる川とのぼらない川で周囲の木の育ちを調べたら、サケののぼるほうが三倍も生長がよく、また、同じサケののぼる川でも川に近い木ほど生長がよかったという調査結果があります。それによると、木の中の窒素のうち実に四十パーセントが海からもたらされたものだったそうです。②「サケが森林を育てる」と言われても、聞いただけでは何のことかわかりませんが、自然のしくみを理解するうえではたいへん含蓄《がんちく》*の深いことばです。森はたくさんの命を育みますが、その森を豊かにするのがクマの糞で、そのクマの食料になるのがサケなのだということです。

また、さらに考えてみると、そのサケを育てているのは海のプランクトンであり、サケの旅を可能にしているのは川の存在です。つまり、サケだけでなく海や川までが一緒《いっしょ》になって初めて、森が育つということがわかります。サケはこの生態系の中で大きな役割を担《にな》っているのです。（高槻成紀『動物を守りたい君へ』より）

（注）アラスカ…北アメリカ北西端《ほくせいたん》にあるアメリカ合衆国の州。
リン…植物の生育に必要な元素の一つ。動物の骨や歯の成分でもある。
コヨーテ…イヌ科の哺乳類《ほにゅうるい》。オオカミに似るが小形で、耳が大きい。
含蓄…ある言葉や話の、表面にはあらわれない深い意味や味わい。

超重要

(1) ――線部①「ふるさとの川」とあるが、この言葉と同じ意味で用いられている言葉を、本文中から五字で書き抜《ぬ》きなさい。

95%

超重要

(2) 文章中の□にあてはまる言葉として最も適切なものを、次のア～エから一つ選び、記号で答えなさい。

ア つまり　イ しかし
ウ なぜなら　エ ところで

〔　　〕

97%

差がつく

(3) ――線部②「『サケが森林を育てる』」とあるが、この言葉はどのようなことを表しているか。海の物質が「サケが森林を育てる」ことにどのように関わっているかを明らかにして、文章中の言葉を用いて、四十字以上五十字以内で書きなさい。

（解答欄：40 / 50）

58%

2

次の文章を読んで、あとの問いに答えなさい。 [鳥取県]

とても科学的な人たちは「科学的に実証されたものだけを信用すべき」という考え方をとり、それが科学者としてとるべき態度のように評されることも多い。私自身はそういった石鹸《せっけん》の香り漂《ただよ》うような、清涼《せいりょう》感溢《あふ》れる考え方に、どこか違和《いわ》感を持ってしまう方ではあるが、「似非《＊えせ》科学」と呼ばれるような胡散《＊うさん》の香り漂うものに傾倒《けいとう》する危険性も軽視できないことは理解している。

その最大の問題点は、実証されたものに比べて、実証されていない領域ははるかに大きく、一旦《いったん》、①根拠《こんきょ》のはっきりしないものを受け入れる精神構造ができてしまうと、どこまでもその対象が広がり、根拠なき後退と言うか、根拠なき前進と呼ぶべきか、そのような「果てしなく飛躍《ひやく》する論理」とでも形容されるべきものに飲み込《こ》まれてしまいかねないことである。根拠が薄弱《はくじゃく》なものに対して、信じる／信じない、の二者択一《たくいつ》や、「そうであったらいいな」的な、安易な希望的観測を持って傾倒していくことはやはり危険なことである。特に根拠を問うことが許されないような「神秘性」を強調するものには警戒《けいかい》が必要であろう。

しかし一方、現在の科学の体系の中にあるものだけに自分の興味を限定してしまうことも、真の意味で科学的な態度ではないはずである。科学の根本は、もっと単純に自分の中にある「なぜ?」という疑問に自らの頭と情熱で挑《いど》むものではなかったろうか。その興味の対象が、現在「科学的」と呼ばれているかどうかなど、実に些細《ささい》な問題である。

科学の歴史はこれまで述べてきたように、未知領域の中から新たな科学的真実が次々と付け加えられてきた歴史でもあり、それは挑戦《ちょうせん》と不確かな仮説に満ちたものだった。何を興味の対象としているかによって、科学と似非科学との間に境界線が引ける訳ではないのだ。

もし、科学と似非科学の間に境界線が引けるとするなら、それは何を対象としているかではなく、実はそれに関わる人間の姿勢によるのみなのではないかと私は思う。「非科学的な研究分野」というものが存在するのかどうかは私には分からないが、「非科学的な態度」というのは明白に存在している。科学的な姿勢とは、根拠となる事象の情報がオープンにされており、誰《だれ》もが再現性に関する検証ができること、また、自由に批判・反論が可能であるといった特徴《とくちょう》を持っている。

一方、根拠となる現象が神秘性をまとって秘匿《＊ひとく》されていたり、一部の人間しか確認《かくにん》できないなど、再現性の検証ができない、客観性ではなく「生命は深遠で美しい」のような誰も反論できないことで感情に訴《うった》える、批判に対して答えないあるいは批判自体を許さない――そういった特徴を持つものも、現代社会には分野を問わず(政治家等も含《ふく》めて)、あまた存在している。

この②二つの態度の本質的な違《ちが》いは、物事が発展・展開するために必要な資質を備えているかということである。科学的と呼ばれようが、非科学的と呼ばれていようが、この世で言われていることの多くは不完全なものである。だから、間違っていること、それ自体は大した問題ではない。間違いが分かれば修正すれば良い。ただ、それだけのことだ。

しかし、そういった修正による発展のためには情報をオープンにし、他人からの批判、つまり淘汰《＊とうた》圧のようなものに晒《さら》されなければならない。最初はとんでもない主張であっても、真摯《しんし》に批判を受ける姿勢があれば、修正できるものは修正されていくだろうし、取り下げるしかないものは、取り下げられることになるだろう。この修正による発展を繰《く》り返すことが科学の最大の特徴であり、そのプロセスの中にあるかどうかが、科学と似非科学の最も単純な見分け方ではないかと、私は思っている。

（中屋敷均『科学と非科学　その正体を探る』より）

（注）似非…似てはいるが、本物とは違っていること。
胡散…疑わしいこと。あやしいこと。
秘匿…こっそりと隠《かく》すこと。
淘汰…悪いものを除き良いものを選び残すこと。

超重要

(1) ——線部①「根拠のはっきりしないものを受け入れる」とあるが、これと相反する内容を表す部分を、ここより後の文章中から三十一字で抜《ぬ》き出し、はじめと終わりの三字を書きなさい。

はじめ □□□　終わり □□□

(2) ——線部②「二つの態度の本質的な違いは、物事が発展・展開するために必要な資質を備えているかということ」について、次の問いに答えなさい。

思考力

Ⅰ 次の表は文章中で述べられている「二つの態度」の特徴について、ある生徒がノートにまとめたものの一部である。表の中の A ・ B にあてはまる内容を書きなさい。なお、 A については文章中から十字以内で書き抜き、 B については文章中の言葉を用いて、二十字以上二十五字以内で書きなさい。

科学的な態度	非科学的な態度
根拠となる事象の情報がオープンにされている	根拠となる現象が神秘性をまとって秘匿されている
← A ができる	← A ができない
B	客観性ではなく誰も反論できないことで感情に訴え、批判に対しては答えないあるいは批判自体を許さない。

A

B

差がつく

Ⅱ 「物事が発展・展開するために必要な資質」を備えた人間の態度とはどのような態度か。四十字以内で書きなさい。

読解②（出題テーマ別）

5 悩み・葛藤（文学的文章）

≫読解②（出題テーマ別）

入試メモ
悩《なや》みや葛藤《かっとう》を抱《かか》えながら生きる主人公の姿を描《えが》いた文章。登場人物が成長していく姿を丁寧《ていねい》に読み取ろう。

出題率 25.0%

実力アップ問題

1

解答・解説 別冊 p.20

次の文章を読んで、あとの問いに答えなさい。 ［鹿児島県］

サッカーの強豪校《きょうごう》である青嵐《せいらん》高校一年の武井遼介《たけいりょうすけ》は、小・中学生の頃《ころ》のコーチであった木暮《こぐれ》のもとを久しぶりに訪《おとず》れる。

「遼介にとって、*ルーキーズ杯《はい》はチャンスじゃないか」

「だといいんですが」

「そう思えないのか？」

木暮の声が低くなった。

「青嵐は部員も多く、言ってみればチームがいくつもに分かれてます。トップチームであるAチーム、Bチーム、それから一年生チーム。さらに一年生のなかでも二チームに。それぞれにコーチはいるんですが、評価のされ方は今ひとつよくわかりません。トップチームの監督《かんとく》もBチームのコーチも、一年生の試合を観《み》に来ることはありませんから」

「けど、*上崎《かみざき》はすでにAチームで試合に出てるんだよな」

「あいつは別格です。ほかにも入部当時から何人かが、上のチームでやってます」

「最初から特別扱《あつか》いってわけか」

木暮は顎鬚《あごひげ》の剃《そ》り跡《あと》を撫《な》でた。「でも、その後、上のチームに呼ばれたやつもいるんじゃないか？」

「今のところいません」

「話を聞いてる限りだと、たしかにむずかしそうだな」

「ええ……」

①遼介は息を吐《は》きながらうなずいた。

「でもな、遼介。チームってもんは生き物だからな。決していつまでも同じままじゃない。いや、同じではいられないんだ。状況《じょうきょう》は必ず変わる。今は待つときかもしれないぞ」

遼介は黙《だま》ったまま地面を見つめた。

「今は待つとき、とおれが言ったのは、もちろん、時間が経《た》てばすべてうまくいくという意味じゃない。ただ待つのではなく、よい準備をすることだ。自分のため、チームのためになることを*真摯《しんし》に続けていれば、そんな姿がいつかだれかの目に触《ふ》れて、チャンスが巡《めぐ》ってくるかもしれない。その日のために、真面目にコツコツと毎日を過ごすことは、ありきたりかもしれないけど、案外近道だとおれは思う」

木暮の言葉は、次第《しだい》に熱を帯びてきた。②遼介はうなずき、「そうですよね」と答えた。そうであってほしいという願いを込《こ》めて。

「そのためにも遼介、野心を持てよ」

「③――野心、ですか？」

木暮はうなずき、*被災地《ひさいち》を訪れたときの話をした。

「被災地ではボールを蹴《け》り合うこともなかなかできない。せめてサッカーがふつうにできるようになれば、そう思った。

遼介の入った青嵐では、サッカー部に入ればすぐにボールが蹴れたはずだ。まっとうだよ。Aチームや Bチームに分かれたとしても、週末には試合があって、出場の機会もある。だからおまえは選んだ。でもな、それだけで満足してはつまらない。なにかを押《お》しつけられたり、縛《しば》られたりするかもしれない。でも簡単に屈《くっ》することなく、密《ひそ》かにでもいい、さらなる高みを目指せ。ときには、逃《に》げたっていい。でも、理想がなければ、今より上の世界を覗《のぞ》くことは難しい。そのことをだれかに語る必要はない。ただ、自分の夢や目標を、簡単にはあきらめるな。

結局、被災地へ行って思い知ったのは、おれにできることなんて、とても限られてるってことだ。でもな、たった一度きりの人生だからな、精一杯生きなくちゃな」

最後は静かな口調になり、木暮はグラウンドに語りかけるように話したあと、頬《ほお》をゆるめた。

（はらだみずき『名もなき風たち　サッカーボーイズU－16』より）

（注）ルーキーズ杯…一年生の新人大会。　上崎…一年生部員。
真摯…真面目でひたむきなさま。
被災地…木暮は以前、東日本大震災《だいしんさい》の被災地でボランティア活動に参加した。

超重要

(1) ――線部①「遼介は息を吐きながらうなずいた」は、遼介のどのような様子を表しているか。最も適切なものを、次の**ア**～**エ**から一つ選び、記号で答えなさい。

ア　希望を見いだせずにいる様子
イ　衝撃《しょうげき》を受けている様子
ウ　緊張《きんちょう》を解こうとしている様子
エ　現実を恐《おそ》れている様子

〔　　〕

80%

差がつく

(2) 次の文は、――線部②「遼介はうなずき、『そうですよね』と答えた」の理由を説明したものである。□に四十字以内の言葉を考えて補い、文を完成させなさい。

48%

▽困難に直面したときでも□ことが重要だという木暮の助言は、遼介が大切にしたいと思えることだったから。

(3) ――線部③「――野心、ですか？」における遼介の気持ちを説明したものとして最も適切なものを、次の**ア**～**エ**から一つ選び、記号で答えなさい。

ア　突《つ》き放したような木暮の言葉に不満を感じていらだっている。
イ　同意を求める木暮の強引な言葉に即答《そくとう》してよいか迷っている。
ウ　木暮の言葉が予想外だったので真意がわからず戸《と》惑《まど》っている。
エ　木暮の言葉が情熱的だったので不安が解消されて喜んでいる。

〔　　〕

86%

2

次の文章を読んで、あとの問いに答えなさい。

〔千葉県〕

モンゴメリの名作『赤毛のアン』に登場する主人公アンの親友と同じ名を持つダイアナ。書店員である彼女《かのじょ》は、敬愛する作家であり、父でもある「はっとりけいいち」のサイン会を手掛《てが》けた。父との再会の機会を作ってくれたのは、小学生の頃《ころ》に本が大好きという共通点で意気投合した親友でありながら、中学進学を前に仲違《なかたが》いし、音信の途絶《とだ》えていた彩子《あやこ》であった。彩子に促《うなが》され、ダイアナはサイン会を終えて帰る父を駅まで見送った。

その時だった。ビジネス本コーナーで、さっき見たばかりのリクルートスーツを発見したのは。

何か、言わなければ、と思った。こちらが戻《もど》ってくるまで待っていてくれたことがしがみつきたいくらい、嬉《うれ》しかった。ダイアナの視線を感じたのか、スーツ姿の女の子はゆっくりとこちらに振《ふ》り返った。

「夕方の書店って、小学校の図書館と同じ匂《にお》いがするのね」

今まさに自分も感じていたことを、彩子がはにかみながら言う。

「あのね、ダイアナ……。本を探してもらえないかな？　卒業まであと二ヵ月なんだけど、やっぱり……、出版社を受けたいと思って今になって本気出してるんだ。ええと、何か、息抜《ぬ》きっていうか、気分が前向きになるような本、探してもらえないかな」

まかせて、とつぶやき、ダイアナは児童書のコーナーに彩子を誘《さそ》う。迷うことなく『アンの愛情』*を見つけ出し、差し出した。彩子は怪訝《けげん》そうに首をひねる。

「『赤毛のアン』が面白《おもしろ》いのは『アンの青春』*までなんじゃなかったっけ。ダイアナ、あの頃そう言ってたよね。恋愛《れんあい》や結婚《けっこん》がメインになって面白くないって」

本の話をするだけで、十年のブランクが埋《う》まっていくのが、なんだか魔法《まほう》みたいだった。ダイアナはわざと仕事用の口調を選んだ。

「本当にいい少女小説は何度でも読み返せるんですよ、お客様。小さい頃でも大人になっても。何度だって違《ちが》う楽しみ方ができるんですから」

優《すぐ》れた少女小説は大人になって読み返しても、やっぱり面白いのだ。はっとり先生が言ったことは正しい。あの頃は共感できなかった心情が手にとるようにわかったり、気にも留めなかった脇役《わきやく》が俄然《がぜん》魅力《みりょく》を持って輝《かがや》き出すこともある。新しい発見を得ることができるのと同時に、自らの成長に気づかされるのだ。幼い頃はぐくまれた友情もまた、栞《しおり》を挟《はさ》んだところを開けば本を閉じた時の記憶《きおく》と空気が蘇《よみがえ》るように、いくつになっても取り戻せるのではないだろうか。何度でも読み返せる。何度でもやり直せる。何度でも出会える。再会と出発に世界中で一番ふさわしい場所だから、ダイアナは本屋さんが大好きなのだ。いつか必ず、たくさんの祝福と希望をお客さんに与《あた》えられるようなお店を作りたい。

『アンの愛情』に夢中になっている様子の彩子は、こちらを見ずに、しかし、しなやかな意志を感じさせる声でこう言った。

「ねえ、ダイアナ。あのさ、今日、仕事何時に終わるの？」

お互《たが》いの心臓の高鳴りが聞こえる気がした。彩子の桜色に染まった指の中で、真新しい白い紙がぱらぱらとめくれ、辺り一面に彩子とダイアナの愛してやまなかった匂いを花びらのようにまき散らしていた。


（柚木麻子『本屋さんのダイアナ』より）

(注)『アンの愛情』『アンの青春』…いずれもカナダの小説家モンゴメリの作品で、主人公の少女時代を描《えが》いた『赤毛のアン』の続編。

(1)　次は、この文章を読んだあとに、梅野さん、松田さん、竹村さんが、――線部「本の話をするだけで、十年のブランクが埋まっていくのが、なんだか魔法みたいだった。ダイアナはわざと仕事用の口調を選んだ」について話し合った内容の一部である。これを読み、あとのⅠ・Ⅱの問いに答えなさい。

梅野さん　ここは、どうして「魔法みたい」という表現になっているのでしょう。

松田さん　ダイアナの心の動きを追うと、「魔法みたい」と表現することで［A］様子が伝わってきます。

竹村さん　では、「魔法みたい」と感じるダイアナが「仕事用の口調」で話し出すことは、どのように考えればよいのでしょう。

梅野さん　面白い視点ですね。「仕事」は現実的で、「魔法」と対極にある表現のような気がします。

竹村さん　ただし、彩子は出版社への就職を志しています。だから、ダイアナは同じ本の世界で働く者として、本を通して［B］を贈《おく》る立場になります。

松田さん　なるほど。「魔法」と「仕事」は矛盾《むじゅん》していないのですね。

Ⅰ　［A］に入る最も適切なものを、次の**ア**～**エ**から一つ選び、記号で答えなさい。

ア　彩子が過去の自分の発言を忘れずに覚えていてくれたことに感激し、本がもたらす影響《えいきょう》力の強大さを感じている

イ　諦《あきら》めていた彩子との関係が、本の話題を通じて、またたく間に修復されていくことを実感し、驚《おどろ》きを感じている

ウ　仲直りがしたいと思い続けてきた彩子から話しかけられている事実に有頂天《うちょうてん》になり、夢ではないかと感じている

エ　彩子との関係を修復する努力を怠《おこた》ってきた自分に気が付いて、素直《すなお》に過去と向き合っていく重要性を感じている

［　　］

超重要

Ⅱ　［B］に入る最も適切な言葉を、文章中から十字で書き抜きなさい。

［　　　　　　　　　　］

思考力

(2)　この文章についてまとめた次の文章を完成させなさい。ただし、［①］に入る言葉は、自分の言葉で「……にともなって」という形を使って、二十字以上二十五字以内で書くこと。また、［②］に入る言葉は、文章中から漢字二字で書き抜くこと。

> 同じ本を読んでも以前と違った楽しみ方ができるのは、読み手の［①］ことにより、新たな発見ができるようになるからだ。この点に着目すると、この文章において、読書の喜びと［②］は、一度限りではなく何度でも呼び起こされるものとして、重ね合わせて描《えが》かれているといえる。

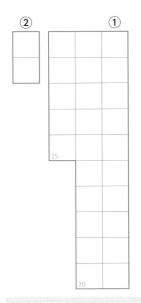

①［　　　　　　　　　　　　　　　　　　　　　　　　　］

②［　　］

6 家族（文学的文章）

≫読解②（出題テーマ別）

入試メモ

若者の、家族との関係を扱《あつか》った小説が出題される。家族の関係や心情の移り変わりをとらえよう。

出題率 18.8%

実力アップ問題

解答・解説―別冊p.20

1 次の文章を読んで、あとの問いに答えなさい。［東京都］

夜、仕事から帰ってきた父と向かい合った。屋根裏部屋に上がり、祖父の作品を見たこと、圧倒《あっとう》されたこと、自分もまた絵の道に進みたいと思っていること。全てを隠《かく》さず話した。そして、最後に一番大事なことを伝えた。

「おれ、じいちゃんの絵に圧倒された。最初に見た時もガキだったけど、ガキなりにすごい衝撃《しょうげき》を受けたんだと思う。それは事実なんだけど、でも……何というか、わかったんだ。おれの描《か》きたいものとは全然、違《ちが》うんだって。どこが違うかうまく説明できないけど、おれは、じいちゃんを追いかけるんじゃなくて、おれの描きたいものを描いていきたいんだ。じいちゃんのように急がない。ゆっくりと自分が選んだ道を進みたいって、そう思っている。父さん、おれ、自分で選びたいんだ。」

一成《かずなり》は黙《だま》っていた。①黙ったまま、息子《むすこ》を見つめている。

「あなた、お願い。一真《かずま》の言うことを。」

「おまえは口をはさむな。」

祥子《しょうこ》の言葉をぴしゃりと遮《さえぎ》って、一成はもう一度、息子を見つめた。

「描きたいものが、あるわけか。」

「うん、ある。人物なんだけど、どうしても描きたい人がいるんだ。」

「自分で選んだ道をなんて、そんなに甘《あま》いものじゃないぞ。いつまでも夢だけじゃ生きていけない。現実は厳しい。おまえが思っている何十倍もな。」

わかっているとは答えられなかった。現実の過酷《かこく》さも非情さも、何一つ知らないのだ。でも、描きたかった。描くことを諦《あきら》めたくはなかった。諦めるつもりもなかった。

「好きにしろ。」

一成が立ち上がる。ふいっと横を向いた。

「そのかわり、自分で道を選んだのなら泣き言は言うな。失敗しても挫折《ざせつ》しても、誰《だれ》かのせいにはできんのだ。」

②今度は答えられた。

「わかってる。」

（あさのあつこ『一年四組の窓から』より）

超重要

(1) ――線部①「黙ったまま、息子を見つめている。」とあるが、この表現から読み取れる一成の様子として最も適切なものを、次の**ア**～**エ**から一つ選び、記号で答えなさい。

ア 一真の言葉をしっかりと聞き、生き方を自分で選ぶことについて一真がどれほど真剣《しんけん》に考えているのかを見極《みきわ》めようとしている様子。

イ 仕事から帰ってきたばかりの自分に対して一方的に話し続ける一真の姿に驚《おどろ》き、何と言ったらよいの

99%

かわからずに戸惑《とまど》っている様子。

ウ　祖父の絵の魅力《みりょく》についてうまく説明できずに困っている一真に対して、どうしたら励《はげ》ますことができるかをじっくりと考えている様子。

エ　屋根裏部屋に大切に保管していた祖父の絵を一真が勝手に見たと知り、不快に感じつつも一真の反省の程度を確かめようとしている様子。　〔　　〕

超重要

(2)　――線部②「今度は答えられた」とあるが、一真が「今度は答えられた。」わけとして最も適切なものを、次の**ア**～**エ**から一つ選び、記号で答えなさい。

ア　投げやりな態度を示した一成にいきどおりを覚え、本当はわかっていないのにもかかわらず、答えてみせることで反発したかったから。

イ　思いつくままに話した自分の考えが一成から好意的に受け入れてもらえたので、将来に対する不安がなくなり、勇気がわいてきたから。

ウ　人生について悲観的に話す一成の言葉を聞くことで、それまで実感できなかった現実の過酷さや非情さについて、十分に理解できたから。

エ　責任を負うつもりがあるなら、生き方を自分で決めてよいという一成の言葉を聞き、途中《とちゅう》で投げ出さずに絵の道を進む覚悟《かくご》をもったから。　〔　　〕

91%

2

次の文章を読んで、あとの問いに答えなさい。　〔沖縄県〕

未熟児で生まれた「私」は無知な両親の判断で保育器に入れられず、そのような両親の対応もあって、十九歳《さい》になった今もどこか自分には足りないところがあると感じながら過ごしている。子どもの頃《ころ》から父は突然《とつぜん》家を出ていったり帰ってきたりを繰《く》り返し、母は父のいない生活をそれなりに楽しんでいる。以下は父が久しぶりに帰ってきて一か月ほどが経過した場面である。

ただいま。団地のドアを開けながら、ふと、何か大事なことを思い出しそうになる。何だっただろう。狭《せま》い玄関《げんかん》で靴《くつ》を脱《ぬ》いで短い廊下《ろうか》へ上がったら、奥《おく》から父が顔を覗《のぞ》かせた。

「わっ、ただいま」

父がいることにまだ慣れない。いい加減、毎日驚《おどろ》くのはやめにしたいのだけど。

そう思ってから、気がついた。ただいま。ただいまって何だ。誰も待つ人のいない部屋に帰って、ただいま、とドアを開けるのは挨拶《あいさつ》とは違う。じゃあ、①どうして私は毎日ドアを開けるたびにただいまをいうんだろう。

「ただいま」

「おう」

機嫌《きげん》のよさそうな父が菜箸《さいばし》を持った手を上げる。

そうか。ごめんと似ていないのに似ている。謝《あやま》るということは、願うということだった。ただいまもそうだ。ただいま、と帰って、おかえり、と迎《むか》えられることなどなかったのに、それでも毎日おかえりと応えてくれる声を願っていたんじゃないか。

「ただいま」

「おう」

もう鍋《なべ》のほうへ戻《もど》った父が、こちらを見ずに応える。

「ただいま」

「おう」

さすがに三回繰《く》り返すと、父は怪訝《けげん》そうに私を見た。

「お父さん、そういえば、窓の明かりを見て、家に帰ってきたっていってたね」

「ああ?　そうだっけ」

とぼけているのか、ほんとうにもう忘れてしまったのか、読めない。でも、もしも父が覚えていなかったとしてもかまわない。私が覚えているから。

「で、何つくってるの」

「ラーメン。インスタントだけど、もやしたっぷり入れといたから、うまいぞ。ほら、どんぶり出せよ。あ、何やってんだよ、ふたつだよ、早く」

食器棚《しょっきだな》から器をふたつ出してコンロの横の狭《せま》い調理台に並べる。

「すごいね、私の分まであるんだ。帰ってくる時間、わかったの?」

「まあな」

「うそでしょ、ほんとはすごくお腹《なか》空いてたからふたつ食べようと思ったんでしょ」

「いんや、ちゃんとおまえの分だったよ。帰りが遅《おそ》くなっても、のびたらのびたでけっこううまいしな」

父はふたつの器にざざっともやしラーメンを分け、

「ほら、熱いから気をつけろよ」

どう見ても量の多いほうを自分で持ってテーブルへ運んだ。

帰ってきてからも、出ていく前も、父が料理をしているのを見たことがなかった。たとえインスタントラーメンであろうと、父が食べ物を自分でつくって食べるなんて画期的なことだ。

「あ、そうだ、お前のCD借りたぞ」

「うん」

父は、いただきます、と手を合わせたのとほとんど同時に、壁際《かべぎわ》に置いてあったCDラジカセの再生ボタンを押《お》した。

夏が来て、暮らしは楽／魚が跳《は》ね、綿花は高く背を伸《の》ばす
あんたのお父さんはお金持ち、お母さんは美人／だからさ、
よしよし、泣くんじゃないよ

「おまえが、こんなのを持ってたとはなあ」

父は『エラ・イン・ベルリン』のジャケットを②感慨《かんがい》深そうに見た。

「やっぱり親子だな。俺《おれ》も若い頃《ころ》はよく聴《き》いたんだよ。そういうのって遺伝するのな」

遺伝じゃないよ、お父さんが聴かせてくれたんじゃない。

——とはいえなかった。気づいてしまった。父は私が『エラ・イン・ベルリン』を持っていたことがうれしくて、それで気をよくして、夕食にもやしラーメンをつくってくれたのだ。遺伝にせよ、自分が何度も聴かせていたせいにせよ、娘《むすめ》が自分の好きなCDを持っていることがうれしい。(中略)

ある朝、おまえは歌を口ずさみながら立ち上がるだろう／
翼《つばさ》を広げ、空へ羽ばたくだろう
その朝が来るまで、何もお前を傷つけはしない／お父さん
とお母さんがついているから

誰《だれ》も私を急がせないでいてくれた。未熟に生まれた赤ん坊《ぼう》なのに、急いで大きくなる必要がなかった。雨が降って、太陽が出て、風が吹《ふ》いて、少しずつ少しずつ大きくなればよかった。

「ありがとう」

初めていった。父にありがとう。父は私のラーメンの減り具合を確かめ、

「うまいだろ」

と得意気に笑った。

今しかない。今しかいえない。

「お父さん、［A］」

まっすぐ父を見ていうと、父はほんの一瞬《いっしゅん》真顔になって、それからラーメンに視線を移し、［B］、とだけ応えた。

（宮下奈都『窓の向こうのガーシュウィン』より）

(1) ——線部①「どうして私は毎日ドアを開けるたびにただいまをいうんだろう」という問いかけに対応している一文を抜《ぬ》き出し、はじめの五字を書きなさい。

［　　　　　］

超重要

(2) ——線部②「感慨深そうに見た」とあるが、この時の父親の心情をわかりやすく説明している部分を「気持ち」に続く形で本文から二十字以上二十五字以内で抜き出し、はじめと終わりの五字を書きなさい。

［　　　　　］〜［　　　　　］気持ち

(3) ［A］、［B］に入る会話を前後の文脈や全体の展開から考えて、その組み合わせとして最も適切なものを、次のア〜エから一つ選び、記号で答えなさい。

ア A「おかえり」—B「おう」

イ A「おいしかったよ」—B「ああ？」

ウ A「ただいま」—B「ほら、うまいだろ」

エ A「すごいね」—B「そうだっけ」

〔　　〕

(4) この小説で描《えが》かれている父親の人物像として最も適切なものを、次の**ア**〜**エ**から一つ選び、記号で答えなさい。

ア 娘のために料理をするなど家庭的で、相手の立場に立って行動ができる誠実な人物。

イ 娘に短い返答で応じるなど素っ気なく、何を考えているかわからない冷たい人物。

ウ 娘が望まないのに料理を作ったり歌を聞かせたりして、おしつけがましい人物。

エ 娘に父親らしいことはしてきていないが、自然体でありのままに接している人物。

〔　　〕

差がつく

(5) 『エラ・イン・ベルリン』の歌は「私」にとってどのような存在として描かれているか。最も適切なものを、次の**ア**〜**エ**から一つ選び、記号で答えなさい。

ア 父親の生き方に同調させ、絆《きずな》を深める存在。

イ 家族について見直し、前向きにさせる存在。

ウ 好きなものは遺伝することを伝える存在。

エ 悲しすぎる自分の境遇《きょうぐう》に気づかせる存在。

〔　　〕

入試メモ　筆者が知ったこととそこから得たものについて述べた随筆《ずいひつ》。書かれた内容から筆者の考えを丁寧《ていねい》に読み取ろう。

出題率　2.1%

実力アップ問題

解答・解説　別冊 p.21

1　次の文章は、ある建築家の随筆である。文章中の「Mさん」は、筆者とともにインドで仕事をしていた日本の大工である。これを読んで、あとの問いに答えなさい。〔奈良県〕

Mさんは英語ができなくても、インドの大工さんたちに対して無言のうちに、たくさんのメッセージを送っていた。むしろ、彼《かれ》の「からだ」そのものが大工としての生き様を自然と発信しており、その正確な仕事ぶりが、言語を超《こ》えたたしかなコミュニケーションとして成立していた。

思えば私も中学生のときに父の転勤でカナダのトロントに住むことになり、現地の学校に行くことで①急に環境《かんきょう》が変わって困っていた。アメリカでうまれたので少しは英語ができたものの、突然《とつぜん》日々の生活をすべて英語にすることは、十二歳《さい》の私にとっては、大きな挑戦《ちょうせん》だった。しかし、とにかくがむしゃらに毎日を過ごしていたら、身近なところに答えがあった。野球と絵と九九だ。つまり、体育と図工と数学の授業が私を救ってくれた。

スポーツやアート、計算は、なにも英語が話せなくても、充《じゅう》分《ぶん》にコミュニケーションが成り立つことを体験として知ったのである。体育の時間や放課後に一緒《いっしょ》に野球をすることで、少しずつ友だちができていったし、いつしかベースボール・カードを交換《こうかん》したり、一緒に球場に試合を見に行くようにもなったりした。また、図工や数学の授業でも、絵を上手に描《か》いたり、九九のおかげで暗算が速かったりしたことで、カナダの子どもたちとも少しずつ意思疎通《いしそつう》ができるようになったのが、なにより嬉《うれ》しかった。言葉以外にも通じ合える喜び。そうして仲良くなった友人たちと学校のカフェテリアでランチを食べるようになり、英語を実践的《じっせんてき》に教えてもらったりもしたことで、耳が次《し》第《だい》に英語に慣れていき、いつしか言葉もちゃんと通じるようになっていた。

結局のところ、ひととひとがつながるためには、なにかの架《か》け橋が結ばれなければならない。ただ、それが言葉だけではない、ということをインドでMさんに教えられた。道具の使い方や建物のつくり方はもちろんのこと、その身振《みぶ》りから垣間《かいま》見える*ひととなりこそが②「大工の言葉」ではないか。

コミュニケーションは、発信側にどうしても伝えたいメッセージがあり、受信側にその情報にアクセスしたい、という両方向の歩み寄りがあって、はじめて通じ合う。双方《そうほう》における積極性が求められるもの。互《たが》いに*コミットしたいと思う切実な気持ちが、*ツールの精度なんかよりも、よほど重要なのである。

であれば、建築の放つ言葉とは、いったいなにを表現し得るのだろうか。

権力、秩序《ちつじょ》、美学、希望、調和、安心、*霊性《れいせい》、信仰《しんこう》などいくつものメッセージがブレンドされた複合的なもの？　たしかにそれもあるのだろう。また、建築空間には、スケールや素材、光に音まで、五感を刺激《しげき》する多様な物語が重層的に埋《う》め込《こ》まれている。これらも、建築の放つ言葉にちがいない。しかし、多様なものの*グラデーションでつくられる建築において、もっとも肝心《かんじん》なメッセージは、時間と関係しているのではないかと私は考えている。

つまり、建築が語り得る大きなメッセージは、過去からずっとそこに建っていたという「記憶《きおく》の器」として、個別の物語を継承《けいしょう》することではないか。模範《もはん》解答など存在しないため、みんなが共通認識《にんしき》に立つことは難しいのかもしれないが、建築がある種の情報（物語）を発信していることだけは、たしかだろう。

（光嶋裕介『これからの建築』より）

（注）ひととなり…人柄《ひとがら》。　コミットしたい…関わりをもちたい。
ツール…手段。　霊性…宗教的な意識・精神性。
グラデーション…段階的な変化。

(1) ――線部①「急に環境が変わって困っていた」とあるが、困っていた中での筆者の懸命《けんめい》な様子がわかる言葉を、文章中から六字で書き抜《ぬ》きなさい。

72%

(2) ――線部②「『大工の言葉』」とはどのようなものか。最も適切なものを、次の**ア**～**エ**から一つ選び、記号で答えなさい。

ア 身振りだけを用いて伝えようとする大工のメッセージ
イ 正確な仕事ぶりから自然と伝わる大工としての生き様
ウ 職人にしか通用しないような建築に関する専門用語
エ 人と人とを結ぶための人情味あふれる職人の話し方

〔　　〕

69%

難 (3) この文章で、「コミュニケーション」が成立するために重要だと筆者が述べているものは何か。文章中の言葉を用いて三十五字以内で書きなさい。

35

43%

〔山梨県〕

2

次の文章を読んで、あとの問いに答えなさい。

*染織家《せんしょくか》である筆者の志村《しむら》ふくみさんは、同じ染織家のTさんの仕事場を訪ねた。

ここ数年訪ねたいと思いながら果たせなかった徳島のTさんを、ようやくお訪ねすることができた。Tさんは*藍《あい》を建て、染めている方である。

人の仕事場を訪《おとず》れることは心の重いことである。真剣《しんけん》に取り組んでいる仕事場に人をとおすことは、辛《つら》いことだとわかるからである。特に同じ仕事をもつ者は双方《そうほう》が辛い。しかし、そういう人の仕事場こそ訪ねたい。一歩足をふみ入れれば、それがわかる。緊張《きんちょう》した快感が身内を走る。期待にたがわずTさんの仕事場は、簡素な中にピーンと空気がはっている。

仕事に必要な物以外何の飾《かざ》りつけもなく、動きやすい空間がとってある。*手勝手がいいというのか、ここで仕事がしてみたいと思う。土間は汚点《しみ》一つなく拭《ふ》き上げられていた。これはふしぎなことだ。藍染《あいぞめ》をすればそこら中にしぶきが飛び散ったりして、あちこち汚点だらけのものであるが、一切《いっさい》のものにその痕跡《こんせき》はみられない。伺《うかが》えば、仕事が終わるとすぐ仕事場中を拭き上げるそうで、それはTさんの仕事に対する姿勢をよく物語っている。

Tさんは小柄《こがら》な、きりっとひきしまった、つつましやかな婦人である。自分がどんなに一点一点、精魂《せいこん》こめて仕事をしているかを語るのではなく、どうかしてそれを語るまいとされているのに、かくしてもかくし切れない誠実さがにじみ出てきてしまう。結局人に自分の仕事を説明したり、表現したりするのとは別の次元で、仕事をしているものには自然と伝わってしまうものである。

こちらが質問しなければ自分からは話されないほど寡黙《かもく》で、私はどこから話を聞きだそうかと焦《あせ》ってしまうほどだった。そこが一ばん聞きたいと思うところに迫《せま》ってゆくと、じっと考え「それは分量だけの問題ではありませんね」「その場になってみないと何とも申し上げられません」という答えがかえってくる。①もう一歩というところでさし出された手がすーっと消えてゆくようで私は残念に思うのだが、事実はそのとおりなのだ。言葉ではいえない質のものなのである。分量とか時間とか目安を云《い》えば間違《まちが》うのである。その時の状況《じょうきょう》事態が揺《ゆ》らいでいるのだから、水の上に釘《くぎ》を打つようなもので、次の瞬間《しゅんかん》に、どういう事態が出現するかわからない。しかし、自分にだけはある予感がある。言葉にならない手ごたえがある。それは、藍の色艶《いろつや》であり、匂《にお》いであり、味である。ただその時の状態を全身で受けとめる以外にはない。見のがしてはならない表面の奥《おく》の表情がある。次に何が起こるかそこに予知されているものを見とおす目がいる。それを②人に伝える手だてはない。

私がしばしば愚問《ぐもん》を発すると、童女のような瞳《ひとみ》にキラッと鋭《するど》いものをみせて「あなたはそんな質問をしていいのですか」という風に黙《だま》って首をかしげられる。私は無理を承知で2＋2を聞いているのだ。そんなこと答えられますか、などとTさんはいわれもしないし、そんな失礼なことを私が申すものですかとあわてて否定されるにちがいないが、私にはそれが、最も正当な答えなのだとよくわかっている。それなのに聞いてみたい。もし私だったら、その場をつくろって、やりようによっては4にも5にもなりますね、などと中途半端《ちゅうとはんぱ》な返事をするだろう。戸惑《とまど》って答えられないことに気を遣《つか》っていられるTさんの正直さに、この方の仕事が透《す》けて形が鮮明《せんめい》にみえてくる。これだから藍の仕事が出来るのだ。この仕事に必須《ひっす》の資質を見事に備えている。

カンがいいのだと一口に云ってしまえばそれまでだが、カンとは一体何なのか。まず第一に自分の仕事の領域をはっきり見定めている。その範疇《はんちゅう》では何一つ見のがさない。心のこもる思いやりがすみずみにまで行きとどいている。その領域から決してはみ出さない。怠《なま》けない。手をぬかない。それらのことが土台にあって、はじめてカンが働く余地が出てくる。ゆとりが出てくる。カンはかすかな、じっと耳を澄《す》まさなければ聞こえない音である。匂いである。味である。言葉におきかえることのできないものである。

「*櫂《かい》をいれて、かきまわしながら、上がってくる泡《あわ》の状態をじっとみて、それで判断します」Tさんからようやく聞き出した言葉はそれだけだった。それで十分。一ばん伝えにくいところを伝えて下さった。

「*お目よごしで」とTさんはひかえめに、絞《しぼ》りの*裂《きれ》を見せて下さる。お目よごしどころではない。目が洗われる。その藍の色の清々《すがすが》しさ、深い色だ。藍は落ちるもの、手につくものと承知していて、落ちませんかという私の愚問に対して、Tさんは当然という風に「いいえ」と答えられた。

それは事実を伝えているにすぎないが、静かにこともなげに云える内容ではない。藍の色が落ちないということは、Tさんの芸の一ばん誇《ほこ》っていい勘所《かんどころ》である。

（志村ふくみ『語りかける花』より）

（注）染織家…糸や布を染め、織ることを専門とする人。
藍を建てる…藍染の染色液をつくる。
手勝手…実際に使ってみたときの、具合のよしあし。
櫂…ここでは、かめの中の染色液をかきまぜるための道具。
お目よごし…恐縮《きょうしゅく》しながら披露《ひろう》するといった意味の表現。見せることをへりくだっていう語。
裂…布地、生地。

超重要

(1) ――線部①「もう一歩というところでさし出された手がすーっと消えてゆくようで」とあるが、この部分はどのようなことを表しているか。最も適切なものを、次の**ア**～**エ**から一つ選び、記号で答えなさい。

ア 自分がもっている技術の手の内を明かそうとしないTさんに発言を促《うなが》すものの、Tさんは話題をそらして会話が終わってしまうということ。

イ 筆者が投げかけた質問に対してTさんは答えようとするものの、核心《かくしん》となる部分が明らかにならないまま会話が終わってしまうということ。

ウ 質問にうまく答えられないでいるTさんに救いの手を差しのべようとしたものの、Tさんは気にもとめずに会話が終わってしまうということ。

エ 思いを表現するのが苦手なTさんがようやく口を開いたものの、筆者は慌《あわ》ててしまって次の質問ができずに会話が終わってしまうということ。〔　　〕

84%

難

(2) ――線部②「人に伝える手だてはない」とあるが、次は、この部分について説明した文である。□にはどのような言葉が入るか。本文中の言葉を用いて十字以上、十五字以内で書きなさい。

▽その時々において定まらない藍の状態は、色艶や匂い、味といった、自分だけの感覚を用いて全身で判断するしかなく、□ため、人に伝える手段がないということ。

23%

(3) 本文の内容について述べたものとして最も適切なものを、次の**ア**～**エ**から一つ選び、記号で答えなさい。

ア 長年にわたり職人として培《つちか》ってきた筆者の技術に対する自信の消失が、正直に仕事に打ち込《こ》むTさんに対する取材を通して書かれている。

イ 染織家の資質として必要な要素は「カン」であるということが、Tさんと筆者とに共通する緻密《ちみつ》な作業内容の分析《ぶんせき》を通して書かれている。

ウ 同じ染織家だからこそわかるTさんの職人としての魅力《みりょく》が、藍染という仕事に誠実に向き合う様子をとらえた描写《びょうしゃ》を通して書かれている。

エ 職人は口数よりも環境《かんきょう》で仕事が評価される染織業界の明白な事実が、仕事場を清潔に保つTさんの作業過程の説明を通して書かれている。〔　　〕

79%

日常の出来事(文学的文章)

入試メモ 筆者自身の体験をもとにして書かれた随筆《ずいひつ》。筆者の伝えたい内容をとらえよう。

出題率 2.1%

実力アップ問題

解答・解説 別冊 p.22

1 次の文章を読んで、あとの問いに答えなさい。 【新潟県】

旅に出る時、カメラをカバンの中に放り込《こ》んでいくようになったのはいつの頃《ころ》からだろうか。

もともと旅の写真を撮《と》るのが好きだった。

今のように文章や写真で旅の話を書くようになるずっと以前から様々なスタイルの旅をしていたが、その頃持ち歩いていたカメラでどんなものに興味を抱《いだ》き、それらの印象をどんなふうに写真に切り取っていたのだろうか……。

ときおりそんな当時のことに思いをめぐらせるのだがはっきりした記憶《きおく》はない。もとより仕事として写真を撮っていたわけではないのだから、その頃の写真というのは旅の折々、かなりストレートに私の視覚に飛び込んできた風景や人などにそのままレンズを向けていたものばかりの筈《はず》だ。

つい最近、膨大《ぼうだい》な旅の資料や記録などを整理処分した。部屋の隅《すみ》の方にいつそんな所に放り込んだのか記憶の片隅《かたすみ》にも残っていないような木箱があって、そこに大小様々な古びた写真の入ったファイルがあった。まさしくそれは、私の遠い昔の旅の折々になんということもなく撮っていたものを放り込んでおいた古い写真のカタマリなのだった。

この手の片付け仕事の敵は、まさしくそんなものといきなり出くわす事態である。ほんの数枚、というつもりで開いたそれらの写真ファイルを、私はいつの間にか部屋の窓から射《さ》し込んでくる西陽《にしび》が力を弱め、もう明かりを点《つ》けなければ判別できなくなるくらいまでの長時間、じっくり、ざわざわと眺《なが》め続けていたのである。ざわざわというのは、本当にその時のなんともおさまりどころのない気分の高まりを形容してのものである。

それらの写真には名前すらすぐに思い出せないような遠い昔に出会った人々の顔などがある。その背後に、もう多分二度と見ることのできないであろうはるかな昔の薄《うす》ぼけた、それでもきっぱりと青くひろがっている都会の空や、地名も覚束《おぼつか》ないような、遠い記憶にからむいくつかのおだやかならぬ［　　］などがある。それらは紛《まぎ》れもない、唐突《とうとつ》でやみくもな、私だけができる過去への時間旅行なのであった。

(椎名誠『笑う風 ねむい雲』より)

(1) 文章中の［　　］に入る言葉として最も適切なものを、次の**ア**～**エ**から一つ選び、記号で答えなさい。 78%

ア 記録　**イ** 風景　**ウ** 感性　**エ** 経験　〔　　〕

超重要 (2) この文章の内容を説明したものとして最も適切なものを、次の**ア**～**エ**から一つ選び、記号で答えなさい。 82%

ア 資料を整理していた筆者が、過去の写真を見ることで、作業が長時間滞《とどこお》ってしまい、後悔《こうかい》している様子を記している。

イ 旅の写真を整理していた筆者が、過去の思い出と決別するために、長時間、過去の写真を眺めている様子を記している。

ウ　多くの旅を経験している筆者が、新たな旅への意欲を高めるために、過去に撮った写真を見ている様子を記している。

エ　過去に撮影《さつえい》した写真を発見した筆者が、気分の高まりを感じながら、過去の旅について、回想する様子を記している。

〔　　　〕

2

次の文章を読んで、あとの問いに答えなさい。〔奈良県〕

工房《こうぼう》での仕事を終えて外に出ると、辺りはすでに薄墨色《うすずみいろ》に暮れかかっていました。この辺りは谷間のように囲われた場所で、U字形の一番低いところには、蓮池《はすいけ》や林檎《りんご》の果樹園が広がり、その林檎園を挟《はさ》んで、両側に家々が点在しています。林檎農家からは＊剪定《せんてい》した枝などが豊富に出るため、小枝や雑草は焚《た》き火に、太い枝は風呂《ふろ》焚きや薪《まき》ストーブの燃料になります。だから夕暮れ時には、あちらこちらから白い煙《けむり》が立ちのぼる。家のなかでは、仕事の後片付けをしたり、＊夕餉《ゆうげ》の支度《したく》をしているのでしょう。窓からは温かな光が漏《も》れて、僕《ぼく》はそれを見ていると、毎日見なれた近所の風景であるのに、「ひとが生活する姿っていいな」と改めて思うのでした。ひとの暮らしには温度や、①たたずまいのようなものがあります。ごはんを炊《た》いて、＊惣菜《そうざい》を作り、配膳《はいぜん》する。仕事や学校を終えて、家族が食卓《しょくたく》に集まってくる様子が手に取るように見えてきます。庖丁《ほうちょう》を動かす音。鍋《なべ》がカタカタ鳴る音。窓の灯《あか》りを見ているだけで、②胸の内が温かくなってくるのです。それはずっと変わらない、ひとが暮らす、愛《いと》おしい風景です。

僕の大工のはじまりは、木のブローチでした。また、それと同時期に職業訓練校で家具の作り方を学びました。だから食器ではなく、そのどちらかのモノを作っていくことも十分考えられたのですが、まだ③そんなことをするひとなどいない頃から、僕は木で器を作ることをはじめました。その理由を考えてみると、僕は木工をする、その以前から、④「生活」が好きだったからだと思います。煙突《えんとつ》からの一筋《ひとすじ》の煙や、窓の灯り。そうしたひとの営みを愛おしく思うからです。

器を作る仕事は用途《ようと》にとどまらず、暮らしという曖昧《あいまい》なもの、長い時間をともに過ごすということなど、いろんな要素をかたちにする仕事だと思います。暮らしの輪郭《りんかく》は意外と曖昧で、ゆったりしたものです。すごく繊細《せんさい》で、美しい家具があるとしましょう。ツマミは小さいほうがきれいだからと、使うたびに爪《つめ》でキズをつけないか気を遣《つか》ってしまうような、とても小さいつまみだったらどうでしょう。それは暮らしの道具として、少し緊張感《きんちょうかん》が高すぎるように思います。⑤美しい家具と、生活者の家具は、少しだけ違《ちが》うように思うのです。

ボーエ・モーエンセンというデンマークの家具デザイナーは、庶民《しょみん》のための家具をたくさん作ったひとでした。無駄《むだ》がなく、高価な材料は使わず、価格が高くならないように、作り方もあまり凝《こ》ったことをしない。でも美しく、時を超《こ》えたデザインを残しました。僕は日用品には、その考え方がとても大切だと思うのです。

（三谷龍二『日々の道具帖』より）

（注）剪定…樹木の生育などのため枝の一部を切ること。
夕餉…夕飯。　惣菜…おかず。

(1) ――線部①「たたずまいのようなものがあります」とはどういう意味か。その内容として最も適切なものを、次のア～エから一つ選び、記号で答えなさい。

ア 生きているもののもつ存在感のようなものがあるということ
イ 次々と移り変わる季節の変化のようなものがあるということ
ウ じんわりと伝わってくる愛情のようなものがあるということ
エ いつまでも変わらない正しさのようなものがあるということ

〔　　〕

49%

超重要

(2) ――線部②「胸の内が温かくなってくる」に込《こ》められた筆者の心情として最も適切なものを、次のア～エから一つ選び、記号で答えなさい。

ア 楽しい　イ 何とかしたい
ウ 切ない　エ 大事にしたい

〔　　〕

87%

差がつく

(3) ――線部③「そんなこと」が指している内容を、文章中から八字で書き抜《ぬ》きなさい。

64%

(4) ――線部④「『生活』」のここでの意味として最も適切なものを、次のア～エから一つ選び、記号で答えなさい。

ア 自然に囲まれ実用的なことを中心にした素朴《そぼく》な人の暮らし
イ 食事や仕事や家族の関わりなど日々繰《く》り返される人の営み
ウ 生きるため汗《あせ》を流して各自が真面目に仕事に取り組む日常
エ ひっそりつつましくお互《たが》いを頼《たよ》りに助け合って生きること

〔　　〕

77%

思考力

(5) ――線部⑤「美しい家具と、生活者の家具は、少しだけ違《ちが》う」について、国語科の授業で次のようにそれぞれが意見を述べ合った。これをふまえ、あとの問いに答えなさい。

田中 「生活者の家具」は（ X ）だから、私たちの緊張感《きんちょうかん》を高めず、心をくつろがせてくれるんだと思います。
井上 それなら、「美しい家具」だって、日々その美しさで、私たちの心を癒《い》やしてくれるということはあると思います。
木下 二人の話を聞いていて、その二つが「少しだけ違う」と書いた筆者が、どちらも大切だと考えているということに改めて気付かされました。最終段落の「でも」という語にも、その思いが表れていると思います。

問 （ X ）に入る適切な内容を、二十字以内で書きなさい。

20

22%

【古典・詩歌】

出るとこチェック　古典・詩歌

次の問題を解いて、古典・詩歌の知識を確認《かくにん》しよう。

1 古文の読解 → p.112

仁和寺《にんなじ》にある法師、年寄るまで石清水《いはしみづ》を拝まざりければ、心憂《う》く覚えて、あるとき思ひたちて、ただ一人、徒歩《かち》より詣《まう》でけり。極楽寺《ごくらくじ》・高良《かうら》などを拝みて、*かばかりと心得て①帰りにけり。さて、*かたへの人にあひて、「年ごろ思ひつること、果たしはべりぬ。聞きしにも過ぎて尊くこそおはしけれ。そも、参りたる人ごとに*山へ登りしは、何事かありけん、*ゆかしかりしかど、神へ参るこそ本意《ほい》なれと思ひて、山までは見ず」とぞ言ひける。

少しのことにも、②*先達《せんだつ》は*あらまほしきことなり。

（『徒然草』より）

（注）かばかり…これだけ。　かたへの人…仲間。
山へ登りし…本当は山の上に石清水八幡宮《はちまんぐう》がある。
ゆかしかりしかど…知りたかったが。　あらまほしき…いてほしい。
先達…案内してくれる人。

□ **01** ――線部①「帰りにけり」は、誰《だれ》の動作か。文章中の言葉で答えなさい。（　　）

□ **02** 「から始まる会話文の終わりはどこか。終わりの五字を書きなさい。（　　）

□ **03** ――線部②「先達」とあるが、この話では、どんなことを案内してくれる人か。簡潔に答えなさい。（　　）

□ **04** この文章で筆者自身の感想はどこにあるか。一文で抜《ぬ》き出し、初めの五字を書きなさい。（　　）

2 古文の知識 → p.116

□ **05** 「よろづ」を現代仮名遣《かなづか》いに直してひらがなで書きなさい。（　　）

□ **06** 「ひとへ」を現代仮名遣いに直してひらがなで書きなさい。（　　）

□ **07** 「やうやう」を現代仮名遣いに直してひらがなで書きなさい。（　　）

□ **08** 「いみじうをかし」を現代仮名遣いに直してひらがなで書きなさい。（　　）

□ **09** 「風情《ふぜい》がある」という意味の古語は〈あやし・をかし〉のうちのどちらか。（　　）

□ **10** 「たいそう、とても」という意味の古語は〈いと・つとめて〉のうちのどちらか。（　　）

□ **11** 「かなし」という古語の意味は〈いとおしい・悲しい〉のうちのどちらか。（　　）

3 漢文の知識・読解 → p.120

黄鶴楼《くわうかくろう》にて孟浩然《まうかうねん》の広陵《くわうりよう》に之《ゆ》くを送る　李白《りはく》

故人西のかた黄鶴楼を辞し
煙花《えんくわ》三月［　　］
孤帆《こはん》の遠影《ゑんえい》碧空《へきくう》に尽《つ》き
唯《た》だ見る長江《ちやうかう》の天際に流るるを

故人西《ノカタ》辞《シ》二黄鶴楼《ヲ》一
煙花三月下《ル》二揚州《ニ》一
孤帆《ノ》遠影碧空《ニ》尽《キ》
唯《ダ》見《ル》長江《ノ》天際《ニ》流《ルルヲ》

□ **12** 漢字の読む順番を表すレ点や一・二点などの記号を何というか。 （　　）

□ **13** 訓読した文を日本の古文のように漢字と仮名で表した文を何というか。 （　　）

□ **14** ――線部「下《ル》二揚州《ニ》一」を書き下し文に直しなさい。 （　　）

□ **15** 「黄鶴楼にて孟浩然の広陵に之くを送る」の詩は、何という形式の詩か。漢字四字で答えなさい。 （　　）

□ **16** 「孟浩然」が乗る舟《ふね》を表現した漢字二字の言葉を書き抜きなさい。 （　　）

□ **17** この詩が表している作者の心情は〈寂《さび》しさ・あこがれ〉のうちのどちらか。 （　　）

4 短歌・俳句の知識・読解

→ p.124

□ **18** 短歌や俳句で、意味や調子の切れ目を何というか。 （　　）

□ **19** 「五／七五七七」のように、短歌の初句のあとで意味や調子が切れることを何というか。 （　　）

□ **20** 俳句の感動の中心を表す「や・かな・けり」などを何というか。 （　　）

□ **21** 次の短歌の意味になるように、あとの[　　]に入る言葉を答えなさい。 （　　）

みづうみの氷は解けてなほ寒し三日月の影波《かげ》にうつろふ　島木赤彦《しまきあかひこ》

・湖の氷は解けたが、[　　]。三日月の姿が湖面の波に映って揺《ゆ》れている。

□ **22** 次の俳句の季語と季節を答えなさい。 （　　・　　）

をりとりてはらりとおもきすすきかな　飯田蛇笏《いいだだこつ》

□ **23** 次の短歌に用いられている表現技法は〈対句《ついく》・体言止め〉のうちのどちらか。 （　　）

海恋《こひ》し潮の遠鳴りかぞへては少女《をとめ》となりし父母の家　与謝野晶子《よさのあきこ》

□ **24** 次の俳句に用いられている表現技法は〈対句・体言止め〉のうちのどちらか。 （　　）

菜の花や月は東に日は西に　与謝蕪村《よさぶそん》

出るとこチェックの答え

1 01 （仁和寺にある）法師　02 までは見ず　03 例 石清水に詣でること。　04 少しのこと

2 05 よろず　06 ひとえ　07 ようよう　08 いみじゅうおかし　09 をかし　10 いと　11 いとおしい

3 12 返り点　13 書き下し文　14 揚州に下る　15 七言絶句　16 孤帆　17 寂しさ

4 18 句切れ　19 初句切れ　20 切れ字　21 例 まだ寒い　22 すすき・秋　23 体言止め　24 対句

古文の読解

入試メモ

古文はおおまかな話の内容をとらえることが大事。動作主や会話文に注意して繰り返し読んで流れをつかもう。

出題率 82.3%

1 動作主

出題率 43.8%

どの登場人物の動作か確認《かくにん》しながら読む。動作主が省略されていることも多い。

覚えよう　動作主の見つけ方

登場人物と話のおおまかな内容の整理が不可欠。文の途中《とちゅう》で動作主が変わることもあるので注意。

①登場人物をおさえる。
②「が」を補って読む。
③動作を表す語句から前に戻《もど》って探す。

例　ある犬、〈が　肉をくはへて川を渡《わた》る。（→肉をくわえて川を渡るのは「犬」）真ん中ほどにて、その影《かげ》〈が　水に映りて大きにければ、（→水に映るのは「影」）「我《わ》がくはふるところの肉より大きなる。」と心得て、（→心得たのは「犬」）これを捨てて（→捨てるのは「犬」）かれを取らむとす。（→取るのは「犬」）

（『伊曽保物語』より）

〔現代語訳〕　ある犬が、肉をくわえて川を渡る。真ん中あたりで、その影が水に映って大きく見えたので、「私がくわえている肉より大きいものだ。」と思い、これ（自分のくわえている肉）を捨ててあれ（相手の肉）を取ろうとする。

2 会話文

出題率 8.3%

会話主を確認しながら読む。「　」がない場合もあるので注意する。

覚えよう　会話文の見つけ方

①会話に入る直前の言い方を探す。
例　○○が言うやう、○○いはく（○○が言うには）
②会話の終わりを示す言い方を探す。
例　～とて（と言って）

例　翁言ふやう、（→「翁《おきな》が言うには」。会話に入る直前。）我朝ごとに見る竹の中におはするにて知りぬ。子になりたまふべき人なめりとて、（→「と言って」。会話の終わり。）手にうち入れて、家へ持ちて来ぬ。　※色文字部分が会話文。

（『竹取物語』より）

〔現代語訳〕　翁が言うには、「私が毎朝見る竹の中にいらっしゃるのでわかった。我が子になられるはずの人であるようだ」と言って、手のひらに入れて、家に持って来た。

3 内容理解

出題率 78.1%

古文の読解で最も重要な設問。全体の把握《はあく》が欠かせない。

〔出題形式のパターン〕

①　文章の内容と合うものを選択《せんたく》する問題。
②　文脈に応じて文中の空欄《くうらん》に入る語句を答える問題。

覚えよう　内容理解の手順

①登場人物を確認する。…登場人物と、人物どうしの関係をおさえる。
②場面をとらえる。………季節や時間、場所などをおさえる。
③一文ずつ丁寧《ていねい》に読む。…動作主や会話文に注意して読み取る。

実力アップ問題

解答・解説 別冊 p.23

1

正答率 64%

次の——線部①と②の主語として適切なものを、あとのア〜エからそれぞれ一つずつ選び、記号で答えなさい。 〔兵庫県〕

関取*谷風梶之助《たにかぜかぢのすけ》、*小角力《こずまう》を供につれ*日本橋本船町《ほんふな》を通りける時、鰹《かつを》をかはんとしけるに価《あたひ》いと高かりければ、供のものに①いひつけて、「まけよ」といはせて行き過ぎしを、魚売る男呼びとどめて、「関取のまけるといふはいむべきことなり」と②いひければ、谷風*立ちかへり「かへかへ」といひてかはせたるもをかしかりき。

（『仮名世説』より）

(注) 谷風梶之助…江戸時代後期の横綱《よこづな》。 小角力…若い力士。
日本橋本船町…現在の東京都中央区日本橋の一部。当時魚市場があった。
立ちかへり…引き返して。

ア 小角力　イ 谷風
ウ 魚売る男　エ 筆者

①〔　　〕 ②〔　　〕

2

超重要

次の——線部「さし出《い》でたる」の主語を、本文から書き抜《ぬ》きなさい。 〔群馬県〕

九月ばかり、夜一夜降り明かしつる雨の、今朝はやみて、朝日いと*けざやかにさし出でたるに、*前栽《せんざい》の露《つゆ》は、こぼるばかり濡《ぬ》れかかりたるも、いとをかし。*透垣《すいがい》の羅《ら》文《もん》、軒《のき》の上などは、*かいたる蜘蛛《くも》の巣の、こぼれ残りたるに、雨のかかりたるが、白き玉を貫《つらぬ》きたるやうなるこそ、いみじうあはれにをかしけれ。

（『枕草子』より）

(注) けざやかに…あざやかに。
前栽…庭に植えた草木。
透垣の羅文…板または竹で間を透《す》かして作った垣根《かきね》の、上部の飾《かざ》り。
かいたる…張っている。

〔　　〕

3

次の——線部「通りけり」は誰《だれ》の動作か。本文中の表現で答えなさい。 〔山口県・改〕

もろこしには、*秦始皇《しんしくわう》、*泰山《たいざん》に行幸《みゆき》し給《たま》ふに、俄雨《にはかあめ》降り、五松の下に立ち寄りて、雨を過ごし給へり。このゆゑに、かの松に位《くらゐ》を授《さず》けて、五大夫《ごたいふ》といへり。*五品《ごほん》を松爵《しょうしゃく》といふ、これなり。

しかのみならず、夏天に道行く人、木陰《こかげ》に涼《すず》みて、衣《ころも》をかけ、あるいは馬に水飼ふもの、銭《ぜに》を井《い》に沈《しづ》めて通りけり。

賢《かしこ》き人は、心なき石木《いはき》までも、思ひ知るむねをあらはすなり。

（『十訓抄』より）

(注) 秦始皇…秦の始皇帝のこと。
泰山…現在の山東省にある山の名前。
五品…秦の時代の位階で、五番目の位のこと。

〔　　〕

4

次の文章を読んで、あとの問いに答えなさい。［千葉県］

ある人、時刻を知らんためにとて、*自鳴鐘《とけい》を求めんとするを、その妻、これをとどめていひけるは、明けくれにかくる世話のみにあらず。くるひたる折からには、その暇《ひま》をつひやし、自鳴鐘のために、かへりて時を失ふこと多からん。やめ給《たま》へといへば、さあらば庭鳥《にはとり》を飼ふべしといふに、その妻、又《また》とどめていひけるは、時刻は人のうへにあり。潮の干満もこれとおなじかるべし。自鳴鐘、鶏《にはとり》を便りとするは、勤めに怠《おこた》るもののいたすことなりと、夫を諫《いさ》め、つひに鶏をも飼はずなりにき。（『雲萍雑志』より）

（注）自鳴鐘…室町《むろまち》時代に伝えられた、歯車仕《じ》掛《か》けで自動的に鐘《かね》が鳴って時刻を知らせる時計。

差がつく

問 ――線部「いひける」とあるが、ここで妻が語った言葉に「　。」という記号をつける場合、「　。」に入る言葉を抜《ぬ》き出し、初めと終わりの三字を書きなさい。

□□□～□□□。

47%

5 難

次の文章には、――線部「おほせたまうければ」とあるが、このとき帝《みかど》がおっしゃったことを、文章中から抜き出し、初めと終わりの三字を書きなさい。［奈良県］

おなじ帝の御時《おんとき》、*躬恒《みつね》を召《め》して、月のいとおもしろき夜、*御遊びなどありて、月を弓はりといふは、なにの心ぞ。*そのよしつかうまつれとおほせたまうければ、*御階《みはし》のもとにさぶらひて、つかうまつりける。（『大和物語』より）

（注）躬恒…凡河内躬恒《おおしこうちのみつね》（平安時代の歌人）。
御遊び…詩歌《しいか》や管弦《かんげん》の遊び。
そのよしつかうまつれ…その理由を歌で答えよ。
御階…宮殿《きゅうでん》の階段。

□□□～□□□

31%

6

次の文章を読んで、あとの問いに答えなさい。［北海道］

昔、唐《から》の絵かきに戴嵩《たいすう》といふあり。牛を*えものにてかく事上手なり。ある時、角を振《ふ》り尾《お》を立てて、牛どもの戦ふをかく。*ひとしほうるはしくいでたりと思ひて、人々に見せあへり。その後、*牛つかふ小童《こわらは》の、野飼ひに出《い》でたるにこの絵を見せ、汝《なんじ》が朝夕つかふ牛に、よく似たるかといひて問ひし時、牛飼ふ小童、これを見て笑ふ。「いかに。」となれば、「牛の戦ふ時は、尾を立てずして腹に尾を付くるものなり。この絵は尾を立てたれば、あやまりなり。」といひし。戴嵩*驚《おどろ》き、*げにもと感じ、その絵を破りたり。

まことに名人は、何事によらず、戴嵩のごとくありたきものなり。戴嵩ほどの牛かきなれども、まことの牛に手なれぬ事なれば、*あやまりもやあるらんと、朝夕なる牛飼ひの小童に見せたるは、名人の戴嵩なればこそ。（『私可多咄』より）

（注）えものにてかく事……最も得意なものとして描《えが》くこと。
ひとしほ…一段と。
牛つかふ小童…牛飼いをしている子ども。
驚き…はっと気がついて。　げにも…もっともだ。
あやまりもやあるらん…誤りもあるかもしれない。

差がつく **問** ——線部「まことに……ありたきものなり」は、「本当に名人というものは、どのようなことについても例外なく、戴嵩のようであってほしいものだ」という意味であるが、ここで筆者は、名人にはどうあってほしいと考えているか。最も適切なものを、次の**ア**～**エ**から一つ選び、記号で答えなさい。

ア 自分の作品の手本となるものを毎日観察するほどのひたむきさをもってほしい。

イ 自分の作品を人々に見せる機会を増やし、多くの人々に広める努力をしてほしい。

ウ 自分の作品に対する他人からの意見を受け入れるような謙虚《けんきょ》さをもってほしい。

エ 自分の作品の仕上がりに関わらず、作品を大切にするような心がけをもってほしい。〔　　〕

58%

7

↪3

次の文章を読んで、あとの問いに答えなさい。〔愛知県〕

人の心、もとより、善悪なし。善悪は、*縁《えん》に随《したが》つて起《おこ》る。たとへば、人、*発心《ほつしん》して、山林に入る時は、*林家は善し、*人間は悪《あ》しと思へり。また、*退心して、山林を出《い》づる時は、山林は悪しと云《い》ふ。これ、*即《すなは》ち、*決定《けつぢやう》、心に*定相《ぢやうさう》無き故《ゆゑ》に、縁に随つて、ともかくもなるなり。故に、善縁に逢《あ》へば心善くなり、悪縁に近づけば心悪しくなるなり。我《わ》が心、もとより悪しと思ふことなかれ。ただ、□に随ふべきなり。

（『正法眼蔵随聞記』より）

（注）縁…ここでは、周囲の状況《じょうきょう》のこと。
発心して…仏道修行《しゅぎょう》をする心を起こして。
林家…山林の中の住まい。
人間…ここでは、世間一般《いっぱん》の人が住むところ。
退心して…修行する心が鈍《にぶ》って。　即ち…いいかえれば。
決定…必ず。　定相…一定不変の状態。

(1) □に入る言葉として最も適切なものを、次の**ア**～**エ**から一つ選び、記号で答えなさい。

ア 善悪　**イ** 発心
ウ 善縁　**エ** 悪縁　〔　　〕

(2) この文章に書かれている内容と一致《いっち》するものを、次の**ア**～**オ**から一つ選び、記号で答えなさい。

ア 人の心はよい状況に身を置くことで自然によくなるものである。

イ 人が生まれつきもっている悪い心が仏道修行の妨《さまた》げとなる。

ウ よい心を保つには周囲の状況を気にせず生活する必要がある。

エ 仏道修行の成果は修行後の心の在り方で分かるものである。

オ 日頃《ひごろ》の自分の心がけ次第《しだい》で社会全体が豊かになるものである。〔　　〕

2 古文の知識

古典・詩歌

1 歴史的仮名遣い

現代仮名遣いに直すときのルールを覚えておこう。

出題率 76.0%

①語頭以外の「は・ひ・ふ・へ・ほ」→「わ・い・う・え・お」	例 にはかに→にわかに おもふ→おもう こほり→こおり
②「ゐ」→「い」 「ゑ」→「え」 「を」→「お」	例 ゐたり→いたり こずゑ→こずえ をとこ→おとこ
③「ぢ」→「じ」 「づ」→「ず」	例 すぢ→すじ いづれ→いずれ
④「くわ（ぐわ）」→「か（が）」	例 くわし→かし〔菓子〕 くぐわつ→くがつ〔九月〕
⑤「あう（au）」→「おう（ô）」 「いう（iu）」→「ゆう（yû）」 「えう（eu）」→「よう（yô）」	例 かうむる→こうむる うつくしうて→うつくしゅうて せうそこ→しょうそこ〔消息〕

覚えよう **「ふ」→「う」に注意**

「ふ」を現代仮名遣いに直すときは注意が必要。ルール①から「う」にするが、ルール⑤にあたる場合はさらに**「おう」「ゆう」「よう」**にする。

例「けふ」→「けう」(keu)→「きょう」(kyô)

※ただし、「いふ」は「いう」になる。「ゆう」にはしない。

入試メモ 仮名遣《かなづか》いのルールを覚え、現代仮名遣いに直せるようにする。現代語と違《ちが》う意味で使われている古語に注意しよう。

出題率 78.1%

2 古語の意味

出題率 15.6%

① 古文に特有の言葉

おはす…いらっしゃる 例 竹の中におはするにて知りぬ。

いと……たいそう、とても 例 いと幼ければ、籠《こ》に入れて養ふ。

いみじ…はなはだしい、ひどい 例 いみじく静かに……

ゆかし…知りたい 例 何事かありけん、ゆかしかりしかど……

げに……本当に 例 げにただ人にはあらざりけり……

② 現代語とは違う意味の言葉

をかし…風情《ふぜい》がある 例 ほのかにうち光りて行くもをかし。

あはれなり…しみじみとした趣《おもむき》がある

例 飛び急ぐさへあはれなり。

あやし…不思議だ 例 あやしうこそものぐるほしけれ。

うつくし…かわいらしい

例 うつくしきもの。瓜《うり》にかきたるちごの顔。

かなし…いとおしい

例 いとほしく、かなしとおぼしつること……

めでたし…りっぱだ 例 かたちの世に似ずめでたき事を……

ありがたし…めったにない 例 対面もありがたければ……

覚えよう **係り結びの法則**

「ぞ・や・こそ」などが文中にあるとき、文末の形が変化する。

ぞ・なむ…例 男ぞありける。（**強調**）
や・か……例 男やありける。（**疑問・反語**）
こそ………例 男こそありけれ。（**強調**）

実力アップ問題

解答・解説 別冊 p.24

1

次の――線部を現代仮名遣いに改め、すべてひらがなで書きなさい。

正答率

(1) かの有欲の僧《そう》へ茶うすを借りにつかはされける。（『一休関東咄』より）〔静岡県〕 〔　　　〕 83%

(2) 高札立ちたるを見て、おほひによろこび、腕《うで》まくりなどし、そのまま駆《か》け上がらんとするを……（『たはれ草』より）〔福井県〕 〔　　　〕

差がつく (3) 年ごとに老いて、その上重きやまひにふし、頼《たの》み少なくなりけるに……（『西遊記』より）〔鹿児島県〕 〔　　　〕 67%

超重要 (4) 里人はこれをいひつたへ、名和《なわ》が約束の松と呼びて、今にはなし伝へたり。（『雲萍雑志』より）〔栃木県〕 〔　　　〕 97%

(5) とどこほりてすすまぬことあれば、聞こえぬところは、まづそのままにて過ごすぞよき。（『うひ山ぶみ』より）〔大阪府〕 〔　　　〕 90%

(6) 応挙に下絵をかかせたまひしと見えて、応挙は画の上手なれば……（『橘窓自語』より）〔香川県〕 〔　　　〕

超重要 (7) あうむの他山に飛びて集むる有り。山中の禽獣《きんじゅう》すなはち相貴重す。（『異苑』より）〔岩手県〕 〔　　　〕

2

次の――線部を現代仮名遣いに改め、すべてひらがなで書きなさい。

(1) 財は又《また》身をそこなふ種なり。この故《ゆゑ》に欲をばほしゐままにすべからず。（『浮世物語』より）〔岐阜県〕 〔　　　〕 87%

差がつく (2) 曽参《そうしん》、山に薪《たきぎ》を拾ひゐたるが、にはかに胸騒《むねさわ》がしけるほどに、急ぎ家に帰りたれば……（『御伽草子集』より）〔栃木県〕 〔　　　〕 66%

超重要 (3) 曲《まが》れるをも、短きをも用ゐるところなり。（『十訓抄』より）〔福岡県〕 〔　　　〕 84%

(4) 樫《かし》のつゑをたづさえて……（『おくのほそ道』より）〔長野県〕 〔　　　〕 91%

(5) 大雅道人《たいがだうじん》といひしは、をさなきより書画を好みて、あまねく天下の名高き名所を見回り、富士の山にもあまたたび登る。（『落栗物語』より）〔愛媛県〕 〔　　　〕

(6) むかしいづこの山にのぼりしが……（『花月草紙』より）〔山口県〕 〔　　　〕

3

↳1

次の――線部を現代仮名遣《かなづか》いに改め、すべてひらがなで書きなさい。

(1) 夜深くうち出《い》でたる声のらうらうじう愛敬《あいぎやう》づきたる、いみじう心あくがれ、せむ方なし。（『枕草子』より）［宮崎県］

〔　　　　〕

(2) 亭主《ていしゆ》のいはく、「いづれもよささうなれども、このしらさぎの飛びあがりたる、羽《は》づかひがかやうでは飛ばれまい」といふ。（『浮世物語』より）［茨城県］

〔　　　　〕

(3) 袁術《えんじゆつ》、これを聞きて、「幼き心にて、かやうの心づけ、古今《ここん》まれなり」とほめたるとなり。（『御伽草子集』より）［富山県］

〔　　　　〕

超重要

(4) 心得がたけれども、やうぞあるらんと信じて、あまりに取り尽《つ》くして近々には無かりければ……（『沙石集』より）［長崎県］

〔　　　　〕

(5) はじめのくすしかうべふりて、「さらば、そのよのつねならぬものにまかせ給《たま》へ。かかるとみのいたづきを療治《りやうぢ》せんに、ひとをかたらひては、いかでいでくべき。」（『花月草紙』より）［大分県］

〔　　　　〕

差がつく

(6) ある人牛を売りけるに、買主《かいぬし》いふやう、「この牛は、力も強く病気もなきか」といへば……（『浮世物語』より）［佐賀県］

〔　　　　〕

66%　80%

4

↳1

次の文章を読んで、あとの問いに答えなさい。［東京都］

春を武江《ぶかう》の北に閉《と》ぢたまへば、雨静《しづか》にして鳩《はと》の声アふかく、風やはらかにして花の落《お》る事おそし。弥生《やよひ》も名残《なごり》おしき比《ころ》にやありけむ、蛙《かはづ》の水に落る音しばく〜イならねば、言外の風情《ふぜい》この筋にうかびて、「蛙飛《とび》こむ水の音」といへる七五は得たまへりけり。晋子《しんし》が傍《かたはら》にウはべりて、山吹《やまぶき》といふ五文字をエかふむらしめむかと、をよづけはべるに、唯《ただ》「古池」とはさだまりぬ。（『芭蕉全集』より）

差がつく

問 ――線部**ア**〜**エ**のうち現代仮名遣いで書いた場合と異なる書き表し方を含《ふく》んでいるものを一つ選び、記号で答えなさい。

〔　　　　〕

66%

5

↳2

次の文章を読んで、あとの問いに答えなさい。［群馬県］

＊城陸奥守泰盛《じやうのむつのかみやすもり》は、さうなき馬乗りなりけり。馬を引き出《いだ》させけるに、足をそろへて＊閾《しきみ》をゆらりと越《こ》ゆるを見ては、「是《これ》は勇める馬なり。」とて、＊鞍《くら》を置きかへさせけり。（『徒然草』より）

(注) 城陸奥守泰盛…鎌倉《かまくら》時代の人。　閾…敷居《しきい》。
鞍…人を乗せるために馬の背に置く道具。

問 ――線部「さうなき」は「並ぶ者がいないほど優《すぐ》れた」という意味になる。漢字を用いた場合の、この意味にふさわしい書き表し方として最も適切なものを、次の**ア**〜**エ**から一つ選び、記号で答えなさい。

ア 送無き　**イ** 想無き
ウ 早無き　**エ** 双無き

〔　　　　〕

6

次の文章を読んで、あとの問いに答えなさい。 [和歌山県]

月日は百代《はくたい》の過客《かかく》にして、行きかふ年もまた旅人なり。舟《ふね》の上に生涯《しやうがい》を浮《う》かべ、馬の口とらへて老いを迎《むか》ふる者は、日々旅にして、旅をすみかとす。古人も多く旅に死せるあり。

（『おくのほそ道』より）

問 ――線部「過客」と同じ意味の語を、文中からそのまま書き抜《ぬ》きなさい。

〔　　　〕

7

次の和歌を読んで、あとの問いに答えなさい。 [秋田県]

秋来《き》ぬと目にはさやかに*見えねども
風の音にぞ*おどろかれぬる　　藤原敏行《ふぢはらのとしゆき》

(注) 見えねども…見えないが。
おどろかれぬる…はっとして気づかされた。

超重要

問 ――線部「さやかに」の意味として最も適切なものを、次の**ア**～**エ**から一つ選び、記号で答えなさい。

ア 静かに　**イ** ぼんやりと
ウ わずかに　**エ** はっきりと

〔　　　〕

86%

8

次の文章を読んで、あとの問いに答えなさい。 [鳥取県]

つれづれなる折、*昔の人の文見出《ふみみい》でたるは、ただその折の心地《ここち》して、いみじくうれしくこそおぼゆれ。

（『無名草子』より）

(注) 昔の人…昔、なじみだった人。

差がつく

問 ――線部「つれづれなる折」の意味として最も適切なものを、次の**ア**～**エ**から一つ選び、記号で答えなさい。

ア 楽しいとき　**イ** 忙《いそが》しいとき
ウ 悲しいとき　**エ** 退屈《たいくつ》なとき

〔　　　〕

53%

9

次の文章を読んで、あとの問いに答えなさい。 [大阪府]

*文義の心得がたきところを、はじめより一々に解せむとしては、とどこほりてすすまぬことあれば、*聞こえぬところは、まづそのままにて過ごすぞよき。殊《こと》に世に難《かた》き事にしたるふしぶしをまづしらむとするは、いといとわろし。ただよく聞こえたる所に心をつけて、深く味はふべき也《なり》。こはよく聞こえたる事也と思ひて、なほざりに見過ごせば、すべてこまかなる意味もしられず、又《また》おほく心得たがひの有りて、いつまでも其《そ》の誤りをえさとらざる事有る也。

（『うひ山ぶみ』より）

(注) 文義…文の意味。　聞こえぬ…わからない。

問 ――線部「なほざりに」の本文中の意味として最も適切なものを、次の**ア**～**エ**から一つ選び、記号で答えなさい。

ア あきらめて　**イ** いい加減に
ウ 思い切って　**エ** 丁寧《ていねい》に

〔　　　〕

52%

古典・詩歌

3 漢文の知識・読解

≫古典・詩歌

出題率 39.6%

入試メモ 訓読のルールと漢詩の形式を覚える。訓読文と書き下し文の関係を理解しよう。

1 訓読・書き下し文

出題率 34.4%

〔訓読〕 漢文を日本語の文章として読むために、読む順序を示したり、送り仮名《がな》、句読点などを補ったりすること。

返り点…読む順序を示す。

レ点………一字前に戻《もど》って読む。 ①③レ②

一・二点…二字以上戻って読む。 ③二①②一

覚えよう **その他の返り点**

レ点…レ点と一・二点を合わせたもの。一字戻り、さらに二字以上戻って読む。

例 鬻《ひさグ》二盾《たてト》与《とヲ》レ矛《ほこ》 (盾と矛とを鬻ぐ)
④①③②

送り仮名…付属語(助詞・助動詞)や、用言の活用語尾《ごび》などを**歴史的仮名遣《づか》い**でかたかなで示す。

例 勿《なカレ》レ施《ほどこスコト》二於人一。(人に施すこと勿かれ。)
④③☒②
(送り仮名／レ点／一・二点)

※於…訓読では読まない字(**置き字**という)。

〔**書き下し文**〕 訓読した文(**訓読文**)を、漢字と仮名で表した文。日本の古文と同じような文になる。

例 訓読文………勿《なカレ》レ施《ほどこスコト》二於人一。
書き下し文…人に施すこと勿かれ。

2 漢詩の形式

出題率 4.2%

漢詩には、次の形式がある。

絶句《ぜっく》…四句(=四行)から成る。
・**五言《ごごん》絶句**(五字×四句)
・**七言《しちごん》絶句**(七字×四句)

律詩《りっし》…八句(=八行)から成る。
・**五言律詩**(五字×八句)
・**七言律詩**(七字×八句)

例 絶句　杜甫《とほ》

起句《きく》 江《ハ》碧《ニシテ》鳥《ハ》逾《いよいよ》白《ク》
承句《しょうく》 山《ハ》青《クシテ》花《ハ》欲《ほっス》レ然《もエント》
転句《てんく》 今春看《みすみス》又《また》過《グ》
結句《けっく》 何《いづレノ》日《カ》是《これ》帰年《ナラン》

(五言／四句)

※上の漢詩は、四句で、一句が五字なので、**五言絶句**。

3 内容理解

出題率 26.0%

漢文でも、現代語訳や解説を参考にしながら、古文と同様に内容を理解していく。

覚えよう **内容理解の手順**

① **動作主**、**会話文**に注意して丁寧《ていねい》に読む。
② **書き下し文**、**現代語訳**、**解説**を比べながら読む。
③ 書き手の考えを読み取る。

実力アップ問題

解答・解説　別冊 p.25

正答率

1 差がつく

次の漢文を訓読する場合、どの順番で読めばよいか。〈例〉を参考にして、読む順番を□の中に、数字で書きなさい。　［鳥取県］

55%

漢文　欲《ほっ》ス㆓改メテ㆑推ヲ作《な》サント㆑敲《かう》ト

□　□　□　□　□

〈例〉　家 1　書 2　抵《あ》タル㆓ 5　万《ばん》 3　金《きん》ニ㆒ 4

2

次の書き下し文に合うように、あとの漢文に返り点を付けなさい。

(1) 義を見て為《な》さざるは、勇無《な》きなり。　［千葉県］

見テ義ヲ不ルハ為サ、無キ勇也。

〔　　〕

74%

(2) 氷は水之《これ》を為して　［沖縄県］

氷ハ水為シテ之ヲ

〔　　〕

難

(3) 何ぞ之を試みるに足を以《もつ》てせざるは　［長野県］

何ゾ不ルハ試ミルニ之ヲ以テ足ヲ

〔　　〕

4%

超重要

(4) 行人《かうじん》発するに臨《のぞ》みて又封《ふう》を開く　［青森県］

行人臨ミテ発スルニ又開ク封ヲ

〔　　〕

81%

3 超重要

漢詩「黄鶴楼《こうかくろう》にて孟浩然《もうこうねん》の広陵《こうりょう》に之《ゆ》くを送る」の起句と承句の書き下し文は、「故人西のかた黄鶴楼を辞し煙花《えんか》三月揚州《ようしゅう》に下る」であり、漢文では「故人西辞黄鶴楼　煙花三月下揚州」と記す。これに返り点と送り仮名を付けたものとして最も適切なものを、次の**ア**～**エ**から一つ選び、記号で答えなさい。　［京都府］

ア　故人西ノカタ辞シ㆓黄鶴㆒楼ヲ　煙花三月下ル㆓揚州ニ㆒

イ　故人西ノカタ辞シ㆓黄鶴㆒楼ヲ　煙花三月下ル㆑揚㆑州ニ

ウ　故人西ノカタ辞シ㆓黄鶴楼ヲ㆒　煙花三月下ル㆓揚州ニ㆒

エ　故人西ノカタ辞シ㆓黄鶴楼ヲ㆒　煙花三月下ル㆑揚㆑州ニ

〔　　〕

4

↳1

「其《そ》ノ為《な》リレ人ト也《や》、多《おほ》キ二暇《か》日《じつ》一者ハ」を漢字仮名《かな》交じりの文にしたものとして最も適切なものを、次の**ア**～**オ**から一つ選び、記号で答えなさい。 〔福島県〕

ア その人と為り、日多き暇者は
イ そのや人と為り、暇者は日多き
ウ その人と為りや、日多き暇者は
エ その人と為りや、暇者は日多き
オ その人と為りや、暇日多き者は

〔　　〕

75%

5

差がつく ↳1

次の□に入るように、――線部を書き下し文に直して書きなさい。 〔福井県〕

〔訓読文〕
子曰ハク、「暴虎馮《ひょう》河《が》シ、死シテ而無キレ悔ユル者ハ、
吾《われ》不《ざ》ルレ与《とも》ニセ也《なり》。」

〔書き下し文〕
子曰はく、「暴虎馮河し、□吾与にせざるなり。」

〔現代語訳〕
先生がおっしゃるには、「虎《とら》に素手《すで》で立ち向かったり黄河を歩いて渡《わた》ったりするような、（無謀《むぼう》な行為《こうい》をして）死んでも後悔《こうかい》しない者とは私は一緒《いっしょ》に行動しない。」 （『論語』より）

〔　　　　　　　　〕

55%

6

↳1・2

次は、「月に乗じて舟《ふね》を浮《う》かぶ」という題の漢詩と、その書き下し文である。これを読み、あとの問いに答えなさい。 〔石川県〕

浮カブレ月ニ僧《そう》船《せん》繞ル葦芦ヲ
僕《しもべ》呼ビテ二潮ノ退クヲ一促《うなが》スレ帰ラムコトヲレ盧《ろ》ニ
村民誤ツテ認ム釣《つり》舟《ぶね》ノ至ルカト
争ツテ就キテ二沙《さ》頭《とう》ニ一索《もと》ムレ買ハムコトヲレ魚ヲ

〔書き下し文〕
月に浮かぶ僧船、葦芦《いろ》を繞《めぐ》る
僕、潮の退くを呼びて、盧に帰らむことを促す
村民誤つて認む、釣舟の至るかと
争つて沙頭に就きて、魚を買はむことを索む
（『濟北集』より）

(1) この漢詩の形式を漢字四字で書きなさい。

□□□□

超重要

(2) ――線部に、書き下し文を参考にして返り点を付けなさい。

〔 繞ル　葦　芦ヲ 〕

7 ↪1・2

次の漢詩を読んで、あとの問いに答えなさい。【秋田県】

秋《しう》風《ふうノ》引《いん》　劉禹錫《りううしやく》

（書き下し文）

何《いづレノ》処《ところヨリカ》秋風至《ル》　何れの処よりか秋風至る

蕭《せう》蕭《せうトシテ》送《ル》二雁《がん》群《ぐんヲ》一　蕭蕭として雁群を送る

朝《てう》来《らい》入《リ》二庭樹《ニ》一　朝来□

孤《こ》客《かく》最《モ》先《ニ》聞《ク》　孤客最も先に聞く

(1) □に入る書き下し文を書きなさい。〔　　〕

差がつく (2) この漢詩の形式を漢字四字で書きなさい。□□□□

54% 82%

8 ↪3

次の漢文（書き下し文）を読んで、あとの問いに答えなさい。【愛知県】

*哀公《あいこう》、*孔子《こうし》に問ひて曰《い》はく、「寡人《かじん》（私は）、吾《わ》が国小なれば（国力が弱小のときには）而《すなは》ち能《よ》く守り（国防を行い）、大なれば則《すなは》ち□と欲《ほっ》す。其《そ》の道如何《いかん》。」（その方法はどうであろうか）と。孔子対《こた》へて曰はく、「君の朝廷《てうてい》をして礼有りて、上《しやう》（国内の全ての臣民）下《か》和親せしめば（を親しむようにさせれば）、天下の百姓《ひやくせい》（世の中の人民）は、皆《みな》君の民《たみ》ならん。将《は》た（そうなったら）誰《たれ》か之《これ》を攻《せ》めん。苟《いやし》くも（もしも）此《こ》の道に違《たが》はば、民畔《そむ》く（背く）こと帰するが如《ごと》し。皆君の讐《あだ》なり（敵である）。将た誰と与《とも》にか守らん。」と。公曰はく、「善いかな。」（もっともだ）と。是《ここ》に於《おい》て（そこで）*山沢《さんたく》の禁を廃《はい》し、関市（関所や市場）の税を弛《ゆる》め、以《もっ》て百姓に恵《めぐ》む。

（『孔子家語』より）

（注）哀公…魯《ろ》の国の君主。　孔子…春秋《しゅんじゅう》時代の思想家。
山沢の禁…山川《さんせん》での狩猟《しゅりょう》や漁業の禁制。

(1) □に入る最も適切な言葉を、漢文の中からそのまま三字で書き抜《ぬ》きなさい。□□□

差がつく (2) その内容がこの漢文に書かれていることと一致《いっち》するものを、次のア～エから一つ選び、記号で答えなさい。

ア　小国が存続するためには、周囲の国との友好関係を築く必要がある。

イ　小国が大国に対抗《たいこう》するには、軍備増強と国防に専念する必要がある。

ウ　国を守り保っていくには、君主が民からの信頼《しんらい》を得る必要がある。

エ　国の経済を発展させるには、民の自由な活動を認める必要がある。

〔　　〕

古典・詩歌

4 古典・詩歌
短歌・俳句の知識・読解

入試メモ 短歌や俳句では、表現技法が出題される。短歌や俳句に用いられる知識をまとめて確認《かくにん》しよう。

出題率 19.8%

1 短歌の表現

出題率 12.5%

句切れ…短歌一首の中での意味の切れ目。切れる場所によって**「初句切れ」**、**「二句切れ」**のように呼ぶ。**「句切れなし」**の短歌もある。

五 ／ 七 ／ 五 ／ 七 ／ 七
初句切れ　二句切れ　三句切れ　四句切れ

例 向日葵《ひまわり》は ／ 金の油を ／ 身にあびて ／ ゆらりと高し ／ 日のちひささよ
（ゆらりと高し：言い切りの形）→ここで切れる＝**四句切れ**

覚えよう **句切れの見つけ方**

意味のうえで句点（。）を打てる場所が句切れになる。

①**言い切りの形を探す。**
②**感動を表す「けり」「かな」などを探す。**
③**体言止めになっているところを探す。**

2 俳句の表現

出題率 7.3%

句切れ…短歌と同じように、俳句にも意味の切れ目がある。

五 ／ 七 ／ 五
初句切れ　二句切れ　句の途中《とちゅう》で切れるもの＝**中間切れ**

例 草山に ／ 馬放ちけり ／ 秋の空
（けり：切れ字）→ここで切れる＝**二句切れ**

切れ字…**「や・かな・けり・ぞ」**など。感動の中心を表す。切れ字があると、そこで**句切れ**になる。

季語…俳句には一句に一つ**季語（季節を表す言葉）**を詠《よ》み込《こ》むきまりがある。旧暦《きゅうれき》によるため、現代の季節感とずれている季語がある。

例 草山に 馬放ちけり 秋の空
（秋の空）→季語＝季節は**秋**

新年	年賀状《ねんがじょう》、元旦《がんたん》、門松《かどまつ》、初詣《はつもうで》、初夢《はつゆめ》
春	霞《かすみ》、東風《こち》、残雪《ざんせつ》、蛙《かわず》、椿《つばき》、梅《うめ》、桜《さくら》、遠足
夏	夕立《ゆうだち》、浴衣《ゆかた》、五月雨《さみだれ》、紫陽花《あじさい》、プール
秋	七夕《たなばた》、天の川《あまのがわ》、残暑《ざんしょ》、鈴虫《すずむし》、名月《めいげつ》、紅葉《もみじ》
冬	霜《しも》、雪《ゆき》、七五三《しちごさん》、小春《こはる》、白鳥《はくちょう》、木の葉《このは》

赤字は間違《まちが》えやすい季語

〔短歌・俳句の読解のポイント〕

○季節や場所などを表す言葉に注目して、情景をとらえる。
○感動の中心をとらえる。句切れの位置に感動の中心がある。
○歴史的仮名遣《かなづか》いに注意する。

表現技法のまとめ

短歌・俳句では、表現技法に関する出題が多い。

①**比喩《ひゆ》**　**直喩**…「ようだ」を使ってたとえる。例 海のように広い
　隠喩《いんゆ》…「ようだ」を使わずたとえる。例 氷の心
　擬人法《ぎじんほう》…人でないものを人にたとえる。例 花がほほえむ
②**対句《ついく》**…形や意味が対になる言葉を並べる。例 山は高く 川は清く
③**倒置《とうち》**…本来の語順を入れ替《か》える。例 今にも落ちる 最後の一葉が
④**体言止め**…末尾《まつび》を名詞で終える。例 柿《かき》食えば鐘《かね》が鳴るなり法隆寺《ほうりゅうじ》
⑤**反復**…同じような言葉を繰《く》り返す。例 冬が来る、冬が来る

実力アップ問題

解答・解説　別冊 p.26

1

難 → 1

次の短歌には、意味や調子のうえで大きく分かれて句の切れ目になっているところがある。句の切れ目がこれと同じものを、あとの**ア**～**エ**から一つ選び、記号で答えなさい。［高知県］

秋深し菊人形《きくにんぎょう》の若武者の横笛いずれも唇《くちびる》に届かぬ　岩切久美子《いわきりくみこ》

ア　生きてゆくとことんまでを生き抜《ぬ》いてそれから先は君に任せる　河野裕子《かわのゆうこ》

イ　街《まち》をゆき子供の傍《そば》を通る時蜜柑《みかん》の香《か》せり冬がまた来る　木下利玄《きのしたりげん》

ウ　白鳥《しらとり》は哀《かな》しからずや空の青海のあをにも染まずただよふ　若山牧水《わかやまぼくすい》

エ　おさきにというように一樹色づけり池のほとりのしずけき桜　沖《おき》ななも

［　　］

正答率 22%

2

→ 1

次の短歌を説明したものとして最も適切なものを、あとの**ア**～**エ**から一つ選び、記号で答えなさい。［神奈川県］

ゆふ《(ウ)》ぞらにみづ《(ズ)》おとありしそののちの
永きしづ《(ズ)》けさよゆふ《(ウ)》がほ《(オ)》咲《ひら》く　小島《こじま》ゆかり

ア　夕方の空が雨雲に覆《おお》われて暗くなり、白い夕顔の花が激しい雨に打たれているという風景を、天候や明暗を対比させながら、上空の雨雲から花に視点を移動することで絵画的に表現している。

イ　夕方の空に水の音が響《ひび》いたのち、長く静かな時間が流れて夕顔の花が咲《さ》くという情景を、動と静を対比させながら、ひらがなを多用し「ゆふ」という音を重ねることで印象的に表現している。

ウ　夕方の空が雨雲に覆われて暗くなっても、白い夕顔の花が咲くのを静かに待っている人々の様子を、時間の経過を意識させるために「永き」「咲く」という漢字表記を用いて写実的に表現している。

エ　夕方の空に響いた水の音が長い静けさを破ったことをきっかけにして、夕顔の花が次々と咲いていく美しい光景を、五感を生かした構成や色彩《しきさい》を感じさせる言葉によって感覚的に表現している。

［　　］

71%

3

難 → 2

次の各句について季語を書き抜《ぬ》き、季節を漢字で書きなさい。［兵庫県］

(1)　草の戸も住み替《か》わる代ぞひなの家　松尾芭蕉《まつおばしょう》

季語［　　］・季節［　　］

(2)　海の音一日遠き小春かな　加藤暁台《かとうきょうたい》

季語［　　］・季節［　　］

42%

古典・詩歌

4

次の俳句と同じ比喩《ひゆ》表現が使われている俳句を、あとのア～エから一つ選び、記号で答えなさい。〔岩手県〕

火を投げし如《ごと》くに雲や朴《ほお》の花　野見山朱鳥《のみやまあすか》

ア　来《こ》しかたや馬酔木《あしび》咲く野の日のひかり　水原秋櫻子《みずはらしゅうおうし》

イ　大いなる春日の翼《つばさ》垂れてあり　鈴木花蓑《すずきはなみの》

ウ　鴨渡《かもわた》る明らかにまた明らかに　高野素十《たかのすじゅう》

エ　退《すさ》るとき紙のようなる盆踊《ぼんおど》り　大畑等《おおはたひとし》

〔　　〕

5 超重要

次の俳句を読んで、あとの問いに答えなさい。〔福島県〕

A　葉桜の中の無数の空さわぐ　篠原梵《しのはらぼん》

B　大空に伸《の》び傾《かたむ》ける冬木かな　高浜虚子《たかはまきょし》

C　夕暮《ゆうぐれ》は雲に埋《うず》まり春祭　廣瀬直人《ひろせなおと》

D　*さえざえと雪後《せつご》の天の*怒濤《どとう》かな　加藤楸邨《かとうしゅうそん》

E　天《あま》の川大風《おおかぜ》の底明らかに　佐野青陽人《さのせいようじん》

F　空をゆく一《ひ》とかたまりの花吹雪《はなふぶき》　高野素十

(注)　さえざえと…澄《す》み切ってはっきりしている様子。
怒濤…大きな波。

(1) 体言止めを用いながら、春の空の下で動きのある様子を描《えが》き、空間の広がりと美しさを詠《よ》んでいる俳句はどれか。A～Fから一つ選び、記号で答えなさい。〔　　〕

75%

(2) 冬の空を背景に、目の前で繰《く》り返される激しい動きとともに高まった感動を、切れ字を用いて表現している俳句はどれか。A～Fから一つ選び、記号で答えなさい。〔　　〕

75%

(3) 次の文章は、A～Fの中のある俳句の鑑賞《かんしょう》文である。この鑑賞文を読んで、あとの問いに答えなさい。

> 作者はこの句で、風の吹《ふ》く中で見上げた空がまたたきながら揺《ゆ》れ動いているように感じたことを、「Ⅰ」と表現している。実際には、空は動かないのだが、「Ⅰ」という表現がこの句を強く印象づけている。
>
> そして、空を見上げた時、目の前にある対象物のみずみずしさと、その奥《おく》にある空のⅡとをとらえただけではなく、Ⅲ様子も感じられて、空の美しさが鮮明《せんめい》にとらえられた句となっている。

① Ⅰに入る言葉を、俳句の中から四字でそのまま書き抜《ぬ》きなさい。

70%

難 ② Ⅱ、Ⅲに入る言葉の組み合わせを、次のア～オから一つ選び、記号で答えなさい。

ア　Ⅱ明るさ　Ⅲ葉の間から見える空が重なり合う

イ　Ⅱ静けさ　Ⅲ花びらが舞《ま》い散る空が広々としている

ウ　Ⅱ果てしなさ　Ⅲ遠くまで見渡《みわた》せる空が澄《す》んでいる

エ　Ⅱさわやかさ　Ⅲ絶えず雲が流れる空が波乱を暗示する

オ　Ⅱ心細さ　Ⅲ夕焼け色に染まる空が次第《しだい》に暮れる

〔　　〕

45%

〔作文・表現〕

出題率

条件作文・課題作文

入試メモ

課題作文よりも条件作文の出題が多い。提示された資料などを確実に読み取ろう。

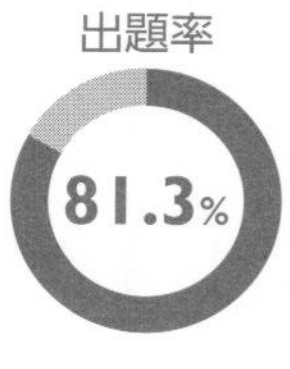

1 条件作文の書き方

与《あた》えられた条件にしたがって作文を書く。資料などが提示され、そこから読み取った内容や、それをふまえた自分の考えをまとめて書く。

〔出題テーマの例〕

○グラフや統計によるデータの提示

・日本語の意味の変化について体験や意見を述べる。

・メディアに関するアンケート結果から意見を述べる。

・読書に関する調査からわかることや意見を述べる。

○話し合いの設定の提示

・二つの意見を比較《ひかく》して自分の意見を述べる。

○文学作品やことわざなどの提示

・古典や短歌、俳句などの鑑賞《かんしょう》文や感想文を書く。

・ことわざに関する自身の体験を述べる。

条件作文のポイント

- 優《すぐ》れた文章にすることよりも、**条件を満たすこと**を優先する。
- 資料から読み取ったことと、自分の考えをはっきり分けて書く。

2 課題作文の書き方

課題を与えられ、それに沿った作文を書く。資料などではなく、テーマだけを与えられる場合が多い。

〔出題テーマの例〕

○「大切な時間」とは

○「いつまでも守りたい伝統」について

○「□の大切さ」の□に自由に言葉を入れて書く

○「自分が続けてきたこと」について

○「日常生活のマナー」について

課題作文のポイント

- 資料がないことが多いので、自分で構成を考える。
- 経験・具体例などの事実と、自分の考えを分けて書く。

〔入試作文のポイント〕

① **原稿《げんこう》用紙を正しく使う**…句読点や記号などを行の最初には置かない、段落の初めは一字下げる、など。

② **字数指定を必ず守る**…字数指定を守れるように構成を考える。「○字以内」とあったときは、八割以上は書くこと。

③ **推敲《すいこう》をする**…作文が書けたら、必ず読み直す。

見直す際のチェックポイント

- 内容が設問の答えになっているか。
- 主語と述語のねじれはないか。
- 文末が「です・ます」か「だ・である」かに統一されているか。

実力アップ問題

解答・解説 別冊 p.27

1 差がつく

青空中学校の生徒会では、防災に対する生徒の意識を高めるために、「防災のために中学生ができること」について、生徒会役員が調べたり考えたりしたことを記事にまとめて、全校生徒に配付する「生徒会だより」に載《の》せることになった。次の【資料1】～【資料3】は、生徒会役員が調べたり集めたりした資料、【記事の配置】は、「生徒会だより」に掲載《けいさい》する記事の配置である。これらを読んで、あとの問いに答えなさい。〔広島県〕

【資料1】

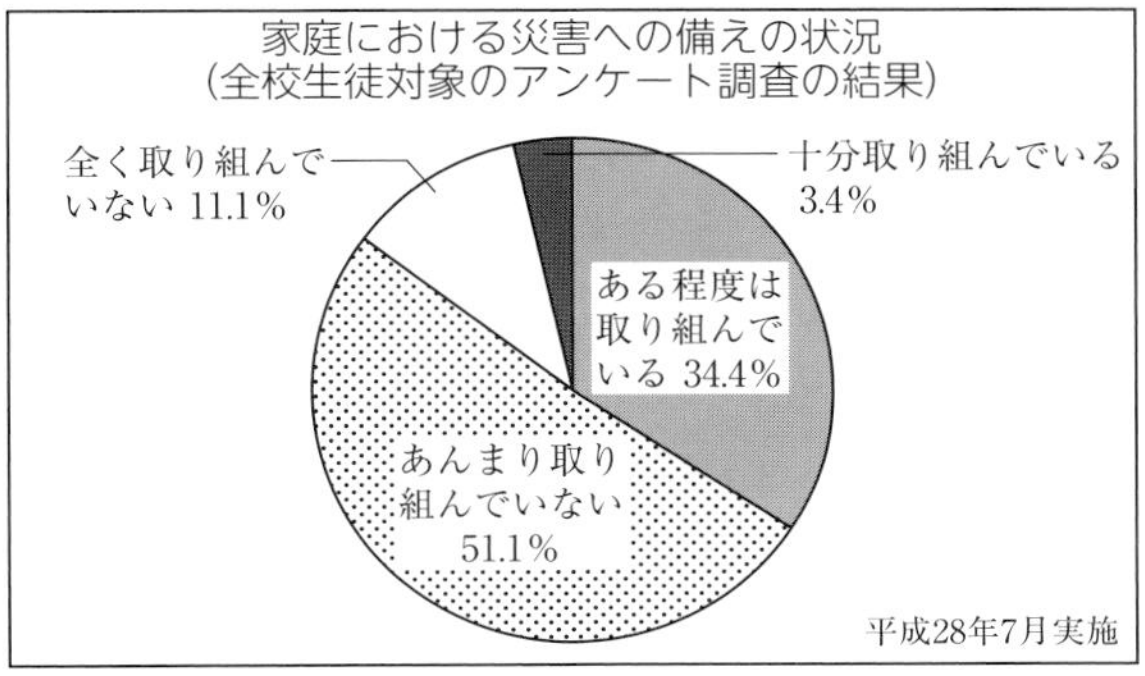

【資料2】

「居安思危《こあんしき》」、この言葉を覚えてください。「居安思危、思則有備、有備無《む》患《かん》」と続きます。「*安きに居《を》りて危《あや》うきを思う、思えばすなわち備えあり、備えあれば*患《うれ》いなし」と読みます。このうち「備えあれば患いなし」は皆《みな》さん知っていますね。けれども、備えれば憂《うれ》いはなくなるのは当たり前です。備えられないことに問題があるのです。

「安きに居りて」のうちに、「危うき」のことを思えるかどうか。それによって備えることができるかどうか。それができてはじめて、「備えあれば患いなし」となるのです。

(片田敏孝『人が死なない防災』より)

(注) 安きに居りて…平穏《へいおん》な状態でいるときに。
患い…心配事。「憂い」も同じ。

【資料3】

防災の基本は「自分で自分の身を守ること」にあります。自分のいのちを守れたからこそ、次に家族や友人、近隣《きんりん》住民などに救助の手を広げることができます。自分の身が守れたなら、周囲の人と助け合って危険な状況《じょうきょう》、状態にある人を救助するべきです。中学生や高校生であっても、安全を確保できる範囲《はんい》での救助活動が望まれます。必ずしも自宅のある地域に大人がいるとはかぎりません。助けられる立場ではなく、助ける立場であることを意識することによって、受け身ではなく、自分で考えて自ら行動する姿勢を心がけてください。

(川手新一・平田大二『自然災害からいのちを守る科学』岩波書店より)

【記事の配置】

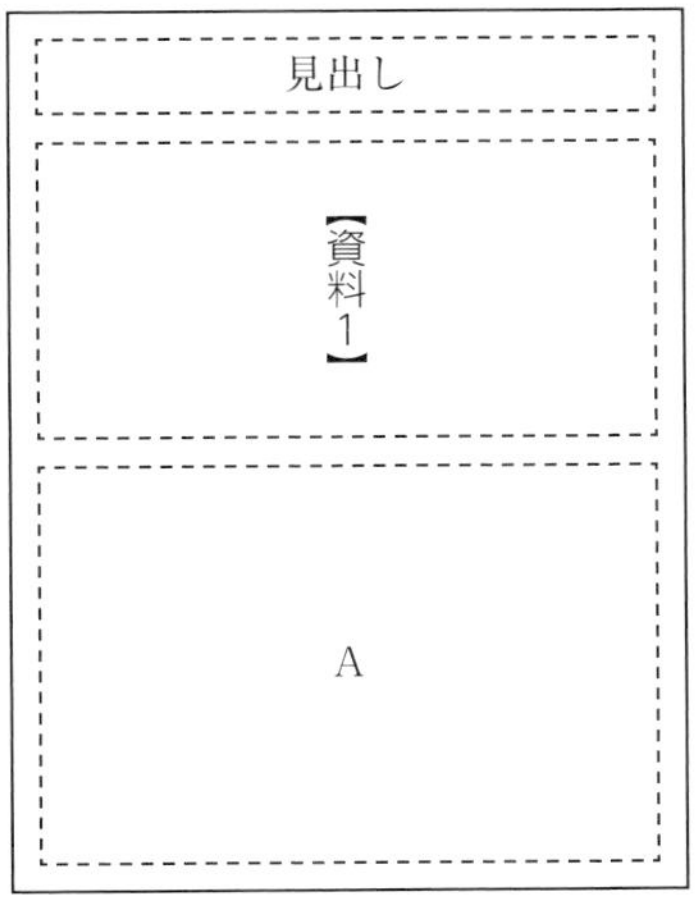

問　生徒会役員の早川さんは【記事の配置】の A の部分に、資料をふまえて、防災の課題と、その課題を受けて防災のために中学生ができることを挙げ、校内の生徒の防災に対する意識が高まるような文章を書くことにした。あなたならどのように書くか。次の条件1～3に従って書きなさい。

条件1　【資料1】～【資料3】の内容をふまえて書くこと。

条件2　防災のために中学生ができることについては、具体的な例を挙げて書くこと。

条件3　解答欄《らん》に示している書き出しに続くように書き、内容に応じて段落を変え、二百五十字以内で書くこと。ただし、解答欄に示している書き出しの部分は字数に含《ふく》まないものとする。

生徒会では七月に、家庭における災害への備えの状況《じょうきょう》に関する調査を実施《じっし》しました。その結果から防災の課題として挙げられることは、

2　超重要

次は、ある中学生が「世の中のできごとや動きに関する情報を得るために最も利用するメディア」について発表した資料の一部である。国語の授業で、この資料から読み取ったことをもとに「メディアの利用」について、一人一人が自分の考えを文章にまとめることにした。あとの〔注意〕に従って、あなたの考えを書きなさい。

〔埼玉県〕

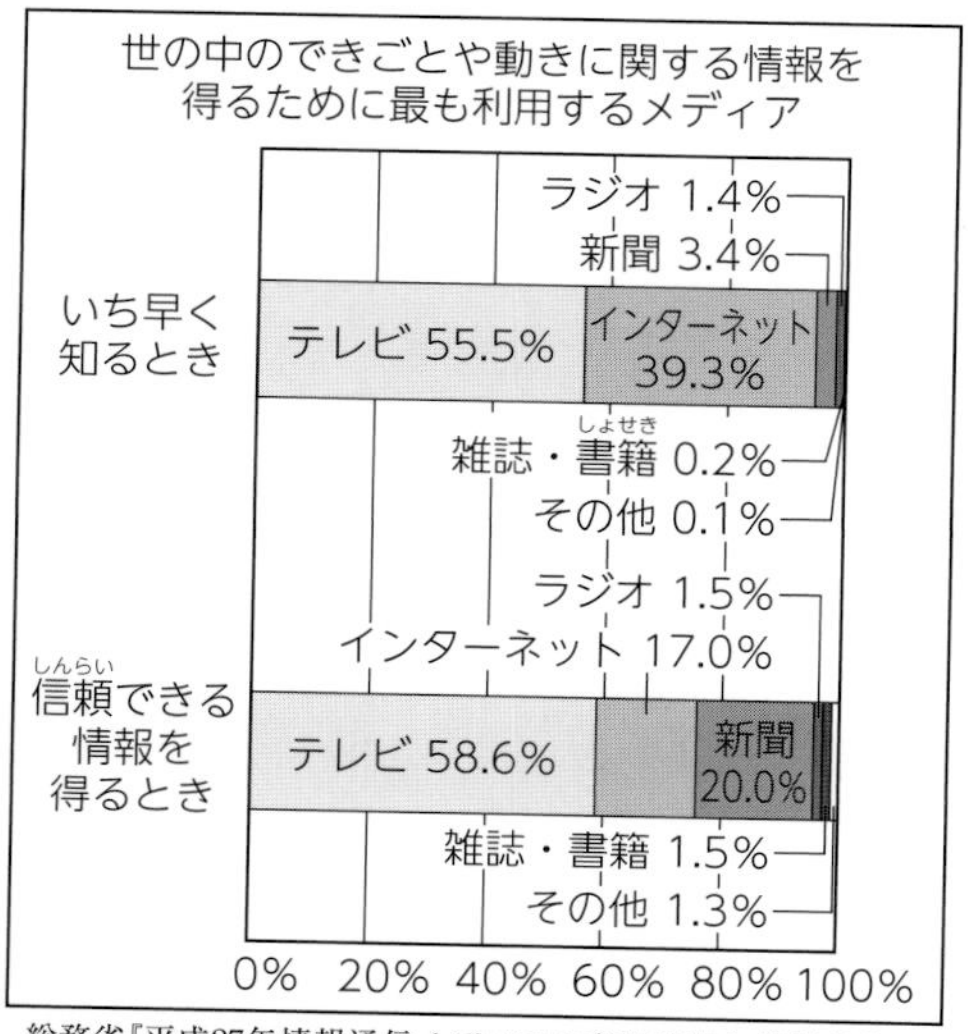

総務省『平成27年情報通信メディアの利用時間と情報行動に関する調査 報告書』から作成（平成27年調査）

〔注意〕

(1) 段落や構成に注意して、自分の体験（見たこと聞いたことなども含む）を踏《ふ》まえて書くこと。

(2) 文章は、十三行以上、十五行以内で書くこと。

(3) 原稿《げんこう》用紙の正しい使い方に従って、文字、仮名遣《かなづか》いも正確に書くこと。

(4) 題名、氏名は書かないで、一行目から本文を書くこと。

3

次のア～オは、『論語』にある言葉である。これらの言葉のうち、あなたはこれからの生活において、どの言葉を大切にしていきたいか。ア～オの中から一つ選び、選んだ理由を書きなさい。ただし、あとの〔条件〕に従うこと。〔和歌山県〕

ア 過《す》ぎたるは猶《な》ほ及《およ》ばざるがごとし。

イ 学びて時に之《これ》を習ふ、亦《また》説《よろこ》ばしからずや。

ウ 己《おのれ》の欲《ほっ》せざる所は、人に施《ほどこ》すこと勿《な》かれ。

エ 過《あやま》ちて改めざる、是《これ》を過ちと謂《い》ふ。

オ 故《ふる》きを温《あたた》めて新しきを知れば、以《もっ》て師たるべし。

〔条件〕

(1) 解答欄Aの〔　〕に選んだ言葉の記号を入れて作文の書き出しとし、これに続く形で、解答欄Bに、選んだ理由を書くこと。

(2) 解答欄Bは新しい段落から書き始めること。

(3) 原稿用紙の正しい使い方に従って書くこと。ただし、題名や自分の氏名は書かないこと。

(4) 百六十字以上、二百字以内であること。ただし、解答欄Aは行数に含めないこととする。

A 私は、〔　　〕という言葉を大切にしていきたい。

B

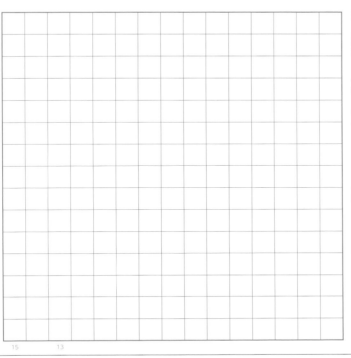

4

生徒会で「中学校の中庭のごみ箱設置」について話し合ったときに、次の二つの意見が出た。〔岐阜県〕

〔意見〕

A　中学校の中庭にごみ箱を設置するほうがよい。

B　中学校の中庭にごみ箱を設置しないほうがよい。

あなたは、A、Bどちらの意見に賛成するのか、あなたの考えを書きなさい。段落構成は二段落構成とし、第一段落ではあなたの立場を明らかにして、第二段落ではそのように考えた理由を具体的な例、あるいはあなたの体験を根拠《こんきょ》として書きなさい。ただし、次の〔注意〕にしたがうこと。

〔注意〕

(1) 題名や氏名は書かないこと。

(2) 書き出しや段落の初めは一字下げること。

(3) 文章は、百二十字以上百六十字以内で、縦書きで書くこと。

(4) 意見AをA、意見BをBと書いてもよい。

5

あなたのクラスでは、国語の授業で「後世に伝えたい言葉」について考えることになり、その結果、次の①～③の三つの言葉の中から、一つを選ぶことになった。あなたなら、どの言葉を「後世に伝えたい言葉」として選ぶか。次の①～③から一つ選んで、あなたの意見を、後世に伝えたいと考える理由がよくわかるように、体験や具体例を示しながら、あとの〔注意〕にしたがって、解答欄《らん》に、二百五十字程度で書きなさい。また、選んだ言葉を、解答欄の「　」の中に書き入れなさい。〔香川県〕

① 「石の上にも三年」(困難なことでも根気よく続ければ、最後には必ず成し遂《と》げられるということ)

② 「初心忘るべからず」(何事も始めたころの謙虚《けんきょ》で真剣《しんけん》な気持ちを忘れてはならないということ)

③ 「失敗は成功のもと」(失敗をしても、反省し欠点を改めて

いけば、やがては成功するということ）

〔注意〕

(1) 段落や構成に注意して百五十字以上書くこと。

(2) 原稿《げんこう》用紙の正しい使い方に従って書くこと。

(3) 題名や氏名は書かないで、本文から書き始めること。

選んだ言葉「　　」

6 差がつく

次の〔資料〕は、農林水産省が和食文化の保護・継承《けいしょう》のために作成したパンフレットの一部である。

ある中学校では、和食文化の保護・継承について考えることになった。あなたなら、和食文化を伝えるために、何が大切だと考えるか。そう考えた理由を、あとの文を書き出しとし、二百字程度で書きなさい。ただし、□に入れる言葉は、一字以上六字以内とする。〔石川県〕

> 和食文化を伝えるためには、□が大切だ。

〔資料〕

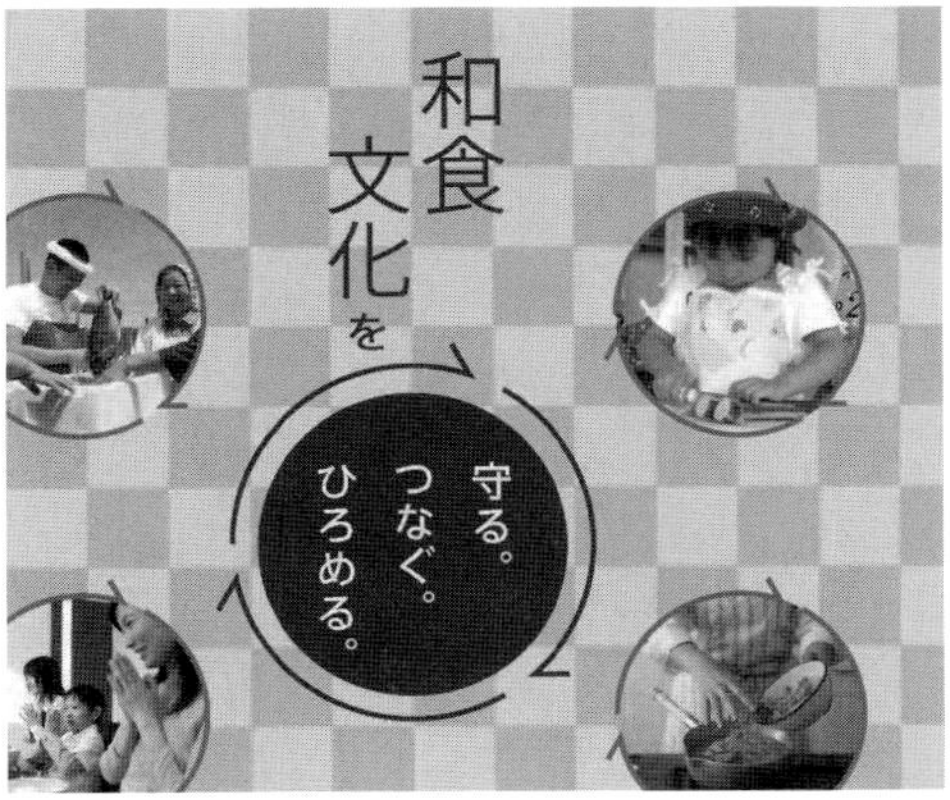

平成27年度 農林水産省「『和食』の保護・継承推進検討会報告書パンフレット」より

〔注意〕

(1) 書き出しの文も含めて、二百字程度とすること。

(2) 自分の体験や見聞などの具体例を含《ふく》めて書くこと。

(3) 「～だ。～である。」調で書くこと。

和食文化を伝えるためには、〔　　　〕が大切だ。

超重要 7

↪2

ある中学校の図書委員会では読書週間に向けて、次の**ア**～**オ**の五つの標語を考え、校内に掲示《けいじ》した。

ア　読書は「旅」　**イ**　読書は「鏡」

ウ　読書は「夢」　**エ**　読書は「窓」

オ　読書は「源」

この五つのうち、普段《ふだん》あなたが抱《いだ》いている読書のイメージに最も近い標語はどれか。**ア**～**オ**から一つ選び、その記号を解答欄《らん》に書き入れ、選んだ理由を、百六十～二百字で書きなさい。

〔宮城県〕

選んだ記号〔　　　〕

※解答を記入するときは、原稿《げんこう》用紙の正しい使い方にしたがい、文字や仮《か》名遣《なづか》いも正確に書くこと。また、題名、氏名は書かないこと。

8

↪2

現在、科学技術のさまざまな分野で研究開発が進み、私たちの生活も大きく変化してきている。あなたが感じている科学技術の発展による生活の変化を取り上げ、それについてのあなたの考えを、次の〔条件〕にしたがって書きなさい。

〔秋田県〕

〔条件〕

(1)　題名は不要。

(2)　字数は二百字以上、二百五十字以内。

9

↪2

「方言で話すこと」について、あなたの考えや意見を、次の〔注意〕にしたがって書きなさい。

〔三重県〕

〔注意〕

(1) 題名は書かずに本文から書き出しなさい。

(2) あなたの体験や見たり聞いたりしたことを具体的に書きなさい。

(3) あなたの考えや意見が的確に伝わるように書きなさい。

(4) 原稿用紙の使い方にしたがい、全体を百六十字以上二百字以内にまとめなさい。

200

250

200

160

2 表現問題

≫作文・表現

出題率 51.0%

入試メモ

発表原稿《げんこう》や話し合いの場面を想定して出題される。複合的な出題がされ、総合力が試《ため》される。

1 発表文

出題率 22.9%

みんなの前で発表することを目的とした文章。適切に伝えるための工夫《くふう》について出題される。

〔出題テーマの例〕
- 学習した内容を発表する(体験学習、調べ学習など)。
- プレゼンテーション(提案の説明)をする。
- 依頼《いらい》の手紙を書く。
- 新聞の投書とそれに対する回答。
- メモの取り方。
- 校内新聞の作成。

〔出題形式のパターン〕

○文章をわかりやすくするためにどんな工夫ができるか。
○不足している内容を補う。
○読み方では、どんな工夫ができるか。
○一緒《いっしょ》に提示する資料にどんな工夫ができるか。
○紙面の構成の仕方。どんな内容を載《の》せるか。
○適切な文かどうか(敬語、文の係り受けなど)。

2 話し合い

出題率 31.3%

話し合いの場面を設定し、発言の意図や進行の仕方などが出題される。

〔出題テーマの例〕
- 学校行事を進めるために話し合う。
- インタビューを行う。
- 調べたことをもとに話し合う。
- 立場を明確にした討論をする。
- 古文や短歌・俳句などの作品について話し合う。

〔出題形式のパターン〕

○発言の意図は何か。
○話し合いの内容から発言を補う(空欄《くうらん》を埋《う》める)。
○司会の仕方について。
○話し合いを受けて、自分の意見を書く。
○立場の違《ちが》う相手を説得する意見を書く。

〔表現問題のポイント〕

表現分野の問題は、知識や読み取り、作文など、さまざまな要素が盛り込《こ》まれた**複合的な出題**になる。幅《はば》広い力が試される。

実力アップ問題

解答・解説 別冊 p.29

1

立山《たてやま》さんのクラスでは、国語の時間に「故事成語と私の体験」を発表し合った。次は、立山さんの発表原稿と、発表のとき黒板に掲示《けいじ》した資料である。あとの問いに答えなさい。〔熊本県〕

【発表原稿】

私は、「愚公山《ぐこうざん》を移す」という故事成語と、それについての私の体験を発表します。

古代中国に、愚公という人がいました。山の北側の険しい場所に住んでいた愚公は、とても険しい場所だったため、家の出入りのたびに回り道をしなければなりませんでした。そこで愚公は山を移動させようと考え、土を海に運び始めます。それを見た人は、「人の力で山を動かせるわけがない。」と笑います。しかし愚公は、「山は増えはしない。平らにできないはずがないではないか。」と答えて、土を運び続けます。その姿に心打たれた天帝《てんてい》は、山を別の場所に移動させました。天帝というのは、古代中国で、世界の全てを支配していると信じられていた神のことです。「愚公山を移す」は、この故事からできた言葉です。

私は、中学校に入って水泳を始めました。しかしどれほど練習してもタイムは伸《の》びませんでした。一日に六千メートル以上も泳いだ日が何度もあります。それなのに何か月たっても、自分が立てた目標タイムに届かないのです。嫌《いや》になり、もう水泳はやめようと思いました。

そんなとき、この「愚公山を移す」という故事成語に出会いました。どれほど大きな山でも、土を運び続ければ、やがては動かすことができる。そう信じて努力を続けた愚公のように、私も、とにかくやってみようと思ったのです。それでもタイムは全然伸びませんでした。しかしある日突然《とつぜん》、私は目標を大きく上回るタイムを出すことができたのです。自分でも驚《おどろ》きました。一時は、練習なんか何にもならないように感じていました。でも練習を続けたから、目標以上のタイムが出せたのだと思います。

この愚公の話の中で私が一番好きなのは、愚公が人から笑われたときに返した言葉です。今から読みますので、みなさんも私と一緒に、この【資料】の愚公の言葉を、声に出して読んでみてください。それでは読みます。

「 A 。いかんぞたいらがざらん。」

どんな感じがしますか。私はこの言葉を口ずさむと、愚公の固い決意が、漢文の力強い響《ひび》きと一緒になって、私を励《はげ》ましてくれるような気がします。

「愚公山を移す」は、私にとって一生忘れられない大切な言葉です。

【資料】

故事成語「愚公山を移す」
どれほど困難なことでも、 B 。

愚公の言葉
「山《やまハ》不二《ず》加《か》増一《ぞうせ》。何若《いかんゾ》而不レ《ざラン》平《たひラガ》。」
（山は増えはしない。平らにできないはずがないではないか。）

(1) ――線部「山の北側の……回り道をしなければなりませんでした。」という一文を、わかりやすく簡潔に書き直したい。意味を変えずに二文に分けて書きなさい。ただし一文目も二文目も主語（主部）を省略しないこと。また二文目は「そのため、」で始めること。

〔　　　　　　　　〕

超重要

(2)【発表原稿《げんこう》】で立山さんが工夫していることの説明として適切でないものを、次の**ア**～**オ**から一つ選び、記号で答えなさい。

ア まず故事の内容、次に自分の体験、それから故事成語と体験との関連という順に、内容を整理して話すよう工夫している。

イ 具体的な事実をまじえて自分の体験を話し、水泳の練習をしていたときの思いが聞き手に伝わるよう工夫している。

ウ 異なる立場からの意見や考えを想定してあらかじめ反論を考え、論理的な説得力を持たせるよう工夫している。

エ 聞き手と一緒《いっしょ》に音読する場面を設けたり、聞き手に問いかけたりして、発表が単調にならないよう工夫している。

オ 【資料】を作り、掲示《けいじ》して発表することで、聞き手が漢文を視覚的に確認《かくにん》しながら聞けるよう工夫している。

〔　　〕

(3)【発表原稿】の A の部分に入れるのに適切な言葉を現代仮名遣《かなづか》いで、すべてひらがなで書きなさい。

〔　　〕

思考力

(4)【資料】の「どれほど困難なことでも、 B 。」の部分に、立山さんは、「愚公山を移す」という故事成語の意味を書いた。立山さんが水泳の体験で実感したことをふまえて、 B の部分に入れるのに適切な言葉を、十字以上、十五字以内で書きなさい。

2

超重要 ↪2

次は、図書委員が、学校の図書館に来る人を増やすための対策を話し合っている場面である。話し合いの流れをふまえ、□に入る言葉として最も適切なものを、あとの**ア**～**エ**から一つ選び、記号で答えなさい。〔山形県〕

Aさん　最近、図書館に来る人が減っているという報告があったね。図書館に来る人を増やすには、どんな対策が必要かな。

Bさん　「図書館におもしろい本があります」とポスターに書いて全校生徒に知らせるのはどうだろう。

Aさん　それはいい考えだね。ポスターを作るなら、何か工夫をしないとね。来る人が増えない原因は、具体的にどんな本がおもしろいか、わからない人が多いからだと思うんだ。

Bさん　それじゃあ、□ポスターを作るのはどうだろう。

Aさん　いいアイディアだね。きっと、ポスターを見た人は、図書館に来てくれるよ。

ア 月ごとの本の貸し出し数をグラフにまとめた

イ 図書館で人気のある本のあらすじを紹介《しょうかい》した

ウ 来館を促《うなが》すようなキャッチコピーを工夫した

エ 図書館を連想させるようなイラストを描《えが》いた

〔　　〕

92%

模擬テスト

・実際の入試問題と同じ形式で、全範囲から問題をつくりました。
・入試本番を意識し、時間をはかってやってみましょう。

第1回 模擬テスト

時間｜50分
解答・解説｜別冊 p.30

得点　／100

1

次の文章を読んで、あとの問いに答えなさい。

（(1)各2点・(3)5点・(4)7点・他各6点）

久蔵《きゅうぞう》は等伯《とうはく》と清子《せいこ》の息子《むすこ》である。等伯と久蔵は、秀吉《ひでよし》の亡《な》くなった子鶴松《つるまつ》のために建てられた寺の室内に絵を描《えが》くことになり、下絵の作成に取りかかった。だが、等伯は久蔵の描く松の絵を批判し、悩《なや》んだ久蔵は家を飛び出してしまった。

三日たち四日が過ぎると、清子がa次第に気をもみはじめた。

「お前さま、久蔵さんを捜《さが》しに行かなくていいのですか。」

「どこへ捜しに行くのだ。」

「どこって、親しい人の所とか心当たりの場所とか。」

「そんなものはない。」等伯は突《つ》き放した。①表現者は孤独《こどく》である。誰《だれ》ともちがう、誰にも真似《まね》のできないb境地をめざして、たった一人で*求《ぐ》道《どう》の道を歩きつづけなければならない。久蔵はその境地をめざして、自分と向き合う旅に出たのだ。絵師にとって一番大事な*切所《せっしょ》にさしかかっている。黙《だま》って見守ってやるしかないのだった。

「そんな……、万一のことがあったらどうするんですか。」

「その時は、それだけの力しかなかったと諦《あきら》めるしかあるまい。戦《いくさ》で討《う》ち死《じに》するようなものだ。」

「何が討死ですか。お前さまは冷たいお方です。人の情というものがありません。」

「それならお前が捜しに行け。しかし、②それで久蔵が喜ぶと思うなよ。」

等伯は思わず声を荒《あら》くした。

本当は心配で心配で、c居ても立ってもいられない。この切所がどれほどつらいか、身をもって分かっているだけに、どこへなりとも駆《か》けつけて手をさし伸《の》べてやりたかった。しかしそれをすれば久蔵の成長の芽をつむだけなのだから、冷たいと言われようが薄情《はくじょう》と言われようが、じっと耐《た》えて待つしかなかった。

その間、等伯は松に秋草の下絵を描くことにした。久蔵が帰ってきたなら、これが手本だと突き付けてやるつもりだった。この絵は中之間《なかのま》の西側に位置している。礼之間《れいのま》から入った客は、まず正面の松と*黄蜀葵《とろろあおい》の図に向き合い、ふり返ると秋の景色を目にすることになる。春が命の萌《も》え立つ季節なら、秋は命の充実《じゅうじつ》の時である。それを表現するために、右手に巨大《きょだい》な松を描き、左に向かって長い枝を伸ばした。枝は*長押《なげし》の上にかくれて時々姿を現すばかりで、下には広々とした空間が広がっている。そこには咲《さ》きほこる秋の草花や、不動の象徴《しょうちょう》である岩を描くことにした。③秋草は大きく描きたい。背後には金箔《きんぱく》を配し、花の色を鮮《あざ》やかに引き立てたい。

だがそれでは松の大きさと均整がとれなくなるので、松の*根方を金雲《きんうん》でかくし、地面を坂で三角に区切って、幹の大きさを分からないようにした。こうすれば秋草の大きさが不自然でなくなるばかりか、松の巨大さをいっそう引き立てることができる。松の枝に守られるように、*木槿《むくげ》や菊《きく》、*芙蓉《ふよう》などが赤や白の花をつけ、薄《すすき》が秋の始めの細く鋭《するど》い葉を伸ばしている。絵の主役は松ではなく、この草花たちである。ひとつひとつが命の尊さと美しさを表し、鶴松のいる*浄土《じょうど》を荘厳《しょうごん》している。花のひとひら葉の一枚まで、精巧《せいこう》に描き分けなければならなかった。

等伯は日頃《ひごろ》から画帳に草花や木々を描き留めている。数百枚もの絵の中から芙蓉や菊を選んで描いているうちに、不思議なことに気づいた。真にそれぞれの様を写し取ろうとすればするほど、花も葉も図案化していくのである。目に見えるものを精密に写し取るよりも、④花や葉の持つ本性を象徴的に描いた方がより本物らしく見える。それは人が物を認識《にんしき》する時に、無意識に記号として識別しているからである。

むろん等伯にはそんな知識はないが、経験によってそのことを理解していた。

（これは禅画《ぜんが》ではないか）忽然《こつぜん》とそう気づき、大徳寺で描き写した禅画をめくってみた。それは究極の図案だった。物事の本質を普遍的《ふへんてき》なところまで突《つ》き詰めると、点のひとつ線の一本で見たままを表現できる。それに倣《なら》うなら、松と草花の大きさの均整を気にかける必要などまったくないのだった。

十一月の初め、道に霜柱《しもばしら》が立つ頃になって久蔵が帰ってきた。頬《ほお》がこけ目が落ちくぼみ、*月代《さかやき》もひげも伸びdホウダイである。裸足《はだし》の足は傷だらけで、服は汚《よご》れて異臭《いしゅう》を放っていた。

「久蔵、描けたな。」等伯は顔を合わせるなりそれが分かった。

「これです。見ていただけますか。」久蔵が袋《ふくろ》に入れた画帳を取り出した。これだけ無残な姿をしているのに、画帳だけは真っ白で手垢《あか》ひとつついていない。等伯は拝むような気持ちで画帳をめくった。松に*立葵《たちあおい》の絵は巨大な松を画面の対角線にそって描き、その下に白い花をつけた立葵を配している。雄大《ゆうだい》な松の生き生きとした姿もさることながら、驚《おどろ》くべきは均整を無視して大きく描いた立葵だった。

「⑤お前、これは……。」ついこの間、等伯が思い至った描き方である。久蔵はまるでそれを感じ取ったかのように、eシャジツをこえた見事な絵に仕上げていた。松に黄蜀葵はさらに激しかった。のたうって天に伸びる何本もの松の間に、黄蜀葵が勢いを競《きそ》うように垂直に立って花をつけている。ななめにどっしりと横たわっている礼之間の松。そのふすまを開けて目に飛び込《こ》んでくる縦へ伸びる松は、見る者に何倍もの驚きと感動を与《あた》えるはずだった。

（安部龍太郎『等伯』より）

（注）求道…一人前になるために修練を続けること。
切所…難所。乗り越《こ》えることが困難な場所。
黄蜀葵、木槿、芙蓉、立葵…植物の名前。　長押…柱と柱の間の横木。
根方…根元。　浄土を荘厳している…仏の国を厳かに飾《かざ》りつけている。
月代…男性の髪型《かみがた》で、額から頭の中ほどまで髪を剃《そ》った部分。

(1) ══線部a～eの漢字は読み方をひらがなで、かたかなは漢字に直して書きなさい。

(2) ──線部①「表現者は孤独である。」とあるが、なぜ孤独なのか。文章中の言葉を用いて簡潔に書きなさい。

(3) ──線部②「それで久蔵が喜ぶと思うなよ」とあるが、なぜ等伯は、久蔵が喜ばないと思うのか。最も適切なものを、次の**ア**～**エ**から一つ選び、記号で答えなさい。

ア 久蔵は、自分で自分の表現を手に入れるまで帰りたくないはずだから。

イ 久蔵は、理由もなく飛び出してしまった以上、簡単には帰らないだろうから。

ウ 久蔵が無断で飛び出していったのが悪いので、心配するのは筋《すじ》違《ちが》いだから。

エ 久蔵を突き放してその成長を促《うなが》すことは、久蔵自身が望んだことだから。

⑷ ――線部③「秋草は大きく描《えが》きたい。」とあるが、これはどういうことか。文章中の言葉を用いて二十五字以内で答えなさい。

⑸ ――線部④「花や葉の持つ本性を象徴的《しょうちょうてき》に描いた方がより本物らしく見える」とあるが、このように描いたものとして、等伯は何を思い浮《う》かべたか。文章中から一語で書き抜《ぬ》きなさい。

⑹ ――線部⑤「お前、これは……。」とあるが、このときの等伯の心情を表したものとして最も適切なものを、次の**ア**～**エ**から一つ選び、記号で答えなさい。

ア 久蔵が等伯の心配をよそに、一心に絵を描き続けていたことを知り、複雑な思いがしている。

イ 久蔵が成長して戻《もど》ってきたため、これから協力して絵を完成させられるという希望を抱《いだ》いている。

ウ 等伯が久蔵に教えようと思っていたことを、久蔵自身が自ら身に付けて戻ってきたことに不審《ふしん》を覚えている。

エ 等伯自身がつい最近思い至った方法に、久蔵も自分の力で到達《とうたつ》していたことに驚《おどろ》いている。

⑴		⑵	⑶
a	d		
b	e		
c			

---

2 次の文章を読んで、あとの問いに答えなさい。

（⑴各3点・⑵3点・他各7点　※⑷は完答）

私はこのところしばらく、五十人近くの現代詩人の詩集を読み、その中から一人につき数編ずつの作品を選びだし、加えて、一人一人の詩人について四百字詰《づめ》二枚ずつの小論を書くという a難儀《なんぎ》な仕事に没頭《ぼっとう》してきた。それはある詩人全集の最終巻として出るはずの戦後詩人のアンソロジー*のためである。当初私がこれを引き受けたときは、そこに収録される詩人たちおよび戦後詩全体について、概観的《がいかんてき》解説を書くだけでよいもののようだった。

ところが中途《ちゅうと》で方針が変わり、私は初めに書いたようなことをやらねばならないことになった。

三十巻以上ある詩人全集のうち、戦後詩人の集がただ一巻しかないということは、何といっても均衡《きんこう》を失しているし、実情にそぐわないと思うが、さしあたってそれは、私の作業に大きな影響《えいきょう》を及《およ》ぼした。一人平均数冊の詩集を持っている詩人たちの作品から、わずか数編ずつ選びだすということは、控《ひか》え目にいっても、まったく難儀な作業である。だが、一部分自選してもらった詩をも含《ふく》めて、この作業を進めてゆくうちに、私は①このつらい仕事をむしろ楽しみはじめている自分を見いだした。

それは、ひとつには、こうした機会でもなければ、なかなかもてない

⑷	⑸
（25字）	
	⑹

ような集中的関心をもって同時代の詩人たちを読んだ結果、私がそこに、総体としての戦後詩の水準の高さと、かなりの数の詩人たちの詩の、疑う余地のない深い魅力《みりょく》を確信することができたためである。

それと同時に、もうひとつ、少なくとも私にとって大切なことがあった。アンソロジーを編むということは、ある詩人の最良の部分をb抽出《ちゅうしゅつ》してくるということである。もちろんそれは、私にとって最良とみえる部分なので、その判断の基準ははなはだ主観的なものであろう。私はある作品を選ぶことによって、私自身がたえず試《ため》されているのだし、実感からいうと、むしろ私自身をたえず選びとっているのだという感じがあった。

そういう実感からくる緊張感《きんちょうかん》と、相手の最良の部分を抽出したいという希望とが、どこかでたしかに手を組みあったとき、私の作業は、それ自体ある内的な喜びの源泉になったように思われる。一人一人についてわずか八百字で論じなければならないという制約も、ある作品を選ぶことが同時に私自身を選びとることに等しいと気づいたときから、あまり苦にはならなくなった。cおのずから書き様は決まったのだ。

それは、②批評というものについての私自身の、ふだんはあまり意識することのないある方向というか態度というか、そういうものを、いやでもたえず意識せずにはすまされなくなる作業でもあった。私は、ある詩人について書いている私自身を、ある場合には光を乱反射する*ミラー・ボールのように感じたり、ある場合にはたえず微妙《びみょう》に上下する気圧計の中身のように感じたりしたが、ただ一度も、私自身が明確な不動の物差として相手を測定しに出かけるという感じはなかった。

こういう感じというものは、はなはだ漠然《ばくぜん》たるもののようにみえるが、実際にはきわめて重要な精神類型学とでもいえそうな研究領域の分類対象になり得そうに思う。人間の精神的行為《こうい》は、文芸批評の分野だけにとどまらず、すべて関係というものを基礎《きそ》にしてなりたっているが、自分がある対象と関係するとき、関係している自分自身は、つねにある実体的な堅固《けんご》さと統一性をもっているかというと決してそうではない。相手が変わると同時に私自身が変化するのであって、当然私はつねに新たな関係を一回ごとに組織してゆかねばならない。「私」というものは、変化がその恒常的《こうじょうてき》性格であるところの「関係」というものによって条件づけられ、形成されるものとしてのみ存在する。

そうであるならば、批評という作業は、いわば*変数である私が、変数である対象を、変化しつづける関係の中でとらえねばならないということを意味しよう。これは文字にしてみるといかにも複雑なことに思えるが、しかし、私たちの生活そのものが、じつはつねにそういう成り立ちかたで営まれているのであって、批評というものは、そういう営みの最も原形的な関係形式を、ある一人の人間の精神的行為を通じて明らかにすることではなかろうかと思う。

批評というものが今日非常に重要なものになっているのは、私たちがその中におかれている関係の網《あみ》の目が、まさに一筋なわではからめとることのできぬ複雑性、多層性をますますあらわにしつつあるからにほかならない。ひとつの関係は、いくつもの関係と関係しつつ、より大規模な関係の中にくりこまれているというのが、私たちの生活の*実相なのだ。

しかし、そういうことであればあるほど、批評の言葉は、それ自身が敏感《びんかん》な生きものでなければなるまい。それは、固定した外観に装《よそお》われている現実の諸関係に、本来の変化と流動性をかえしてやるための、もっとも敏感なテコでなければなるまい。

（大岡信『詩・ことば・人間』より）

（注）アンソロジー…テーマや形式などを基準として選ばれた作品集。
ミラー・ボール…表面を、たくさんの小さな鏡で覆《おお》った球形の飾《かざ》り。
変数…数学でxやyに置き換《か》えるように、変化しうる量を表す文字のこと。
実相…実際のありさま。

(1) ══線部a「難儀」・b「抽出」の意味を説明したものとして最も適切なものを、次の**ア**～**エ**からそれぞれ一つ選び、記号で答えなさい。

a「難儀」 **ア** 不可能なさま。 **イ** 苦しみ悩《なや》むさま。 **ウ** 迷惑《めいわく》なさま。 **エ** 意欲をそがれるさま。

b「抽出」 **ア** 正しく見つけ出すこと。 **イ** 褒《ほ》め称《たた》えること。 **ウ** あるものを抜《ぬ》き出すこと。 **エ** よく調べ考えること。

(2) ══線部c「おのずから」と同じ品詞のものを、次の**ア**～**エ**の──線部から一つ選び、記号で答えなさい。

ア ゆっくり腕《うで》を動かしてみる。
イ 二者は、いわゆる月とすっぽんだ。
ウ 親切な態度で接する。
エ 彼《かれ》はおもしろい話をする。

(3) ──線部①「このつらい仕事をむしろ楽しみはじめている自分を見いだした」とあるが、なぜ「つらい仕事」なのに「楽しみはじめて」いたのか。その理由をまとめた次の文の□に入る言葉を文章中から七字で書き抜きなさい。

▽戦後詩の水準の高さと深い魅力《みりょく》を確信することができたことと、ある作品を選ぶことで、自分自身を□感じがしたため。

(4) ──線部②「批評」とあるが、筆者は自分自身の批評の態度を何にたとえて表現しているか。二つ書き抜きなさい。

(5) 本文の内容について述べたものとして最も適切なものを、次の**ア**～**エ**から一つ選び、記号で答えなさい。

ア 批評というものは、その対象と自分との関係が強固であればあるほど、現実性を増す精神的行為《こうい》である。
イ 私たちの生活がさまざまな関係によって成り立っているからこそ、批評には確固たる形が必要なのである。
ウ 批評をするとき、その対象が変わるたびに私自身も変化し、対象と私との関係を毎回構築していくのである。
エ 批評が敏感《びんかん》な生きものでなければならないのは、現実社会が常に流動性をもった関係で成り立つからである。

(1)	(3)	(4)	(5)
a			
b			
(2)			

3

次の文章を読んで、あとの問いに答えなさい。

（(1)各2点・(2)5点・他各7点　※(2)(4)は完答）

*裘《かわごろも》を焚《や》きて倹《けん》を示す

*晋《しん》の武帝《ぶてい》、はじめて御《おん》①くらゐにつき給《たま》ふとき、*司馬程拠《ていきょ》と申す者、雉《きじ》のかしらの毛をもて裘をおり、武帝に是《これ》を**ア**たてまつる。その裘のはなやかなる事、たとへん方《かた》はなかりけり《たとえようがなかった》。武帝このよしを**イ**御覧《ごらん》じて、御こころにおぼしめされけるは、もし②みづからこの裘を着るならば、

下万民《しもばんみん》にいたるまで、いづれも是を**ウ**まなびつつ《まねして》、さだめて《きっと》華麗《くわれい》を好むべし。しよせん《それでは》この裘をなにかせんとおぼしめし《どうしようかとお思いになり》、すなはち《すぐに》仰《おほ》せつけられて、御殿《ごてん》の御前《おまへ》において、火をもつて焚《た》き捨て給へり。是華麗を好まず、衣装《いしやう》を飾《かざ》らざる事を、人に**エ**示さんためとかや《とかいうことだ》。

つらつら案ずるに《よくよく考えると》、上をまなぶ下なれば、上一人のなす所、万民是を好みけり。この理をもつて見るときは、それ天下の君たる人、よろづを慎《つつし》むべきとかや。

（「帝鑑図説」より）

（注）裘…毛皮で作った衣服。　晋…中国の王朝の名前。
司馬…軍事をつかさどる役職。

(1) 〰〰線部①「くらゐ」、②「みづから」を現代仮名遣《かなづか》いに直してすべてひらがなで書きなさい。

(2) ＝＝線部**ア**～**エ**の中で、主語（動作主）が同じものを二つ選び、記号で答えなさい。

(3) ――線部「この裘を着るならば」とあるが、武帝は自分が裘を着ると、どんな不都合があると考えたか。次の文の□に入る言葉を十字以内で答えなさい。
▽一般《いっぱん》の民が、ことごとく武帝をまねして□ようになるに違《ちが》いない。

(4) (3)の不都合を避《さ》けるために、武帝は裘をどうしたか。それがわかる部分を文章中から二十二字で抜き出し、初めと終わりの五字を答えなさい（句読点は含《ふく》まない）。

(5) 本文の内容について述べたものとして最も適切なものを、次の**ア**～**エ**から一つ選び、記号で答えなさい。
ア 武帝は、国を統治するには倹約《けんやく》が第一と信じていたため、民衆がぜいたくをすることをもったいないと考えた。
イ 武帝は、程拠が自分に取り入ろうとする態度を好ましく思わなかったため、裘に火をつけて燃やしてしまった。
ウ 武帝は、裘を着た自分の威厳《いげん》ある姿を民に見せたいと考えたが、家臣に反対され、やむなく断念した。
エ 武帝は、自ら範《はん》を示すことが大切と考え、ぜいたくな裘を燃やし、民にも慎みを求めた。

(1)	(2)	(3)	(4)	(5)
①			〜	
②				

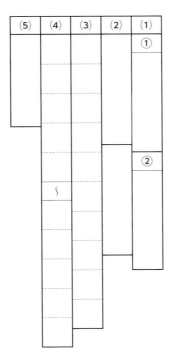

第
2 回 模擬テスト

時間 50分
解答・解説 別冊p.31
得点 ／100

1

次の——線部の漢字はひらがなに、かたかなは漢字に直して書きなさい。送り仮名《がな》が必要な場合は、漢字とひらがなで書きなさい。

（各2点）

① 巧みな演技を見せる。
② 危険を伴う行動はしない。
③ 救急車を要請する。
④ 任務を完全に遂行する。
⑤ 一週間ほどタイザイする。
⑥ よい成績をイジする。
⑦ 新しい説をトナエル。
⑧ 多くの時間と金をツイヤス。

①	②	③

④	⑤	⑥

⑦	⑧

2

次の文章を読んで、あとの問いに答えなさい。

（⑴各3点・⑵6点・⑶7点・他各5点）

科学物に分類される*ドキュメンタリー映画は一九三〇年代から開始され、それなりに好評を博してきたと言えるだろう。その理由として、他の分野に比べて人間が登場することが少ない科学映画では、物自身に語らせなければならず、変化しない表情や声にならない呟《つぶや》きを捉《とら》えるために斬新《ざんしん》なテクニックが開発されてきたことがあるだろう。

その第一として、接写や顕微鏡《けんびきょう》写真の技術を使うことによって、ふだんの私たちの目では見えない微少な対象を拡大して可視化する方法がいち早く登場したことである。科学研究とは見えないものの運動の法則を明らかにして見えるものに転化させていく作業のことだが、科学ドキュメンタリー映画はそれに似た*営為《えいい》を可能にしたのだ。*クローズアップすることにより、①想像に頼《たよ》っていた部分を A にでき、科学の研究においても科学映画が有効であると認識《にんしき》されるようになった。*中谷宇吉郎《なかやうきちろう》は、先進的に「Snow Crystals」（一九三九年）の製作に協力したのだが、兎《うさぎ》の毛に水蒸気が付着してから結晶《けっしょう》へと成長する過程が映像によって具体的に観察できることを高く評価している（「映画を作る話」一九三九年）。

また、蛙《かえる》、蟬《せみ》、蚕、蝶《ちょう》などの身近な生物の営みを脚《あし》一本の動きまで映し出すことにより、生命世界の絶妙《ぜつみょう》さを読み解くことが可能になった。「自然自身に自然を語らせる」手法なのだが、ふだんよく目にする動物であっても微細な動きを捉えることによって、まるで別物のように目の前に浮《う》かび上がらせ、自然の*造化の巧妙《こうみょう》さを追体験させることに成功したのである。

さらに、科学映画特有の時空を超《こ》えるというテクニックもある。その一つが、瞬間《しゅんかん》の動きを捉えては時間を引き延ばし、ゆっくりした動きとして見せる技法だろう。例えば、馬が歩行から走行へ移り、全速力で疾《しっ》走《そう》するまでの脚の動きが手にとるようにわかる。あるいは、魚が獲物《えもの》を捕《と》らえる一瞬の*活写では、その一分の隙《すき》のない用意周到《しゅうとう》な魚の挙動が映し出され、 B 生の秘密を盗《ぬす》み見た気になる。逆に、時間を*縮約して半年間の推移をたった一〇分で完結させることも可能である。菊《きく》の種を蒔《ま》いて発芽してから茎《くき》や葉が生長し、蕾《つぼみ》が開花してやがて枯《か》れ、再び種に戻《もど》るまでの植物の一生を短時間のうちに見ることができる。植物の日々の変化は私たちが気づかないくらい微少であるが、このような映画を通じて時間の堆積《たいせき》を実感するのである。＊寺田寅彦《てらだとらひこ》も同様な感想を残している（「春六題　四」一九二一年）。

　空間の伸縮《しんしゅく》を利用することも多い。クローズアップ以外に、大きな空間を一望の下に収めて全体を＊俯瞰《ふかん》する視点を私たちに与《あた》えてくれる技法がある。天に直立する竜巻《たつまき》、空一面に揺《ゆ》らめくオーロラ、火を噴《ふ》き上げる火山、夜空を彩《いろど》る星空、②私たちはそれらを写真か映像でしか認めることができない。人間の眼《め》は視野が狭《せま》く、全景を万遍《まんべん》なく見るようにはできていないのだ。実は、それら広視野カメラの画像は昆虫《こんちゅう》が複眼で見ている光景なのである。複眼は顔の両側に付いていて三六〇度の視野を持っている。敵の存在を察知することが虫の眼の役割であり、遠近に拘《かか》わらず、周囲をくまなく監視《かんし》できるよう進化したからだ。一方、人間の眼は真正面に正対し、視差を通じて距離《きょり》を測れるようになったが、視野は限られている。狩《か》りをする動物に共通した眼の造りなのである。そのため、私たちは画面全体に広がる画像を見ても、どこに焦点《しょうてん》を当てるべきか戸惑《とまど》いを感じてしまう。目標を定めてしか見なくなってしまった人間の弱点と言えないでもない。それを補い異なった視点を科学映画が提供してくれているのである。科学映画は虫の眼を回復してくれると言えば逆説的だろうか。

　もう一つ、映画には眼とレンズの違《ちが》いを最大限に利用した技法がある。人間の眼はある照度以上にならないと認識できないが、レンズは感知しており、最近では優《すぐ》れた＊ＣＣＤ素子によってくまなく再現することが可能になった。その一例が激しく揺れ動き、刻々と色を変えていく③オーロラの姿である。実は肉眼ではそれを完全に追跡《ついせき》することができないのだ。レンズという媒体《ばいたい》を通して分け隔《へだ》てなく光を集めることによって見えないものを見えるようにしていると言えよう。さらに、色の強弱を人為的に強調したり、Ｘ線や電波という本来人間の眼には見えない電磁波に色を付けたりすることによって、より本物らしく見せる工夫《くふう》もある。むろん、こうなると、何が本物で、何が人工物なのかわからなくなってしまう。色の識別によって形態や動きがよく見えるようになったという意味では本物だが、その色彩《しきさい》は少なくとも人間の眼では識別できないのだから人工の産物でもあるからだ。見えるということの意味を考え直させるのも科学映画の一つの見方ではあるだろう。

　科学映画はドキュメンタリーではあるが、④＊ＣＧを併用《へいよう》することが許容される。というより、それを使わねば正確な描写《びょうしゃ》は不可能である。何億年という長い時間をかけて変化する天体現象はその動きや変化を追いかけようがないし（映画には動きや変化が不可欠である）、宇宙の向こう側から像を撮《と》るというわけにはいかない（カメラ目線の変化も映画の命である）。とすればＣＧを使って見てきたような像を作るしかない。また、現象だけを見ていても物理の原理に直結していないから、その仕組みについては解説が必要であり、簡単なおもちゃを使ったり、ＣＧで代用したりすることになる。優れた作品に共通する要素は、ＣＧを援用《えんよう》して簡潔かつ明快に提示していることではないだろうか。

　このように考えてみると、科学ドキュメンタリー映画は他のジャンルとは異なった技法や視野が要求され、むしろ、それをいかに巧妙《こうみょう》に利用するかが鍵《かぎ》であり、またそれが科学映画を見る上での醍醐味《だいごみ》でもあると言えよう。

（池内了『現代科学の歩きかた』より）

（注）ドキュメンタリー…実際に起こったことを記録したもの。
営為…人が意識して行うこと。
クローズアップ…対象の部分を大きく映し出すこと。
中谷宇吉郎、寺田寅彦…物理学者。　造化…自然がつくりだしたもの。
活写…生き生きと描《えが》き出すこと。　縮約…規模を縮小すること。
俯瞰…高い所から広く見下ろすこと。
ＣＣＤ素子…デジタルカメラなどに内蔵される電子部品。
ＣＧ…コンピューターを使って描かれた画像や図形などのこと。

(1) [A]・[B]に入る言葉として最も適切なものを、次の**ア**〜**エ**からそれぞれ一つ選び、記号で答えなさい。

A **ア** 目のかたき **イ** 目の当《ま》たり
ウ 目星 **エ** 目と鼻の先

B **ア** もっとも **イ** いっそう
ウ 必ずしも **エ** あたかも

(2) ——線部①「想像に頼《たよ》っていた部分」とあるが、これはどんなものを指しているか。文章中から二十字で抜《ぬ》き出し、初めと終わりの三字を書きなさい。

(3) ——線部②「私たちはそれらを写真か映像でしか認めることができない」とあるが、なぜ自分の眼で見ることができないのか。人間の眼の構造についての文章中の言葉を使って三十字以内で答えなさい。

(4) ——線部③「オーロラの姿」を、肉眼では完全に追跡《ついせき》することができないのはなぜか。最も適切なものを、次の**ア**〜**エ**から一つ選び、記号で答えなさい。

ア 人間の眼は、ある程度の明るさがないと対象を認識《にんしき》することができないから。

イ 人間の眼は、三六〇度すべてを見渡《みわた》すような視野をもつことができないから。

ウ 人間の眼は、目標を定めて焦点《しょうてん》を当てることでしか見ることができないから。

エ 人間の眼は、電磁波を見ることができないので、色をつけたりしているから。

(5) ——線部④「CGを併用《へいよう》することが許容される」とあるが、なぜ「許容される」という言い方をしたのか。最も適切なものを、次の**ア**〜**エ**から一つ選び、記号で答えなさい。

ア CGの使用は経済的な負担が大きいから。

イ 科学映画には使われないものだから。

ウ 技術が未熟で完成度が低いから。

エ CGは人間が描《えが》くつくりものだから。

(6) 本文の内容について述べたものとして最も適切なものを、次の**ア**〜**エ**から一つ選び、記号で答えなさい。

ア 科学映画は、人間が肉眼で見られる映像を忠実に再現することが、今後の大きな課題である。

イ 科学映画には、他のジャンルの映像作品とは違《ちが》う技術や考え方が利用されてきた面がある。

ウ 肉眼で見ることができないものをとらえた映像が、人類を発展させてきた事実が評価されている。

エ さまざまな技法でつくりあげられた映像世界には、真実でないものも含《ふく》まれることを知るべきである。

(1)	(3)	(4)
A		
B		(5)
(2)		(6)
〜	30	

3

次の文章を読んで、あとの問いに答えなさい。（(1)3点・(5)7点・他各5点）

「台風×号は、中国大陸にむかうもののようです……」ラジオがいっていた。

「つまんねえな」秋男はいって、お母さんのねどこのわきに、ころがった。

「なにいってんの」お母さんがいった。「台風が来ていいこと、一つもないのに……」

「ぼくにはあるんだよ」秋男はいった。

　お母さんがねこんでから、ふた月だった。七月のある夕方、それまで病気ひとつしたことのないお母さんが、きゅうに苦しみだして、それが*急性腹《フク》マクだとわかった時、①家じゅうのものは、とほうにくれた。

　お父さん、中学一年の道子、小学五年の秋男、だれもまんぞくにごはんのたける人、洗たくのできるものはいなかった。病院にはいったお母さんは、家が心配で、半月で帰ってきた。そして、よごれ物のつまれた家の中で、時どきくる家政婦さんをまってくらした。

　そんなある日だった。朝のうちから、ひょっくり、おばさんがやってきた。

　おばさんは、手にもったふろしきづつみをほどきもしないで、あたりを見まわすと
「どうしたの、この家の人は！」と、どなった。

「お母さんをごみの中にねかしておいていいの？」

　それから、おばさんは、はらだちまぎれといったかっこうで、うでをまくりあげると、二人の子どもを追いつかいながら、一時間半というもの、そうじと洗たくにとっくんだ。そして、さっぱりした寝《ね》まきにきかえたお母さんのわきに座《すわ》りこむと
「これで、あんたもせいせいしたでしょ！」

「ありがとう、ねえさん」お母さんは笑っていった。「でもね、私、このごろ、アカじゃ死なないからって、考えてるの」

「あんたの②教育方針がまちがってるのよ！」

　その時、秋男たちがびっくりしたのは、おばさんの*ケンマクではなくて、お母さんの返事だった。


「そうなの。私もこんどこそ、わかった。なおったら、やりなおすわ。だって、人間いつ死ぬかわからないのに、こんなに何もできない人たちのこしていくんじゃ……」

　お母さんは、なみだ声になったが、すぐ秋男たちのほうを見て、ちがった声でいった。

「あんたたち、お使いにいってきて」

　道子と秋男が帰ってきた時、おばさんはいなかった。が、そのかわり、ふたりが見たこともない、きれいなものが、茶だんすの上にのっていた。それは、光るうす黄色の糸であんだ、あさいカゴで、中にしきつめられた、うす紙のこまかい、こまかいチリチリの上には、うすみどりの大つぶのブドウが、ひとふさ、のっていた。

「わア、おひめさまのカゴ！」道子がかけよって、さわってみた。

　お母さんは、うってかわった明るい顔で
「ひさしぶりに胸のすく色を見た……」

　ブドウは、二、三日でなくなった。けれど、お母さんが、あまりそのカゴをおしがるので、お父さんが、そのあとへ、モモを二つのせた。それが、なくなると、道子が、じぶんたちのおやつの*マクワウリを一つのせた。

　みんなが笑ったが、お母さんは、それさえ、喜んで見ていた。そして、ある時など、おきあがったついでに、何ものってないカゴの、チリチリにはなをつけて
「ああ、いいにおいだ。おばさんのにおい、お父さんのにおい、道子のにおい、みんなまじってるよ」

　ふしぎなことに、そのカゴが来てから、お母さんの食よくはましてきたし、家の中も、目に見えて、片づきだした。みんなが、なれてきたのかもしれない。とにかく、秋男は、朝おきると、いわれもしないうちに、

家の外のそうじをはじめたし、時間が早いと、なかよくしてるおとなりの庭まではいてやった。そして、よく、そこのナシの木の下にたって、見あげた。

その木がじまんの、となりのおじいさんは、いつもいった。

「秋男君、感心だな。風でおちたナシは、みんなもっていっていいよ。だが、木の上のは、九月までまっておくれ。りっぱになるからな」

秋男のまった台風は来なかった。が、九月のある朝、お母さんは、③においのカゴに、みずみずしいナシの塔《とう》のできているのを見つけた。

（石井桃子『においのカゴ』より）

（注）急性腹マク…急性腹膜炎《ふくまくえん》という病気。　ケンマク…剣幕。怒《おこ》っている態度。
マクワウリ…瓜《うり》の一種。果実を食用にする。

(1) ═線部「洗たくのできるものはいなかった」を単語で区切ったものとして最も適切なものを、次の**ア**～**エ**から一つ選び、記号で答えなさい。

ア 洗たくの｜できる｜ものは｜いなかった
イ 洗たく｜の｜できるもの｜は｜いなかった
ウ 洗たく｜の｜できる｜もの｜は｜い｜なかっ｜た
エ 洗たくの｜できるものは｜いなかった

(2) ──線部①「家じゅうのものは、とほうにくれた」とあるが、なぜ「とほうにくれた」のか。その理由がわかる一文を文章中から抜《ぬ》き出し、初めの五字を書きなさい（句読点や記号なども含《ふく》む）。

(3) ──線部②「教育方針がまちがってる」とあるが、おばさんはどんな教育方針が正しいと思っているのか。最も適切なものを、次の**ア**～**エ**から一つ選び、記号で答えなさい。

ア 子どもには家事をさせないで、しっかり勉強だけをさせる教育方針。
イ 家族で家事の分担を決めてルールを作り、厳格に守らせる教育方針。
ウ 部屋が汚《よご》れていても生きられるので、掃除《そうじ》はしなくていいという教育方針。
エ 最低限の家事などができて、自分で生活できるようにする教育方針。

(4) この文章は、現在の内容にはさまれて、お母さんがねこんだ場面が回想として描《えが》かれている。回想場面の最後はどこまでか。終わりの五字を書きなさい（句読点や記号なども含む）。

(5) 〜〜線部「ぼくにはあるんだよ」とあるが、秋男は、なぜ台風が来ることを望んでいるのか。その理由を簡潔に答えなさい。

(6) ──線部③「においのカゴ」とあるが、これは、お母さんにとって、どのようなものか。最も適切なものを、次の**ア**～**エ**から一つ選び、記号で答えなさい。

ア みんなが自分を思ってくれていることを表す大事なもの。
イ 家族が一つになって困難を乗り越《こ》えるために不可欠なもの。
ウ 果物のにおいがするだけなのになぜか捨てられないもの。
エ 家族が家事を分担し始めるきっかけとなった大切なもの。

(1)	(2)	(3)	(4)	(5)	(6)

4

次の文章を読んで、あとの問いに答えなさい。

（(1)2点・(2)3点・他各5点　※(4)は完答）

文章Ⅰ

（李広《りこう》は弓の名人で、以前勇猛《ゆうもう》な虎《とら》をたった一矢で射止めたことがある。）

（李広）（李広は）また＊冥山《めいざん》の陽《みなみ》に猟《かり》す（冥山の南側で狩りをした）。また＊臥虎《がこ》を見これを射るに、矢を没《ぼっ》して羽を飲む（矢は羽の部分まで深く突き刺さった）。進みて（近寄って）これをみるにすなはち（なんと）石なり。その形、虎に類《るい》す（似ていた）。退《しりぞ》きて（一旦離れ）さらに（もう一度）射るに、＊鏃《やじり》破れ（くだけ）＊幹《みき》折れて石は傷《きず》つかず。

余《よ》、かつてもつて（私は、以前にこのことについて）＊揚子雲《やうしうん》に問《と》ふ。子雲曰《い》はく、「至誠《しせい》あれば、すなはち（そのときには）＊金石《きんせき》ために開く（至誠のために割れる）。」と。

文章Ⅱ

（李　広）復《また》猟《かりス》於冥《めい》山《ざん》之《の》陽《みなみニ》。又《また》見《み》二臥《が》虎《こヲ》一射《ルニ》レ之《これヲ》、没《ぼつシテ》レ矢《ヲ》飲《ム》レ羽《ヲ》。進《ミテ》而視《ルニ》レ之《これヲ》乃《すなはチ》石也《なり》。其《そノ》形、類《るいス》レ虎《ニ》。退《しりぞキテ》而更《さらニ》射《ルニ》、鏃《やじり》破《レ》幹《みき》折《レテ》而石《ハ》不《ず》レ傷《きずツカ》。

余《よ》、嘗《かつテ》以《もつテ》問《とフ》二揚《やう》子《し》雲《うんニ》一。子雲曰《いハク》、「至《し》誠《せいアレバ》、則《すなはチ》金《きん》石《せき》為《ためニ》開《クト》。」

（「西京雑記」より）

（注）冥山…山の名。　臥虎…寝《ね》そべっている虎《とら》。
鏃…矢の先のとがった部分。　幹…矢の先と羽以外の棒の部分。
揚子雲…中国古代の学者。　金石…金属や石のように硬《かた》いもの。

(1) ━━線部「すなはち」を現代仮名遣《かなづか》いに直してすべてひらがなで書きなさい。

(2) 文章Ⅰは、文章Ⅱの漢文を日本の古文のように書き直したものである。このような文を何というか。

(3) ──線部「復《まタ》猟《かりス》於冥《めい》山《ざん》之《の》陽《みなみニ》。」に、文章Ⅰを参考にして返り点を付けなさい。

(4) 李広の行動について、次の文のようにまとめた。［①］・［②］に入る言葉をそれぞれ漢字一字で答えなさい。

▽李広は二度矢を放ったが、一度目は［①］だと思って放ち、二度目は［②］と知って放った。

(5) 揚子雲は、李広の矢が石に刺さった理由をどのように説明しているか。最も適切なものを、次の**ア**～**エ**から一つ選び、記号で答えなさい。

ア　李広がなんとしても石を砕《くだ》きたいと強く心に念じて、一矢を放ったため。

イ　李広が虎を一矢で射止めるため、この上なく誠実に心を込《こ》めて矢を放ったため。

ウ　李広が虎を仕留めたときの気持ちを思い出して、石に向けて矢を放ったため。

エ　李広が石に向けて矢を放つことを愚《おろ》かしい行為《こうい》だと気づいていなかったため。

(1)	(3)	(4)
	復《まタ》猟《かりス》於冥《めい》山《ざん》之《の》陽《みなみニ》。	①
(2)		②
		(5)

□ 執筆協力　㈱アポロ企画
□ 編集協力　㈱アポロ企画　足達研太　大木富紀子
□ DTP　㈱明友社

シグマベスト
高校入試
超効率問題集 国語

編　者　文英堂編集部
発行者　益井英郎
印刷所　中村印刷株式会社
発行所　株式会社文英堂
〒601-8121　京都市南区上鳥羽大物町28
〒162-0832　東京都新宿区岩戸町17
(代表)03-3269-4231

●落丁・乱丁はおとりかえします。

高校入試

超効率問題集

国語

解答・解説

文英堂

1 漢字の読み

1

(1) あらた (2) つら (3) お (4) く
(5) のぞ (6) ふく (7) すみ (8) た
(9) さと (10) はなは (11) そむ
(12) ただよ (13) みが (14) たの
(15) おこた (16) へだ (17) かか
(18) つぶ (19) きわ (20) つの
(21) つつし (22) おど (23) す
(24) いちじる (25) い (26) すこ
(27) しぼ (28) そで (29) ゆる (30) ゆだ
(31) ねば (32) こ (33) もっぱ (34) と
(35) きた (36) はか (37) たくわ
(38) ふさ (39) やさ (40) そ (41) は
(42) ほが (43) おお (44) あぶら
(45) いた (46) ひき (47) いこ
(48) うなが (49) あや (50) つぶ
(51) いまし (52) せま (53) さかのぼ
(54) ぬぐ (55) にじ (56) なが (57) めぐ
(58) むく (59) う (60) おだ (61) わずら
(62) おそ (63) つくろ (64) かせ (65) か

解説　漢字一字の読みは、訓読みの出題が多い。送り仮名がある場合は、それをヒントにする。(5)「臨む」は「ある場面に直面する」という意味。(20)「募る」は「募集《ぼしゅう》」の意味から考える。(32)「凝らす」は「意識を集中させる」という意味。(34)「遂げる」と「遂行《すいこう》」のように、熟語とセットで覚えるようにする。(42)「朗らか」は「明朗」などの熟語とセットで覚える。(44)・(45)「脂」には「油(油をさす)」、「傷む」には「痛む(腹が痛む)」という同訓異字があるので注意。(62)「畏れ」には「恐れ」という同訓異字があるので注意。

2

(1) そっきょう (2) せいとん
(3) たよう (4) きそく (5) けしん
(6) えんじゅく (7) ちんれつ
(8) こうけん (9) おうせい
(10) しょうげき (11) じゅくれん
(12) ちょうやく (13) けいしょう
(14) しゃそう (15) しゅうしゅう
(16) せんさく (17) せんせい
(18) せんりつ (19) しゅし
(20) かんきゅう (21) あいしゅう
(22) さいそく (23) おうぼ (24) ゆかい
(25) けいしゃ (26) かつやく (27) きかく
(28) はっかん (29) いらい (30) けいてき
(31) ほんろう (32) できあい
(33) りんかく (34) だんしょう
(35) けんちょ (36) さいばい
(37) げんせん (38) くったく
(39) けいしょう (40) かんまん
(41) かせん (42) けいこく (43) かへい
(44) いげん (45) ざんしん (46) かつあい
(47) じゅんかん (48) きろ (49) しんらつ
(50) てってい (51) すんか (52) しっそう
(53) したく (54) ひよく (55) じょうぞう
(56) たぼう (57) きんこう (58) こうたく
(59) こんだて (60) ちみつ (61) ふんがい
(62) ほそう (63) はもん (64) けいとう
(65) はんらん (66) おんきょう
(67) もうら (68) きょうたん
(69) じゅうたい (70) かんりゃく
(71) かれい (72) びょうしゃ
(73) かきょう (74) ひんぱん
(75) ふきゅう (76) しゅんびん
(77) じょうと (78) せつじょく
(79) きびん (80) はんも (81) せきべつ
(82) おんけい (83) ゆうが (84) せいち
(85) のうこう

解説　複数の読みがある漢字に注意する。(1)「そっこう」ではないので注意。(5)「化」の「ケ」という音読みを覚えておく。(7)「陳列」は「人に見せるために品物を並べること」という意味。(9)「旺」の読みは、「王」の部分の音である。(13)「鐘」は「ドウ」と読まないように注意。(15)「拾」の音読みは「シュウ」。「拾得」「拾遺」などの熟語もある。(23)「募」には似た形の漢字「慕・墓・暮」などがあり、同じ「ボ」という音読みがあるので一緒《いっしょ》に覚える。(28)「汗」の音読みは「カン」。「干」の部分の読みと覚える。(30)「笛」の音読みは「テキ」。「汽笛」などの熟語もある。(32)「溺」を「ジャク」と読まないように注意。(36)「栽」と似た漢字に「裁・載」があり、同じ「サイ」という読みがあるので一緒に覚える。(41)「寡」の読みは「カ」。「寡黙《もく》」「多寡」などの熟語もある。(53)「度」の「タク」という音読みを覚えておく。(59)「献」は「コン」「ケン」という音読みがあるので注意。(65)「濫」は「カン」などと読まないように注意。(73)「佳境」は「おもしろい場面、興味深いところ」の意味。(80)「繁茂」は、「繁」も「茂」も「しげる」意味を表す漢字である。

3

(1) たび (2) いなか (3) もめん
(4) ひより (5) はんぷ (6) にゅうわ
(7) こうてつ (8) げし (9) ざんじ
(10) けいだい (11) はんようせい
(12) だそく (13) むじゅん

解説

(1)「足袋」は熟字訓なので熟語で覚える。(6)「柔」は「ジュウ・ニュウ」という音読みがあるので注意。(9)「暫」は音読みでは「ザン」と読む。よく似た「漸次」は「ゼンジ」と読み、「しだいに・だんだん」の意味。(12)「蛇足」は故事成語で「ダソク」と読む。「ジャソク」などと読まないように注意。

2 漢字の書き

1

(1) 燃	(2) 訳	(3) 株	(4) 練	(5) 管
(6) 染	(7) 届	(8) 険	(9) 損	(10) 奮
(11) 導	(12) 勢	(13) 省	(14) 群	(15) 設
(16) 積	(17) 蒸	(18) 晴	(19) 厳	(20) 編
(21) 招	(22) 暮	(23) 退	(24) 寄	(25) 耕
(26) 快	(27) 預	(28) 浴	(29) 盛	(30) 短
(31) 拾	(32) 敬	(33) 派	(34) 養	(35) 勇
(36) 認	(37) 泳	(38) 縮	(39) 営	(40) 吸
(41) 補	(42) 射	(43) 構	(44) 肥	(45) 支
(46) 拝	(47) 刻	(48) 告	(49) 操	(50) 照
(51) 和	(52) 垂	(53) 果	(54) 借	(55) 疑
(56) 絶	(57) 降	(58) 幼	(59) 閉	(60) 帯
(61) 交	(62) 築	(63) 豊	(64) 額	(65) 沿

解説

(8)「険」は「倹・剣・検」などとよく似ているので注意。(17)「蒸」は「む-す、む-れる、む-らす」の訓読みがある。(28)「浴」を「沿」などと間《ま》違《ちが》えないように注意。(33)「派」は「派閥《ばつ》」「派生」などの熟語も覚える。(42)「的を射る」という慣用句で覚える。(47)「刻」は「亥」の部分の形に注意。(56)「絶え間ない」という表現で覚える。(59)「閉」は「と-じる」「し-める」などの訓読みがある。(64)「額」は、「金額」「額縁《ぶち》」などのようにも使うが、「ひたい」の意味でも使うので注意。

2

(1) 宇宙	(2) 砂糖	(3) 納得
(4) 奮起	(5) 設置	(6) 簡潔
(7) 散策	(8) 資源	(9) 納税
(10) 忠告	(11) 永久	(12) 善戦
(13) 看護	(14) 署名	(15) 地域
(16) 共鳴	(17) 勤勉	(18) 候補
(19) 接戦	(20) 推測	(21) 降水
(22) 至難	(23) 専門	(24) 郵便
(25) 清潔	(26) 救急車	(27) 吸収
(28) 往復	(29) 看板	(30) 財源
(31) 博覧	(32) 参拝	(33) 追加
(34) 寒暖	(35) 判断	(36) 寸劇
(37) 展覧	(38) 看病	(39) 訪問
(40) 加盟	(41) 三寒四温	(42) 運賃
(43) 発揮	(44) 寒波	(45) 肥料
(46) 約束	(47) 貿易	(48) 複雑
(49) 模型	(50) 階段	(51) 厳格
(52) 痛快	(53) 効率	(54) 売買
(55) 規模	(56) 賛否	(57) 逆境
(58) 開会	(59) 軽快	(60) 祝賀
(61) 処理	(62) 順延	(63) 操縦
(64) 鉄橋	(65) 乳牛	(66) 昨晩
(67) 領域	(68) 専念	(69) 晴耕
(70) 試金石	(71) 郷里	(72) 輪唱
(73) 放牧	(74) 混乱	

解説

(4)「奮起」とは「勇気や元気をふるい起こす」という意味。(11)「永久」は、「永」も「久」

も「ながい時間」を意味する漢字である。⑿「善戦」とは、「力を尽《つ》くし、よく戦う」という意味。⒃「共鳴」は、ここでは「他者の意見などに深く同意すること」という意味で使われている。(39)「問」を「門」などと書かないように注意。(41)「三寒四温」とは、冬に三日ほど寒い日が続いたあとに四日ほど暖かい日が続き、それが繰《く》り返されること。(52)「痛快」は「胸がすくようで、とても気持ちよいこと」という意味。この場合「痛」は「いたい」という意味ではなく、「程度が激しい」という意味。(56)「賛否」は、反対の意味の漢字の組み合わせでできている。(63)「縦」の「糸」を忘れないように注意。(68)「専」の右上に「、」を付けないように注意。(69)「晴耕雨読」は四字熟語として覚えておく。「晴れた日に畑を耕し、雨の日に読書をするような気ままな生活をすること」という意味。(70)「試金石」は、「物の価値や人の能力などをはかる基準になるもの」のこと。

3

⑴ 過程 ⑵ 採光 ⑶ 快晴
⑷ 紅潮 ⑸ 磁針 ⑹ 友好
⑺ 務 ⑻ 勤 ⑼ 治 ⑽ 納

解説 ⑴「カテイ」には、「過程」「家庭」「仮定」「課程」などの同音異義語がある。⑵「採光」は、「光をとり入れること」という意味。⑹「ユウコウ」には、「有効」「友好」などの同音異義語がある。⑺・⑻「ツトめる」には、「務める」「勤める」「努める」という同訓異字がある。⑼・⑽「オサめる」には、「治める」「修める」「収める」「納める」という同訓異字がある。

3 熟語の知識

1

⑴ エ ⑵ ウ ⑶ ウ

解説 ⑴「通園」は「園に通う」で下が上の目的（対象）になる組み合わせ。選択肢《せんたくし》は、ア「粗《そ》雑《ざつ》」は似た意味の組み合わせ、イ「県営」は「県が営む」で主語＋述語の組み合わせ、ウ「盛衰《せいすい》」は反対（対《つい》）の意味の組み合わせ、エ「遭難《そうなん》」は「難に遭《あ》う」で下が上の目的（対象）になる組み合わせである。

⑵「密疎《みつそ》」は反対（対）の意味の組み合わせ。ア「公園」は「公《おおやけ》の園」で上が下を修飾《しゅうしょく》する組み合わせ、イ「豊富」は似た意味の組み合わせ、ウ「表裏」は反対（対）の意味の組み合わせ、エ「日没《にちぼつ》」は「日が没する」で主語＋述語の組み合わせである。

⑶「黙読《もくどく》」は「黙《だま》って読む」で上が下を修飾する組み合わせ。ア「人造」は「人が造る」で主語＋述語の組み合わせ、イ「決心」は「心を決める」で下が上の目的（対象）になる組み合わせ、ウ「博愛」は「博《ひろ》く愛する」で上が下を修飾する組み合わせ、エ「永遠」は似た意味の組み合わせである。

2

エ

解説 ア・イ・ウ・オはすべて、似た意味の組み合わせである。エだけが、「直《じか》に接する」で上が下を修飾する組み合わせになっているので、正答はエ。

3

ウ・カ

解説 ア「国立」は「国が立てる」で主語＋述語の組み合わせ、イ「登山」は「山に登る」で下が上の目的（対象）になる組み合わせ、ウ「種類」は似た意味の組み合わせ、エ「駅前」は「駅の前」で上が下を修飾する組み合わせ、オ「是非《ぜひ》」は反対（対）の意味の組み合わせ、カ「詳細《しょうさい》」は似た意味の組み合わせである。よって、ウとカが正答。

4

寒暖

解説 「善悪」は、反対（対）の意味の組み合わせである。選択肢中の――線部を漢字に直すと、ア「厳守」、イ「寒暖」、ウ「均等」、エ「登頂」で、それらの構成を確認《かくにん》すると、アは「厳しく守る」で上が下を修飾する組み合わせ、イは反対（対）の意味の組み合わせ、ウは似た意味の組み合わせ、エは「頂《いただき》に登る」で下が上の目的（対象）になる組み合わせとなる。「善悪」と同じ組み合わせはイの「寒暖」である。

5 エ

解説 一つ一つ熟語の構成を確認していく。**ア**「歓迎《かんげい》」は「歓《よろこ》んで迎《むか》える」で上が下を修飾する組み合わせ、「登山」は「山に登る」で下が上の目的(対象)になる組み合わせ。**イ**「縮小」は似た意味の組み合わせ、「加減」は反対(対)の意味の組み合わせ。**ウ**「不在」は接頭語が付く組み合わせ、「日没《にちぼつ》」は「日が没する」で主語＋述語の組み合わせ。**エ**「価値」は似た意味の組み合わせ、「身体」は似た意味の組み合わせ。したがって正答は**エ**。

6 ア

解説 「荷台(にダイ)」は、訓＋音の順。選択肢を確認すると、**ア**「手本(てホン)」は訓＋音、**イ**「試合(シあい)」は音＋訓、**ウ**「役割(ヤクわり)」は音＋訓、**エ**「蜜蜂(ミツばち)」は音＋訓で、**ア**だけが訓＋音である。

7 ウ

解説 ——線部の熟語に、打ち消しの意味をもつ接頭語をつけて、三字熟語にすると、**ア**「不一致《いっち》」、**イ**「未体験」、**ウ**「無関心」、**エ**「非常識」となる。「無」で始まるものは**ウ**の「無関心」だけである。

8 エ

解説 打ち消しの意味をもつ接頭語をつけて三字熟語にする。共通して入る接頭語は**エ**「無」で、「無許可」、「無作為《さくい》」、「無頓着《とんちゃく》」となる。

9 ウ

解説 選択肢の四字熟語の意味を確認する。**ア**「曖昧模糊《あいまいもこ》」は「ぼんやりとしてはっきりしないこと」。**イ**「空前絶後」は「過去にもなく、今後もなさそうな珍《めずら》しいこと」。**ウ**「茫然《ぼうぜん》自失」は「あっけにとられ、我を忘れること」。**エ**「無我《むが》夢中」は「何かに心をうばわれ、我を忘れること」。問題の「文章を読もうとしても、頭に入ってこない」に近い意味は、**ウ**と**エ**で迷うところだが、文章を読むと、何かに夢中になっていて「頭に入ってこない」わけではないことがわかるので、**エ**ではなく、**ウ**が正答である。

10 戦

解説 「悪戦苦闘《くとう》」という四字熟語を覚えて、自分でも使えるようにしておく。「混乱した現場を立て直すために悪戦苦闘した。」のように使う。

11 応変

解説 「臨機応変」は、「そのときその場に応じて、適切な行動や判断をすること」。

12 エ

解説 **ア**「清廉《せいれん》潔白」は、「心が清いこと」を表すので、部屋に対しては使わない。**イ**「我田《がでん》引水」は、「物事を自分の都合のいいように言ったりすること」なので、自然豊かな様子とは関係がない。**ウ**「森羅《しんら》万象」は、「宇宙に存在するあらゆるもの」という意味なので、国が保護する対象の「自然」などとは意味が違《ちが》う。**エ**「順風満帆《まんぱん》」は、「物事が思い通りにうまくいっていること」のたとえ。**エ**だけが正しい使われ方をしている。

13 ア

解説 **ア**「一朝一夕《いっせき》」は「わずかな期間」。**イ**「一喜一憂《いちゆう》」は「状況《じょうきょう》が変化するにつれて、喜んだり心配したりすること」。**ウ**「一長一短」は「長所もあるが、短所もあること」。**エ**「一進一退」は「前に進んだり、後ろに戻《もど》ったりすること。事態がよくなったり、悪くなったりすること」。例文の「すばらしい演奏」は、わずかな期間の練習でできるものではないので、**ア**「一朝一夕」が当てはまる。

14 イ

解説 **ア**「大同小異」は「多少の違《ちが》いはあるが、だいたいは同じであること」。**イ**「千差万別《ばんべつ》」は「さまざまな違いがあること」。**ウ**「花鳥風月」は「美しい自然の風物。それらを鑑賞《かんしょう》する風流な遊び」。**エ**「適材適所」は「その人の能力や適性に合った地位や仕事につかせること」。問題文では、「博物館」には歴史資料館や科学館など、さまざまな種類と形態があることを指して、「多種多様」と述べている。したがって正答は**イ**。

15 **イ**

解説 **ア**「一致《いっち》団結」は「多くの人が心を一つに合わせてまとまること」。**イ**「一挙両得」は「一つのことをして、同時に二つの利益を得ること」。**ウ**「切磋琢磨《せっさたくま》」は「仲間同士で励《はげ》ましあい、競《きそ》いあって向上すること」。**エ**「勇猛《ゆうもう》果敢《かかん》」は「恐《おそ》れずに思いきって実行すること」。**イ**の「一つのことを成し遂《と》げるため、お互《たが》いの得意分野を生かしながら」は、「一挙両得」の意味と合っていない。

4 漢字の知識

1 **ア**

解説 「美」の部首は「羊」。「大」ではないので注意。**ア**の「義」が同じ部首をもつ漢字。**イ**の「契」は「大」、**ウ**の「英」は「艹」、**エ**の「益」は「皿」が部首。

2 ① 12(画) ② 6(画)

解説 画数の数え方の基本ルールを覚えておく。①の「攵」の部分は四画。②の「及」の部分は三画。

3

解説 「九」「及」などと同様、「成」は左払《はら》いを先に書く。

4 7(画目)

解説 筆順は次の通り。

5 **ウ**

解説 行書で書かれた部首は「しめすへん」。

6 **イ**

解説 「秒」の部首は「のぎへん」。選択肢《せんたくし》でのぎへんは**イ**。**ア**は「しめすへん(ころもへん)」、**ウ**は「こめへん」、**エ**は「きへん」。

7 **イ**

解説 選択肢の漢字の部首の画数は、それぞれ**A**六画(たけかんむり)、**B**八画(もんがまえ)、**C**六画(いとへん)、**D**七画(ごんべん)。正しく楷書《かいしょ》に直せるように行書に慣れておく。

8 12(画)

解説 楷書で書くと「超」となる。「走(そうにょう)」の部分は七画。

9 **ウ**

解説 「夢」の総画数は十三画。選択肢の総画数はそれぞれ、**ア**「設」十一画、**イ**「雑」十四画、**ウ**「絹」十三画、**エ**「程」十二画。

10 **イ・ウ**

解説 選択肢の総画数はそれぞれ、**ア**「緑」十四画、**イ**「補」十二画、**ウ**「無」十二画、**エ**「起」十画。

11 **イ**

解説 選択肢の総画数はそれぞれ、**ア**「粉」十画、**イ**「閉」十一画、**ウ**「茶」九画、**エ**「波」八画。

12 **イ**

解説 **ア**は点画の方向や形が変化しているので誤り。**ウ**は点画に丸みがあらわれているので誤り。**エ**は筆順は変化していない。**イ**はつながっていない画と画も、つながりを意識して書かれているので正答。

13 **相如**

解説 行書の特徴《とくちょう》を理解しておく。「木（きへん）」は四画目を省略する。「口」は二画目と三画目を連続して書く。

14 **エ**

解説 点画の連続は四字に見られるが、省略は**エ**の「和」にしかない。「禾（のぎへん）」の五画目が省略されている。

15 **ア・イ・エ**

解説 行書は「直線的で角張って」はいない。**ウ**のみが誤り。

16 **イ**

解説 **ア**は横画は左上がりになっていない。**ウ**は縦から横への連続はない。**エ**は右払いの画はない。**イ**は「禾（のぎへん）」の五画目に省略が見られるので正答。

17 **ウ**

解説 **ウ**の「花」の「艹（くさかんむり）」の筆順が変化している。

5 語句の意味

1 例 **晴れて**（暖かいから、）（3字）

解説 「晴天」は漢語であり、漢語は音で聞くと意味がわかりにくいことがある。そういう場合には、同じような意味の和語に直すと意味がわかりやすくなる。「晴れて」などとするのが適切。「天気がよく」などでもよい。

2 **はっきりと**

解説 「ぼんやりと」の対義語は、「明瞭《めいりょう》であるさま」を表す「はっきりと」。

3 **ア**

解説 **ア**の「模倣《もほう》」は、「何かのまねをする」という意味。「独創」は、「独自の考えで物事を生み出すこと」なので、反対の意味になる。「模倣」の対義語には「創造」もある。「主観」↔「客観」、「積極」↔「消極」、「必然」↔「偶然《ぐうぜん》」の対義語も覚えておく。

4 **イ**

解説 ——線部の「足」は、「移動手段」という意味。選択肢の中では、**イ**だけが移動手段の意味で使われている。

5 **ア**

解説 「遭遇《そうぐう》する」は、「事件の現場に遭遇する。」や「山で熊《くま》に遭遇する。」のように、「思いがけなく出会う」ことを表す。選択肢の中でその意味に合うのは**ア**である。

6 (1) **エ** (2) **イ**

解説 (1) 「率直《そっちょく》に」は「ありのまま。飾《かざ》らない様子」の意味。

(2) 「固有の」は「そのものだけにある様子」の意味。

7 **ウ**

解説 文章に「互《たが》いに気持ちよく言葉を交《か》わすことができるようにしよう」とあるが、その反対の意味で「ぞんざいな」が使われていることがわかる。それを手がかりにすると、選択肢の中の**ウ**「無礼な」が正答とわかる。

8 **エ**

解説 「リーダーとおぼしき」は、「リーダーであろうと思われる」という意味。選択肢の中でその意味に最も近いのは、**エ**「推測」である。

9 **ア**

解説 「失笑する」は、「思わず笑ってしまう。おかしくて噴《ふ》き出す」という意味。この意味で使われているのは、**ア**である。「笑いも出ないくらいあきれる」のような意味で誤用されることが多いので注意。

10 **ウ**

解説 「自足」の「足」は、「満足」「不足」などのように「たりる」という意味で、「あし」という意味ではないので注意する。「自足」は、「自分のおかれた状況《じょうきょう》に満足すること」を表していて、選択肢で合うのは**ウ**である。

11 例 **調べ考えて、真理を見抜くこと。**（15字）

解説 「洞」は③の意味、「察」は①の意味を採用する。「洞察《どうさつ》」とは、よく調べ考えて、ものの真理や本質を見抜《みぬ》くこと。十字以上二十字以内になるように、簡潔にまとめて書く。

6 慣用句・ことわざ・故事成語

1 **ア**

解説 **ア**「水に流す」は、「過去の失敗は水に流す。」のように使う。**イ**「水泡《すいほう》に帰す」は「努力がむだになる」という意味。

2 **ア**

解説 「拍車《はくしゃ》」とは乗馬靴《ぐつ》のかかとに付ける金具で、馬の速度を調節するために使う。そこから転じて「拍車をかける」は「物事の進み具合を速める」という意味で用いられる。

3 **エ**

解説 「お茶を濁《にご》す」は、お茶の作法をよく知らない者が、その場を繕《つくろ》ってやりすごすこと。そこから、お茶に限らず、「いい加減にその場をごまかす」ことを「お茶を濁す」という。

4 **エ**

解説 **エ**「棚《たな》に上げる」は「不都合なことに触《ふ》れない」という意味なので、「大切な思い出」に用いるのは誤り。**ア**「心に刻む」は「心に深く留めておくこと」。**イ**「襟《えり》を正す」は「気持ちを引きしめて物事に当たること」。**ウ**「頭が下がる」は「行動が立派で感心すること」。**オ**「胸を張る」は「自信に満ちた態度をとること」。

5 **ア**

解説 「気がおけない」は、「遠慮《えんりょ》しなくてよい、気をつかわなくてすむ様子」を指す。誤用のめだつ慣用句なので注意しておく。

6 **エ**

解説 **ア**〜**エ**の「情け」は、どれも「人情。思いやり」という意味。「他人に利することがめぐりめぐって自分にかえってくる」という意味になるのは、**エ**「情けは人のためならず」。このことわざは、「情けをかけるとその人のためにならない」という意味に誤用されやすいので注意する。

7 **ウ**

解説 「用心の上にも用心して行動する」という意味のことわざは、選択肢《せんたくし》の中では**ウ**の「石橋をたたいて渡《わた》る」である。**ア**「立つ鳥あとを濁《にご》さず」は「立ち去る者は見苦しくないようにしておくべきだ」、**イ**「果報は寝《ね》て待て」は「幸福は人の力ではどうにもならないので、あせらずに待つのがよい」、**エ**「縁《えん》の下の力持ち」は「他人のために陰《かげ》で苦労したり努力したりすること」という意味。

8 **ウ**

解説 **ウ**「虎穴《こけつ》に入《い》らずんば、虎子《こじ》を得ず。」は、「危険を冒《おか》さなければ、大きな成功は収められない」という意味。後漢《ごかん》の班超《はんちょう》が敵を攻《せ》める時、「虎《とら》のすみかに入らなければ虎の子は得られない」と部下に言ったという故事に基《もと》づく。

9 **ウ**

解説 せっかく鹿《しか》をとらえたのに、矢を射たばかりに鹿を逃《に》がしてしまった。矢を射たりしなければ、逃げられなかったはずなので、よけいなことをしてしまったという意味で、**ウ**の「蛇足《だそく》」が正答。**ア**「推敲《すいこう》」は「詩や文章を十分に練り直すこと」、**イ**「矛盾《むじゅん》」は「つじつまが合わないこと」、**エ**「五十歩百歩」は「少しの違《ちが》いはあっても本質的には同じだということ」という意味。

文法

1 品詞の識別

1 **ウ**

解説 「さらさらと流れていた」を単語に分けると「さらさらと／流れ／て／い／た」となる。「さらさらと」は副詞、「い」は動詞「いる」。

2 **父・言っ**

解説 文節に分けると「父は／言った」となり、それぞれの文節の最初の単語が自立語。

3 **エ**

解説 **ア**は連体詞、**イ**は副詞、**ウ**は名詞で、活用しない。**ア**は動詞「ある」、**ウ**は動詞「思う」と混同しないように注意。**エ**は動詞で活用する。

4 **入れ**

解説 文を正確に単語に分けてから動詞を探す。単語ごとに品詞を示すと、次のようになる。

せっかく	手	に	入れ	た	ん(の)	だ
副詞	名詞	助詞	動詞	助動詞	助詞	助動詞

せっかく／手／に／入れ／た／ん(の)／だ

5 **形容詞**

解説 「暖かく」の言い切りの形は「暖かい」で、形容詞。

6 **エ**

解説 形容詞は自立語なので文節の最初にくる。**ア・イ・ウ**はすべて動詞に付いている打ち消しの助動詞。

7 **ウ**

解説 「あたかも」は、「まるで。ちょうど」という意味の副詞。

8 **エ**

解説 「たとえ」は副詞。**エ**の「ゆっくり」が副詞。**ア**の「あれも」「これも」は名詞＋助詞、**イ**の「美しく」は形容詞、**ウ**の「静かに」は形容動詞。

9 **助動詞**

解説 「れる」は付属語で活用があるので、助動詞。動詞「踏《ふ》む」に付いている。

10 **イ**

解説 「そうだ」は付属語で活用があるので、助動詞。動詞「いえる」に付いている。

11 **ア**

解説 「裏返し」は動詞「裏返す」から変化した名詞。**ア**「力試し」は名詞、**イ**「戻《もど》し」は動詞、**ウ**「もしもし」は感動詞、**エ**「少し」は副詞。

12 **ウ**

解説 「大きな」は連体詞。**ア**「きっと」は副詞、**イ**「穏《おだ》やかな」は形容動詞、**ウ**「たいした」は連体詞、**エ**「小さい」は形容詞。「〜な」となる形容動詞と連体詞は、活用があるかどうかで見分ける。活用があれば形容動詞。

13 **イ・オ**

解説 「その」は連体詞。**ア**「静かな」は形容動詞、**イ**「あの」は連体詞、**ウ**「ような」は助動詞、**エ**「それ」は名詞、**オ**「大きな」は連体詞。

14 **イ**

解説 **ア・ウ・エ**はすべて副詞。**イ**は「温かい」となる形容詞。

15 **ア・エ**

解説 選択肢《せんたくし》の品詞はそれぞれ、**ア**「もともと」が副詞、**イ**「ともなう」が動詞、**ウ**「膨大《ぼうだい》な」が形容動詞、**エ**「すべて」が副詞、**オ**「ある」が連体詞。**ア**と**エ**が同じである。

16 **イ**

解説 「できて いる」は補助動詞。**ア**と**エ**は動詞、**イ**が補助動詞、**ウ**は「しみいる」で一つの単語。

17 **A** **イ** **B** **エ**

解説 「寒い」は形容詞。「寒さ」は形容詞「寒い」から派生した名詞。

18 ① **エ** ② **ア**

解説 ①はウ段で終わり、動作を表しているので動詞。②は活用しない語なので名詞。

2 文の組み立て

1 **イ**

解説 ネ(サ・ヨ)を入れて文節に分ける。文節の初めは必ず自立語なので、「上(名詞)」「下(名詞)」「あり(動詞)」に注目する。

2 **5**

解説 例文を文節に分けると、「面白《おもしろ》い／勝負が／できると／いう／ものです」となる。

3 ① **ウ** ② **ウ**

解説 例文を単語に区切ると次のようになる。

①本《名詞》／は《助詞》／あまり《副詞》／読み《動詞》／ませ《助動詞》／ん《助動詞》。

②走っ《動詞》／て《助詞》／くる《動詞》／人《名詞》／が《助詞》／い《動詞》／た《助動詞》。

4 **6**

解説 例文を単語に区切ると、「こちら／を／見／ず／に／応える。」となる。

5 **エ**

解説 「大きな」何なのかを考える。**エ**「くらげが」を修飾《しゅうしょく》していて、「大きな」「くらげが」とつながる。

6 **エ**

解説 「どうしても」どうなのかを考える。「どうしても」「引っ越《こ》さねばならない」とつながる。

7 **ウ**

解説 **ア・エ**は修飾・被《ひ》修飾の関係。**イ**は並立《へいりつ》の関係。**ウ**が補助の関係で、「飛んで いる」の「いる」は補助動詞。

8 **エ**

解説 「意味して いた」の「い」は補助動詞。「いる」がもっていた「存在している」という意味が薄《うす》れていることに注意。

9 **修飾語**

解説 ——線部「不利な」は「ルールに」の文節を修飾している。

10 **草刈りや耕起は**

解説 主部は「草刈《くさか》りや／耕起は」の二文節。主語（主部）は、述語（述部）に対応させて探す。「草刈りや耕起は」「大事件である」のように、述部に直接つなげて確認《かくにん》する。

11 **ア**

解説 「つまり」は接続語。前の内容をまとめた内容があとに続くことを表す。

12 **ウ**

解説 主語と述語（述部）を取り出してつなげてみるとわかる。**ア**「問題点は―難しい」、**イ**「私は―食べてくれた」、**ウ**「私は―している」、**エ**「夢は―とりたい」となり、**ウ**だけが正しい。

13 **イ**

解説 ①の内容より、「先生方と一緒《いっしょ》に」が「活動している」ではなく、「盛り上げてくれます」につながるようにする。②の内容より、「活動している」が「合唱団の皆《みな》さん」につながるようにする。

14 **ウ**

解説 「よもや」は呼応（陳述《ちんじゅつ》）の副詞。あとに否定の表現がくる。

15 **見かけるが**

解説 「よく」は副詞。普通《ふつう》は用言を修飾するので、それを手がかりにする。「よく」のあとに「、（読点）」があるので、「生えて いる」ではなく「見かける」にかかる。

3 用言の活用

1 **イ**

解説 「来る」はカ行変格活用。「て」があとに続いているので連用形。

2 **連用形**

解説 「任せる」は下一段活用。「て」があとに続いているので連用形。

3 **ウ**

解説 例文の「読み」は「ます」があとに続いているので連用形。**ア**「行く」は体言「とき」があとに続いているので連体形。**イ**「見える」は文末にあり、言い切りの形なので終止形。**ウ**「来《き》」は「た」があとに続いているので連用形。**エ**「やめ」は「ば」があとに続いているので仮定形。

4 **ア**

解説 ——線部はすべて五段活用の動詞なので、活用語尾《ごび》がア段になっている**ア**だけが未然形。あとはすべて連用形である。

5 **(1) 強いる　(2) 満たす**

解説 (1) 動詞「強《し》いる」＋助動詞「られる」。
(2) 動詞「満たす」＋助動詞「れる」。

6 動詞－**歩け**　活用形－**連用**（形）

解説 例文の動詞は、「歩く」ではなく「歩ける」なので注意。あとに「た」が続いているので連用形。

7 **イ**

解説 「表す」は五段活用。あとに「ない」を付けてみて、「ない」のすぐ前がア段になれば五段活用である。**ア**「計画する」はサ行変格活用、**イ**「書く」は五段活用、**ウ**「来る」はカ行変格活用、**エ**「起きる」は上一段活用である。

8 **ウ**

解説 例文の「食べる」は下一段活用。**ア**「過ごす」は五段活用、**イ**「生きる」は上一段活用、**ウ**「受ける」は下一段活用、**エ**「来る」はカ行変格活用。

9 **イ**

解説 **ア**「異なる」は五段活用、**イ**「挙げる」は下一段活用、**ウ**「見なす」は五段活用、**エ**「あらわす」は五段活用。

10 **ウ**

解説 例文の「合わせる」は、あとに「ない」を付けると「合わせない」となる。「ない」の直前の語尾《ごび》がエ段になるので下一段活用。

11 **ア**

解説 例文「起きる」と**ア**「閉じる」は上一段活用、**イ**「帰る」は五段活用、**ウ**「眺める」は下一段活用。**エ**「来る」はカ行変格活用。

12 活用の種類－**下一段活用**
活用形－**終止形**

解説 「続ける」は下一段活用。「と」があとに続いているので終止形。

13 **ウ**

解説 **ア**「かく」は五段活用、**イ**「いう」は五段活用、**ウ**「いる」は上一段活用、**エ**「移す」は五段活用なので、**ウ**が正答。

14 (1) **上一段活用・連体形**
(2) **サ行変格活用・未然形**

解説 (1)「生きる」に「ない」を付けてみると「生きない」となり、「ない」のすぐ前がイ段なので上一段活用。「こと」が付いているので、終止形ではなく連体形である。
(2)「しない」は「する」＋「ない」なので、サ行変格活用の未然形である。

15 **イ**

解説 例文「生きる」と**イ**「浴びる」は上一段活用。**ア**「話す」は五段活用、**ウ**「受ける」は下一段活用。**エ**「読書する」はサ行変格活用。

16 **寒かろ**

解説 形容詞のあとに「う」が付く形は未然形で、「寒かろ(う)」となる。

17 **食べていればよかった**

解説 「食べる」「いる」「よい」が用言で、あとに続く言葉によって活用する。「食べる」が連用形に、「いる」が仮定形に、「よい」が連用形になる。

18 **はかなく**

解説 最後の文に、「いま思えばはかないものだ」とある。この形容詞「はかない」は、花が風で散るさまを形容した言葉になるので、空所に入る。空所の直後に「散ってしまい」が続くので、用言を修飾《しゅうしょく》する形の連用形にし、「はかなく」を入れる。

4 意味・用法の識別

1 **ア**

解説 例文の「れる」は、「歌う」ことを「される」の意味なので、受け身。

2 **イ**

解説 例文の「問われて」は、受け身。選択肢《せんたくし》は、**ア**可能、**イ**受け身、**ウ**尊敬、**エ**自発の意味。「自発」は動作が自然に起こる意味の用法。

3 **イ**

解説 文章中の「やっと食べられた」は可能の意

味。選択肢は、ア「追いかけられた」は受け身、イ「忘れられない」は可能、ウ「任せられた」は受け身、エ「ほめられたい」は受け身。

4 イ

解説 例文の「いえそうだ」は様態の助動詞。選択肢で様態なのは**イ**のみ。**ア**・**ウ**は人から聞いたことを表す伝聞。**エ**は助動詞ではない。

5 イ

解説 例文の「疲《つか》れているようだ」は推定の「ようだ」。選択肢の**ア**・**ウ**・**エ**はすべてたとえの用法。

6 ウ

解説 **b**と**c**は接続助詞の「と」。**a**は格助詞の「と」、**d**は副詞「晴れ晴れと」の一部。

7 ウ

解説 「わかりにくいのは」の「の」は体言「もの」と置き換《か》えることができる。選択肢では、体言と置き換えられるのは**ウ**のみ。

8 ウ

解説 **ウ**だけが逆接の接続助詞。**ア**、**イ**は格助詞。

9 イ

解説 例文の「ながら」は逆接の接続助詞。選択肢は**イ**以外はすべて同時の接続助詞で、二つの動作を同時に行っていることを表す。

10 イ

解説 **a**は助動詞「れる」で自発、**b**は「制作する」という動詞の一部、**c**は助動詞「れる」で受け身。

11 オ

解説 例文の「に」は副詞「さらに」の一部。**ア**は助動詞「ようだ」の一部。**イ**・**ウ**・**エ**は助詞「に」。**オ**の「に」が副詞「大いに」の一部。

12 エ

解説 例文の「ない」は打ち消しの助動詞。**ア**は補助形容詞、**イ**は形容詞「少ない」の一部、**ウ**は形容詞「ない」。**エ**だけが助動詞「ない」。

13 エ

解説 例文の「らしい」は助動詞。**ア**・**イ**・**ウ**は、すべて形容詞の一部。「王者らしい」「かわいらしい」「春らしい」で一語の形容詞。**エ**だけが助動詞「らしい」。

14 エ

解説 ＝線部の「ない」は助動詞。選択肢の中で助動詞は**エ**だけである。**ア**は形容詞で、**イ**と**ウ**は補助形容詞である。

5 敬語

1 ア

解説 「くださる」は「くれる」の尊敬語。動作の主体である「保育士」に対する敬意を表す。

2 エ

解説 「申し上げる」は「言う」の謙譲《けんじょう》語。動作の相手である「先生」への敬意を表す。

3 ウ

解説 「行く」の謙譲語は「うかがう・参る」。**イ**「いらっしゃった」・**エ**「お訪ねになった」は尊敬語。**ア**「お願いしたら」は文意が合わない。

4 ウ

解説 **ア**「参る」は、「行く」「来る」などの謙譲語。**イ**「伺《うかが》う」は「行く」の謙譲語。謙譲語に「ください」と付けても尊敬語にはならない。**エ**

「お召し（になる）」は「着る」などの尊敬語。

5 例 **いらっしゃる**

解説 「来る」を尊敬語にする。「おいでになる」「お見えになる」などでもよい。

6 例 **お聞きしたい**

解説 「お○○する」の形で謙譲語にする。「聞く」の謙譲語としては、「うかがう」「拝聴《はいちょう》する」という言い方もある。

7 例 **何かなさっているのですか**

解説 先生の動作である「している」の「する」を尊敬語を用いて書き直すと、「なさる」「される」などとなる。「なさる」が自然なので、「なさっている」とする。また、「している」の「いる」を尊敬語にすると、「していらっしゃる」なので、「していらっしゃる」でも正答。ただし、「なさっていらっしゃる」は敬語が重なって過剰《かじょう》な言い方なので使わない。

8 例 **父が言いました**

解説 自分に近い、家族などのことを話すときは、尊敬語を用いない。また、「お父さん」ではなく「父」と言う。

9 **ウ**

解説 **ア** 相手の動作なので、謙譲語「拝見してください」が誤り。尊敬語を用いて、「ご覧ください」などとする。**イ** 相手の動作なので、謙譲語「申した」が誤り。尊敬語を用いて、「おっしゃった」などとする。**ウ** 自分の動作なので、謙譲語「まいります」で正しい。**エ** 身内である兄の動作なので、尊敬語「召《め》し上がりました」が誤り。謙譲語を用いて、「いただきました」などとする。

10 **お待ちしています**

解説 「お○○する」で謙譲語にする。「お○○になる」だと尊敬語になるので注意する。

11 例 **いただけ**

解説 「もらう」を謙譲語にする。

読解①（出題内容別）

内容理解・空欄補充（説明的文章）

1 **自然を壊す行為は人間も壊すという感覚はあまり持たれていない**（こと。）（29字）

解説 ――線部「それ」は指示語。指し示す内容は、**原則的に前にある**ので、前に戻《もど》って確認《かくにん》する。「それは怖《こわ》いことです」とあるので、筆者が**どんなことを怖いと思っているのか**を考える。

2 例 **西洋タンポポと日本タンポポの分布を調べることで、環境が都市化しているかどうかがわかる。**

解説 ――線部のすぐあとの部分に注目する。西洋タンポポは都市化したところに分布し、日本タンポポは自然の残ったところに**分布することに着目して**、**環境《かんきょう》が都市化しているかどうか**を調べることができる。

3 **ウ**

解説 接続語を入れる問題は、□の前後の内容を比べ、どのような関係にあるかを確かめる。ここは、□のあとに「一変した」という**急激な変化**を表す言葉があるので、**逆接の接続語**があてはまる。したがって**ウ**の「ところが」が正答。

4 **イ**

解説 敬語の第一の基本については、三行あとの「第一の点について」以下に詳《くわ》しく書かれている。この内容と合う選択肢《せんたくし》を選ぶ。**「服を敬って言っているのではなく、持ち主を敬っ**

ている」「行為《こうい》ではなく、行為する人を敬っている」などから、**イ**を選ぶ。

5

① 論理構築スキルに則った思考（13字）

② 理にかなった意思決定をする（13字）

解説　3段落から抜《ぬ》き出すという指示なので、2段落と3段落の関係をつかんでおかなければならない。――線部のすぐあとに「必要なのは」とあり、その長い文の最後に「論理を組み立てるスキル（技能や技術）」と続く。これと同じことを、3段落では**「論理構築スキル」**といっていることに注目する。これを含《ふく》む部分が①にあてはまる。また、②の空欄《くうらん》のあとには「ことを目的とした」とあるが、これは3段落の「理にかなった意思決定をするために」の「ために」の部分の言い換えにあたる。したがって②には**「理にかなった意思決定をする」**があてはまる。2段落の内容を短くまとめたものが3段落であることを読み取る。

2 心情・主題（文学的文章）

1　**ア**

解説　――線部のすぐ前の「私は何をしたいんだろう。」に注目する。**自分が何をすべきなのか、決めかねて迷っている**ことがわかる。――線部のあとの部分の内容からは、去年、読みたい場所は決まっていたのに、Nコンには出なかったことがわかる。選択肢を見ていくと、**イ**と**エ**は、Nコンに出ることを前提に努力している内容が合わない。**ウ**は、一年前のことだが、なつかしく思い出しているわけではない。**Nコンに参加するかどうか迷っている**という**ア**が正答である。

2

例 **最初はしっくりこなかったが、いろいろな意味が込められたいい名前かもしれないと思い始めた。**（44字）

解説　最初、お菓子《かし》の名前に「さんじゅうまる」と言われて、風味《ふうみ》は**「とっぴな感じ」**と思い、少しめんくらった感じで繰《く》り返している。しかし、その名前の理由を聞くうちに、だんだん納得《なっとく》していき、**いい名前だと感じる**ようになっている。そのような気持ちの変化を読み取って、答えにまとめる。四十五字以内になるように言葉を選ぶ。

3

例 **草原で生きることができなくても、子どもたちがライオンとしての誇りをもって生きることを望んでいた。**（48字）

解説　――線部の少しあとにある「矜持《きょうじ》を、きっと持つことができる」に着目する。「矜持」は「自負・誇《ほこ》り・プライド」。ここから、「私」が子どもたちに**ライオンとしての誇りをもって生きてほしい**と思っていることがわかる。檻《おり》の中で晒《さら》し者として生きていくしかない身であっても、草原に生きた種族としての誇りだけは子どもたちに伝えたいと思い、それを「伝説でもいい」と表現している。

3 場面・情景・表現（文学的文章）

1　**ウ**

解説　※の部分より五行前の「次々に……ぽろぽろと落ちていく。」の部分に注目すると、父親が熱心に指導する言葉が、走哉《そうや》には届いていないことが読み取れる。ここから、走哉が集中して練習に取り組めていないことがわかる。そのため、※の部分で、真っ白いマンション、同じクラスの陸《りく》、ふたりでハマっているゲーム、というように、思い浮《う》かぶことが練習からはどんどん離《はな》れていってしまう。このような走哉の心境をふまえたうえで、選択《せんたく》肢《し》を確認《かくにん》していくと、**「練習に集中しきれていない様子」**という部分がある**ウ**が合致《がっち》していることがわかる。

2　**ウ**

解説　情景描写《びょうしゃ》は、登場人物の心情とは関係がないように見えても、実は心情を暗示している。俊太《しゅんた》はロードレースの練習中に自転車を壊《こわ》してしまって、ロードレースへの出場を断念した。その状況《じょうきょう》から、**気持ちが落ち込《こ》み、意欲を失っている**ことを読み取る。それがわかるのは、――線部のあとにある「**億劫《おっくう》だった**」という部分である。「億劫」は、「めんどうで気が進まないこと」という意味。その心情と合致する選択肢《せんたくし》を選ぶと、**ウ**になる。「鳴き続けていた」という表現から、これといってすることもなく、蟬《せみ》の声を聞くともなく聞いている俊太の様子が想像できる。

3 **ア**

解説 **隠喩《いんゆ》**（「～ようだ」を使わない比喩）を用いた表現の問題。**「蛾《が》」と「蝶《ちょう》」がそれぞれ何をたとえているのか**を読み取る。手がかりは、文章の最初の「昨日までなんとも思ってなかったのに、気づくと、放課後が待ち遠しくなっていた」という部分。「なんとも思ってなかった」が「蛾」、「待ち遠しくなっていた」が「蝶」に当たる。直接的には「うた部」のプレートを指しているが、プレートだけでなく、「うた部」そのものに対するたとえであると考えるべきである。これをふまえて選択肢を見ていくと、「蛾」を「たいして気に留めなかったもの」、「蝶」を「自分にとって価値あるもの」としている**ア**が正答だとわかる。

4 **ウ**

解説 文章表現の特徴《とくちょう》を問う問題は、**選択肢を一つ一つ確認**していく。**ア**は、「主人公の心情と対応する情景描写《びょうしゃ》」とあるが、文章中にはそのような描写はないので、不適切。「伯父《おじ》との関係の変化」についても描《えが》かれていない。**イ**は、確かに文章中には「……」が三か所あるが、それが用いられた部分に「思いを伝え合うことができない二人のもどかしさ」が表現されているとはいえない。したがって、**イ**は適切ではない。**エ**には、「晴れ舞台《ぶたい》で活躍《かつやく》する射手《いて》の写実的な描写」とあるが、文章中にはそのような描写は見当たらない。ほとんどが弦《げん》とハルオジの会話が占《し》めているので、**エ**も不適切。**ウ**には、「馬のひづめや矢が的につきささる音などの聴覚的《ちょうかく》な表現」とある。文章の最後の六行に「ひづめの音が聞こえてくる」「バシュッ」「二本めの矢が風を切る音」など、音に関する表現が見られる。したがって、**ウ**が正答である。

4 段落・要旨（説明的文章）

1 **ウ**

解説 第二段落の初めに「**しかし**」とあるので、第二段落では、**それまでとは違《ちが》う論を展開させていること**がわかる。また、第三段落の初めに「**すなわち**」とあるが、これは**前に述べられたことを言い換《か》えて説明する**場合に用いられる接続語である。これらをふまえて選択肢を確かめていくと、**ウ**の「第二段落で示した新たな論点」や「第三段落ではその要点を整理して論の展開を図っている」などの部分が合致《がっち》するとわかる。

2 **イ**

解説 1段落と2段落は、筆者本人の経験について述べられている。3段落では、その経験から筆者が見つけた、整理についての基本原則がまとめられている。その内容と合致するのは**イ**である。**ア**は、「教えられた書類整理法」という部分が合わない。**ウ**は、「1段落とは対照的な」の部分が合わない。**エ**は、「筆者自身がたどってきた整理法の歴史をふりかえる」という部分が合わない。

3

例 **一時的に「外」に対する意識が出てきて強くなった「見せたい気持ち」を大事にして、「見せること」や「見られること」を意識する気持ちを持ち続けるようにするべきである。**（80字）

解説 ――線部に「そういう気持ち」とあるが、これは9段落の「自分の飾《かざ》ったものを見てほしいという気持ち」を指している。9段落では、クリスマスの時期に、そのときだけ自分が飾ったものを見せたい、見てもらいたい、そんな気持ちを持つ人がいることを、例として挙げている。筆者はその気持ちが大事だと考えていて、その気持ちを持ち続けられるようにできないものだろうか、と述べているのである。「育てられないものだろうか」という文末は、疑問の形になってはいるが、筆者の意図としては、「**育てられるようにするべ**

きである」という主張であることを読み取る。クリスマスのような特別な時期だけでなく、**普段《ふだん》から「見せること」「見られること」への意識を持ち続けることが必要だ**というわけである。

5 筆者の思い（文学的文章）

1 ウ

解説 **段落の初めの部分に注目**すると、その段落の内容を類推することができる場合がある。文章の最後の段落の冒頭《ぼうとう》に、「その日からもう三十何年になる」とあることから、それよりも**前の部分が回想場面**であることがわかる。最後の段落のすぐ前にCがあることから、正答は**ウ**ということになる。

2 ウ

解説 **文章の最後の部分に着目**して、筆者の最も伝えたい内容を読み取る。「インタヴュアーにとっての喜び」として、**「どうしても口を開いてくれない相手から大事なひとことを聞き出すということ」**と、**「相手が自分の喋《しゃべ》っていることに自分で驚《おどろ》いているという瞬間《しゅんかん》に立ち会えること」**という二つを挙げている。これをふまえて選択肢を確かめると、**ウ**は、『知っていること』だけでなく、『知らないこと』も喋らせる」の部分が文章の内容と一《いっ》致《ち》する。したがって正答は**ウ**である。

読解②（出題テーマ別）

1 文化・言語（説明的文章）

1 (1) **ア** (2) 例 **貴重で、愛すべきもの**（10字）

解説 (1) ――線部①は**「実体の美」が、状況《じょうきょう》が変わっても変わらない美である**ことを示している。その理由として、文章の第二段落に述べられている**「カノン（規準）」と呼ばれた美の原理の存在**がある。ミロのヴィーナスはこのカノンを実現した作品の例として挙げられている。これらをふまえて選択肢を確認すると、**ア**が正答ということになる。

(2) ――線部②のすぐ前の文に**「うつろいやすいものであるがゆえに、いっそう貴重で、いっそう愛すべきもの」**とある。これは、日本人が「状況の美」に対して抱《いだ》いている感覚である。これを□にあてはまるように十字以内で書く。

2 (1) **A** 言葉 **B** 存在の承認 (2) 例 **他者と自己の生の条件の違いや共通の想いに気づき、自分を客観視できるようになるということ。**（44字）

(3) **エ**

解説 (1) 図のAに関連する文章は、第六段落に書かれている。相手に「たずねる・確かめる」というやり方をすることで、「聴く側」は「**言葉**を通じて想《おも》いをキャッチするのがうまくなる」。一方で、「話す側」も「自分の気持ちや考えをなるべくピッタリくる言葉で伝えようと努力するようになり、**言葉**に対する繊細《せんさい》さが磨《みが》かれて」いく。これらの結果成立するものがBに入る。本文には、「こうやって、互《たが》いの間に**存在の承認《しょうにん》**が成り立ってきます」とある。

(2) 他者理解を通してどのように自己理解が深まっていくかを説明しているのは、――線部②の次の第八段落。まず、対話によって、「それぞれが**どれくらい違《ちが》った生の条件**（個性、家庭、時代状況《じょうきょう》の違いなど）**を生きてきたか**」**ということや、「人間としての共通な想い」に気づくことができる**。そうして、「自分の見方はちょっと偏《かたよ》っていたな」とか「こういう発想があっても面白《おもしろ》いな」と気づくことで、**「自分を客観視できる」**ようになる。

(3) ――線部③の後に続く四つの段落から読み取る。**現代**は**「よさ（価値）が曖昧《あいまい》になってきている時代」**であり、対話によって「何が価値あることなのか」を確かめることは、**「個人の生き方」**や**「社会の今後を構想するうえ」でも必要**なのである。したがって、エが正答。

2 友情・仲間（文学的文章）

1

(1) **イ**

(2) a 例 **感動した時に思わず出てくる音を言葉にした**（20字）　b 例 **声に出して作る**

解説

(1) ——線部①のすぐあとの言葉に「**私今、すごいことに気づかされた気がする**」とある。それが「呆然《ぼうぜん》とした顔」になった理由である。それをふまえて選択肢《せんたくし》を見ていくと、**イ**が正答だとわかる。

(2) ——線部②の七行前から始まる会話文に注目する。切れ字「や」について、「**感嘆《かんたん》とか、驚《おどろ》きとか、そういうことを表す時につい漏《も》れる音だったたから、そのまま言葉にした**」と言っている。これを a にあてはまるようにまとめる。また、「**俳句を作るなら、しっかりと声を出すこと**」とも言っている。b は、こちらをまとめる。

2

(1) **イ**　(2) **ウ**　(3) ② **オ**　③ **ア**

解説

(1) ——線部①の「頬《ほお》が強《こわ》ばる」という表現は、緊張《きんちょう》している様子や、警戒《けいかい》している様子を表している。——線部①の三行あとの助川《すけがわ》の言葉に「**お前に無理にもう一度走ってほしいとは言わないよ**」とあるように、早馬《そうま》が頬を強ばらせた理由は、**もう一度走ってほしいと言われるのではないかと思ったこと**である。それをふまえると正答は**イ**となる。

(2) □の一つ前の文に「**きちんと受け入れることができた**」という前向きな心情が書かれている。このことから、正答は**ウ**であるとわかる。

(3) ——線部②の四行前の早馬の言葉に「**俺《おれ》の前では陸上の話を避《さ》けるんだよ**」とあるので、**オ**が正答。——線部③は、直前の「それ」の指示内容を考える。三行前から、井《い》坂都《さかみやこ》がどのように早馬に接しているかが書かれている。「**見ない振《ふ》りをしていたものを無理矢理認めさせる**」「**目を背《そむ》けていることを指摘《してき》して、高笑いする**」とある。それをふまえると正答は**ア**であるとわかる。

3 社会・生活（説明的文章）

1

(1) **再度考える時間と労力を削減**

(2) 例 **不満な状態が解消されること。**（14字）

(3) Ⅰ **道具の形そのもの**　Ⅱ **ア**　Ⅲ 例 **過去の問題解決の工夫を呼び起こし、現在の問題に再び適用することで、正確に美しく問題を解決できる**（47字）

解説

(1) 道具の「使い回しができる」と、「一度考えた方法を状況《じょうきょう》に応じて使い回すこと」ができるので、「**再度考える時間と労力を削減《さくげん》**」することができる。

(2) ——線部②の前にある「**これ**」の指している内容を読み取る。二文前に、「**目の前にある不満な状態を、なんとか解消したい**という欲求があります」とある。

(3) Ⅰ 第八段落に着目する。道具がもたらす作用は、「道具の形状や部品の組み合わせとして組み込《こ》まれている」。つまり、「**道具の形そのもの**が道具の作用の表れ」なのである。

Ⅱ 第八段落の最後の文から、アニメの呪具《じゅぐ》と比較《ひかく》することで、現実の道具のもつ魅力《みりょく》を指摘《してき》するという意図が読み取れる。したがって、**ア**が正答。

Ⅲ 第九・十段落に着目する。道具を使い回すことは、「**過去に工夫《くふう》が凝らされた問題解決**」、言い換えれば、「道具の内に封《ふう》じ込《こ》められた**問題解決の過程を呼び起こし**、**目の前の**（現在の）**問題に再び適用すること**」である。そうすることで、「いちいち考えなくても**問題が正確に**、**かつ**、**美しく解決される**」。以上をまとめればよい。

2

(1) **エ**

(2) **常に欠乏を感じるような状態**

(3) **ウ**　(4) **ウ**

(5) 例 **人々の消費への欲望がなくなり、つくった物が全然売れなくなる**（29字）

解説

(1) 語句の意味を問う問題は、知らない語句であっても、文章の前後から推測して考える。ここでは、選択肢の言葉を「メカニズム」と入れ替《か》えて読んでみる。「変化の**仕組みが大いに機能する**」で意味が通じる。

(2) ——線部②を別の表現に言い換えている部分を探す。同じ段落の中に「**次々と新しいものを追い求めるよう欲望が煽《あお》られることで、常に欠乏《けつぼう》を感じるような状態がつくられてしまった**」とある。「満足できない」とは、「欲望が満たされることがない」ということである。

(3) **ア**「憐憫《れんびん》」の意味は「あわれむこと」。**ウ**「羨望《せんぼう》」は「うらやましく思うこと」。□の前後の内容から考える。「これがカッコいいから」や、「(他人から)眼差《まなざ》しを向けられることで満足する」などからすると、**ウ**の「**羨望《せんぼう》**」があてはまる。企業《きぎょう》の広告戦略としては、自分自身が満足するだけでなく、他人にうらやましいと思わせることができることを訴《うった》えかけるというわけである。

(4) 「適切でないもの」を選ぶことに注意する。選択肢を丁寧《ていねい》に確認《かくにん》していく。**自分がどのように見られているのかを意識した消費活動ではないもの**を選ぶ。**ウ**は、「バッグに穴が開いたので」必要に迫《せま》られて購入《こうにゅう》していることから、これは「物に対する欲望」に基《もと》づいた消費活動。他の選択肢はすべて「『自分はこう見られたい』という欲望」に基づいた消費活動である。

(5) □には、**経済全体が回らなくなる原因**があてはまる。——線部④を含《ふく》む段落を丁寧に読む。「人々の消費への欲望は景気の浮沈《ふちん》を握《にぎ》っています」とあり、みんなの欲望がなくなり、「つくった物が全然売れなくなってしま」うと、経済が回らなくなる。これらの部分をまとめる。

4 自然・科学(説明的文章)

1

(1) 生まれた川

(2) ア

(3) 例 サケが海の物質を含んで川を遡り、クマがサケを食べて森で糞をすることで、森が豊かになること。(45字)

解説

(1) ——線部①の前の文に「**自分の生まれた川の『匂《にお》い』を知っていて正しくその川に戻《もど》ってくる**」とある。その川のことを「ふるさとの川」といっているので、「**生まれた川**」が正答。五字という字数指定もヒントにする。

(2) □の前後の内容を比べて、どんな関係になっているかを判断する。前では「**水は上から下に**」といっていて、あとでは「**川の上流から下流に流れます**」といっている。上から下にというおおまかな内容は変わらないが、あとのほうが「上流」「下流」などのように具体的になっている。前の内容をあとで説明し、言い換《か》えているので、アの「つまり」があてはまる。必ず空欄《くうらん》に入れて読んでみて、確かめる。

(3) ポイントとしては、「海の物質」はサケにたくさん含《ふく》まれていること。そして、クマがそのサケを食べ、糞《ふん》をすることによって、木が育つということ。その一連の流れがおさえられていることが重要である。サケが森林を直接育てるわけではないが、**生態系の中で重要な役割を担《にな》っている**ことを示している。

2

(1) はじめ-現在の　終わり-しまう (9字)

(2) Ⅰ A 再現性に関する検証 [再現性の検証] (6字)

B 例 客観性にもとづき、自由に批判や反論が可能である (23字)

Ⅱ 例 情報をオープンにし、真摯に批判を受け、間違いが分かれば修正するという態度。(37字)

解説

(1) 第三段落の初めに「しかし一方」とあり、この後に相反する内容が述べられている。「**現在の科学の体系の中にあるものだけに自分の興味を限定してしまう**ことも、真の意味で科学的な態度ではないはずである」とある。

(2) Ⅰ A 第五段落に着目する。「科学的な態度」とは、「根拠となる事象の情報がオープンにされており、誰《だれ》もが**再現性に関する検証**ができること」である。それに対して、「非科学的な態度」は第六段落に述べられている。「根拠となる現象が神秘性をまとって秘匿《ひとく》されていたり、一部の人間しか確認《かくにん》できない」ために「**再現性の検証**ができない」ことでも受け入れる態度である。

B「科学的な態度」は「非科学的な態度」とは正反対であり、「根拠となる事象の情報がオープンにされて」いるので、**客観性にもとづいて、**「**自由に批判・反論が可能である**」という特徴《とくちょう》を持っている。

Ⅱ「物事が発展・展開するために必要な資質」とは、「この世で言われていることの多くは不完全なもの」だという認識を持ち、「**間違いが分かれば修正すれば良い**」と考える資質である。そのためには、「**情報をオープンにし**、他人からの批判」に晒《さら》されても、「**真摯《しんし》に批判を受ける姿勢**」が必要である。

5 悩み・葛藤（文学的文章）

1

(1) ア

(2) 例 自分やチームのためになることを、真面目にコツコツと毎日続けて、チャンスを待つ（38字）

(3) ウ

解説

(1) 一年生である遼介《りょうすけ》は、今のところトップチームであるAチームやBチームに呼ばれる望みがないと感じている。木暮《こぐれ》もむずかしいことは認めざるを得ない様子である。――線部①よりも前の会話を読む限り、**希望を見いだせずに落胆《らくたん》している様子**が読み取れる。したがって、**ア**が正答である。

(2) 説明文に「□ことが重要だという木暮の助言」とあり、**木暮の助言の中で最も重要と思われる部分**を用いてまとめればよい。その部分は「**自分のため、チームのために……コツコツと毎日を過ごすこと**」である。字数指定は四十字以内なので、余計な部分を省いて短くまとめる。

(3) 「そうですよね」と納得《なっとく》した遼介が、「野心を持て」という木暮の言葉を聞き返していることをふまえて考える。木暮の助言は、情熱的ではあるかもしれないが、すぐに不安をかき消す内容ではない。すると、**ウ**が正答ということになる。遼介は「野心」という言葉が予想外だったため、思わず聞き返したのである。

2

(1) Ⅰ イ　Ⅱ たくさんの祝福と希望

(2) ① 例 内面の成長にともなってものの見方や感じ方が変化する（25字）

② 友情

解説

(1) Ⅰ 本の好きな二人は、一冊の本を話題にするうちに、長い間離《はな》れていた心が通い合った。「魔法《まほう》みたいだった」という言葉は、このことにダイアナが驚《おどろ》きを感じた様子を表している。したがって、正答は**イ**。

Ⅱ 最後から三段落めに、「いつか必ず、**たくさんの祝福と希望**をお客さんに与《あた》えられるようなお店を作りたい」という、ダイアナの気持ちを表した言葉がある。

(2) ① 子どものころに読んだ本を大人になってから読み返すと、「新しい発見を得ることができる」のは、大人になる過程で**ものの見方や感じ方が変わった**からである。それは、「自らの成長に気づかされる」とあるように、**自らの内面が成長したから**である。

② 「**一度限りではなく何度でも呼び起こされるもの**」は、「**読書の喜び**」と、もう一つは何かをとらえる。「幼い頃はぐくまれた**友情**もまた、……いくつになっても取り戻《もど》せるのではないだろうか」とある。

6 家族（文学的文章）

1

(1) ア　(2) エ

解説

(1) ――線部①のあとの、**祥子《しょうこ》の言葉を遮《さえぎ》り、「現実は厳しい」と息子《むすこ》に伝える一成《かずなり》の行動**から考える。選択肢《せんたく》を一つ一つ確認《かくにん》していくと、**イ**は「戸惑《とまど》っている」などが文章と合わない。**ウ**は、「どうしたら励《はげ》ますことができるかをじっくりと考えている」が合わない。**エ**は、祖父の絵を勝手に見たことで一成が不快に感じているとは読み取れない。「反省の程度を確かめようとしている」という部分も合わない。したがって、正答は**ア**。一真《かずま》の話に口もはさまずしっかりと聞き、見つめているのは、**一真の真剣《しんけん》さを見極《みきわ》めようとしている**のである。

(2) **「わかっているとは答えられなかった……諦《あきら》めるつもりもなかった」**の部分をふまえて考える。選択肢を丁寧《ていねい》に見ていく。**ア**は、一成は投げやりな態度を示してはいないので、合わない。**イ**は、「将来に対する不安がなくなり」が合わない。むしろ、将来が厳しいものになることは一真にもわかっているはずである。**ウ**は、「わかっているとは答えられなかった」ほうの理由にあたる。答えられなかったのだから、当然理解しているとはいえない。**エ**は、「誰《だれ》かのせいにはできんのだ」という一成の言葉と一致《いっち》する。「覚悟《かくご》をもったから」、一真は「わかってる」と答えられたのである。したがって、**エ**が正答。

2

(1) **ただいま、**
(2) **娘が自分の～がうれしい**（気持ち）（23字）
(3) **ア** (4) **エ** (5) **イ**

解説
(1) ——線部①が疑問を示していることをおさえる。設問文の「対応している」というのは、**その疑問に答えている**という意味である。だから、答えは——線部①よりもあとにあるはずである。四行あとに「そうか。」とあって答えを見つけているが、疑問に答えている一文はさらに四文あとに**「ただいま、と帰って……願っていたんじゃないか。」**とある。

(2) 父が「感慨《かんがい》深そうに見」ていたのは、「私」が持っていたCDのジャケット。これは、父がよく聴《き》いていた音楽である。このことを手がかりに探すと、——線部②の七行あとに**「娘《むすめ》が自分の好きなCDを持っていることがうれしい」**が見つかる。

(3) A の前に**「今しかない。今しかいえない。」**とある。「私」は自身にとって大事なことを父に伝えようとしていることがわかる。A のすぐあとに「まっすぐ父を見ていうと」というところからもそれが読み取れる。それをふまえて選択肢を見ていくと、**イ**や**エ**のような重みのない言葉ではない。**ウ**は、文章の冒頭《ぼうとう》のところで繰《く》り返し言った挨拶《あいさつ》と同じであり、「今しかいえない」言葉ではない。答えは**ア**である。A にあてはまる**「おかえり」**は、久しぶりに帰ってきた父に対して**家族として受け入れる気持ち**を表したものと考えられる。それに対して父は、「真顔になって」ラーメンに視線を移し、**「おう」**と、冒頭と同じ短い返答をしている。

(4) 選択肢を一つずつ見ていくと、**ア**は、「家庭的」が合わない。**イ**は、「冷たい人物」が合わない。**ウ**は、「おしつけがましい」が合わない。したがって、**エ**が正答となる。家を出て行ってしまうのだから、父は親らしいことはしてきていない。気まぐれにラーメンを作ったり、娘が自分の好きなCDを持っていたことに気をよくしたりと、**自然体で娘に接している**。

(5) 『エラ・イン・ベルリン』に入っている歌によって**自分の生《お》い立ちを前向きにとらえ直し、家族について考え直していること**を読み取る。選択肢を見ていくと、**ア**は、「私」が父親の生き方に同調しているとは読み取れない。**ウ**は好きなものが遺伝すると思っているのは父の思い込《こ》みであるので合わない。**エ**は、悲しすぎる境遇《きょうぐう》だとは思っていない。したがって、**イ**が正答である。

7 社会・人生（文学的文章）

1

(1) **がむしゃらに** (2) **イ**
(3) 例 **情報の発信側と受信側が、互いにコミットしたいと思う切実な気持ち。**（32字）

解説
(1) 「懸命《けんめい》な様子」を表す言葉を文章中から探す。——線部①から二行あとに**「がむしゃらに」**とある。字数指定の六字もヒントと考える。

(2) 文章の冒頭《ぼうとう》に「Mさんは英語ができなくても」とあり、言葉だけでコミュニケーションを取ることを意味しているわけでないことがわかる。——線部②を含《ふく》む文に「その身振《みぶ》りから垣間《かいま》見えるひととなりこそが『大工の言葉』ではないか」とあることをふまえて選択肢《せんたくし》を見ていくと、正答はイである。「ひととなり」が「仕事ぶりから自然と伝わる」『生き様』と言い換《か》えられている。

(3) 「コミュニケーション」については第五段落に書かれている。三十五字以内という字数指定なので、重要な部分だけを抜《ぬ》き出してまとめる必要がある。「互《たが》いにコミットしたいと思う切実な気持ち」の部分を用いてまとめるとよい。

2

(1) **イ**

(2) 例 **言葉におきかえることができない**（15字）

(3) **ウ**

解説

(1) ——線部①の四行前に「そこが一ばん聞きたいと思うところに迫《せま》ってゆくと」とあり、それが——線部①の表現につながっていく。さらに——線部①の次の文に「**言葉ではいえない質のものなのである。**」という一文がある。これらに注目しながら選択肢を見ていくと、**ア**は、「手の内を明かそうとしないTさん」が間違い。手の内を明かそうとしないのではなく、言葉にできないのである。**ウ**は、「Tさんは気にもとめずに会話が終わってしまう」が間違い。Tさんが筆者を突《つ》き放すような印象は文章中にはない。**エ**は、「筆者は慌《あわ》ててしまって次の質問ができずに」が間違い。したがって、正答は**イ**で、——線部①は「核心《かくしん》となる部分が明らかにならないまま会話が終わってしまう」という意味である。

(2) 説明文の□の直後に「ため」とあるのは、答えが「理由」であることを示している。「**人に伝える手段がない**」**理由**である。(1)でも触《ふ》れたように、伝えられないのは「**言葉ではいえない質のもの**」や「**言葉にならない手ごたえ**」だからである。第七段落に「**言葉におきかえることのできないもの**」という表現もある。これを十五字以内にまとめて解答する。

(3) 選択肢を丁寧《ていねい》に見ていく。**ア**は、「自信の消失」が間違い。そのようなことは述べられていない。**イ**は、「カン」が必要な要素であることは、間違いとはいえないが、「Tさんと筆者とに共通する緻密《ちみつ》な作業内容の分析《ぶんせき》」という内容は文章中に見えない。**エ**は、「職人は口数よりも環境《かんきょう》で仕事が評価される」の部分が文章の内容と合わない。したがって、**ウ**が正答である。筆者がここで述べたかったのは、**Tさんの**「**藍染《あいぞめ》という仕事に誠実に向き合う様子**」である。

8 日常の出来事（文学的文章）

1

(1) **イ**　(2) **エ**

解説

(1) 各選択肢の言葉から、「**都会の空**」「**地名も覚束《おぼつか》ない**」などの言葉に注目して考える。正答は**イ**の「**風景**」である。

(2) 筆者が過去の写真を整理する様子が「**気分の高まりを形容**」「**過去への時間旅行**」と表現されていることをふまえて、選択肢を確認《かくにん》していく。**ア**は、「後悔《こうかい》している」が間違い。**イ**は、「過去の思い出と決別するために」が間違い。そのような理由で写真を見ていたわけではない。**ウ**は、「新たな旅への意欲を高めるため」が間違い。したがって、正答は**エ**。筆者は昔の自分がどんな写真を撮《と》っていたのかを思い返しながら、過去の旅を回想している。

2

(1) **ア**　(2) **エ**

(3) **木で器を作ること**

(4) **イ**

(5) 例 **実用的で安価で、あまり凝らないデザイン**（19字）

解説

(1) 「たたずまい」とは、「そこにあるものの様子、有り様。かもしだす雰囲気《ふんいき》」などの意味。——線部①の直後に「ごはんを炊《た》いて、……鍋《なべ》がカタカタ鳴る音」と具体的に説明されている。

(2) ——線部②のあとに「**ひとが暮らす、愛《いと》おしい風景**」とあるのをふまえて考える。

(3) 指示語が指し示す内容は、指示語よりも前にあるのが原則であるが、ここはうまくあてはまらない。この場合はすぐあとの「**木で器を作ること**」を指している。

(4)　――線部④のすぐあとの表現を手がかりにする。**「煙突《えんとつ》からの一筋の煙《けむり》や、窓の灯《あか》り」などの「ひとの営みを愛おしく思う」**とあることをふまえて考える。「煙突からの一筋の煙」や「窓の灯り」が象徴《しょうちょう》しているのは「食事」や「仕事」や「家族」である。

(5)　「生活者の家具」と「美しい家具」の二つの視点から意見が述べられていることをおさえる。「生活者の家具」は文章中では「庶民《しょみん》のための家具」と表されており、最後の段落にその特徴が述べられている。**「無駄《むだ》がなく、高価な材料は使わず……あまり凝《こ》ったことをしない」**とあるので、これを短くまとめて解答する。

古典・詩歌

Ｉ　古文の読解

1　① **イ**　② **ウ**

解説　登場人物は、**谷風梶之助《たにかぜかじのすけ》**と**小角力《こずもう》**と**魚売る男**。①は、谷風梶之助という関取が、小角力つまり若い力士を供として連れているので、供に言いつけたのは**イ**の谷風である。また②は、値段を「まけろ」と言う谷風に対して言い返しているのは魚売る男なので**ウ**が正答。

現代語訳　関取の谷風梶之助が、小角力を供に連れて日本橋本船町《ほんふなちょう》を通ったとき、鰹《かつお》を買おうとしたところ値段がとても高かったので、供の者に言いつけて「まけろ。」と言わせて行き過ぎたのを、魚を売る男が呼びとめて、「関取がまけると言うのは縁起《えんぎ》が悪いことだ。」と言ったので、谷風は引き返して「買え買え。」と言って買わせたのはおもしろいことだ。

2　**朝日**

解説　**「さし出《い》でたる」から前に戻《もど》って探す。**主語は**「朝日」**。「が」を補って読める。

現代語訳　九月の頃《ころ》、一晩中降り続いていた雨が、今朝はやんで、朝日がとてもあざやかにさし出ているときに、庭に植えた草木の露《つゆ》が、こぼれるように濡《ぬ》れかかっているのも、とてもすばらしい。垣根《かきね》の上の飾《かざ》り、軒《のき》の上などには、張っている蜘蛛《くも》の巣が、落ちずに残っているものに、雨がかかっているのが、白い玉を貫《つらぬ》いたようであるのは、たいへん趣深《おもむき》くすばらしい。

3　**馬に水飼ふもの**

解説　**「通りけり」から前に戻って探す。**主語は**「馬に水飼ふもの」**。「が」を補って読める。

現代語訳　中国では、秦《しん》の始皇帝《しこうてい》が、泰山《たいざん》に行幸《みゆき》なさったときに、にわか雨が降って、五本の松の下に立ち寄って、雨宿りをなさった。このために、その松に位を授けて、五大夫《ごたいふ》といった。位階の五番目の位のことを松爵《しょうしゃく》というのは、これのことである。

それぱかりでなく、夏に道行く人は、木陰《こかげ》に涼《すず》んで、衣《ころも》をかけ、また馬に水を与《あた》える者は、銭《ぜに》を井戸《いど》に沈《しず》めて通った。

賢《かしこ》い人は、心がないという石や木にまで、恩を感じたことを表すのである。

4　**時刻は～となり。**

解説　――線部の「いひけるは、」のすぐあとから会話文が始まる。会話文の終わりは「いたすことなりと、」の**「と」に注目する。**

現代語訳　ある人が、時刻を知ろうとして、自鳴鐘《とけい》を手に入れようとするのを、その妻が、これを止めて言ったことには、「明け暮れにかかる世話だけではありません。狂《くる》った時には、その時間を費《つい》やすことになり、自鳴鐘のために、かえって時を失うことが多いでしょう。おやめなさい。」と言えば、（ある人が）「それなら鶏《にわとり》を飼おう。」と言うが、その妻が、また止めて言ったことには、「時刻は人の力の及《およ》ばないところにあります。潮の満ち引きもこれと同じでしょう。自鳴鐘や鶏を頼《たの》みにするのは、勤めを怠《おこた》る者のすることです。」と夫を諫《いさ》めて、結局鶏も飼わないことになった。

5　**月を弓～まつれ**

解説　「○○が言うやう」や「○○いはく」という言い方をしていないので注意する。直前の、「そのよしつかうまつれと」の**「と」に注目**して会話文の終わりを見つける。そこから前に戻《もど》って会話文の始まりを探す。

現代語訳　おなじ帝《みかど》の御時《おんとき》、躬恒《みつね》をお呼びになって、月が趣《おもむき》深い夜に、詩歌や管弦《かんげん》の遊びがあって、「月を弓はりと言うのは、どういう意味か。その理由を歌で答えよ。」とおおせになったので、宮殿《きゅうでん》の階段のところに参って、お答え申し上げた。

6

ウ

解説 戴嵩《たいすう》は、自分の描《えが》いた牛の絵を、牛飼いをしている子どもに見せて意見を求めたところ、誤りを指摘《してき》された。戴嵩は納得《なっとく》して絵を破った。――線部は、この態度について述べている。これをふまえると、**ウ**が正答。

現代語訳
昔、唐《とう》の国の絵描《か》きで戴嵩という者がいた。牛を最も得意なものとして描くのが上手であった。ある時、角を振《ふ》り尾《お》を立てて、牛たちが戦う様子を描く。一段とすばらしくできたと思って、人々に見せた。その後、牛飼いをしている子どもで、牛を野飼いにしている者にこの絵を見せ、お前が朝夕世話している牛に、よく似ているかとたずねたとき、牛飼いの子どもは、その絵を見て笑う。「どうした。」ときけば、「牛が戦うときは、尾を立てないで腹に尾を付けておくものなんだ。この絵は尾を立てているから、誤りだ。」と言った。戴嵩ははっと気がついて、もっともだと感じ、その絵を破った。
本当に名人というものは、どのようなことについても例外なく、戴嵩のようであってほしいものだ。戴嵩ほどの牛の絵描きであっても、実物の牛に慣れていないので、誤りもあるかもしれないと、朝夕(牛に)慣れている牛飼いの子どもに見せたのは、名人の戴嵩なればこそだ。

7

(1) **ウ** (2) **ア**

解説
(1) □の二行前に「**善縁《ぜんえん》に逢《あ》へば心善くなり、悪縁に近づけば心悪《あ》しくなるなり。**」とあることから、「**善縁**」が入る。
(2) 文章中では、人の心がもともと善であったり悪であったりはしないといっている。**善い縁にしたがえば心が善くなり、悪い縁にしたがえば心が悪くなる。**

現代語訳
人の心には、もともと、善悪はない。善悪は、周囲の状況《じょうきょう》にしたがって起こるものだ。例えば、人が、仏道修行《しゅぎょう》のために山林に入って住むときは、山林の住まいが善く、世間の住まいは悪いと思う。また、修行する心が鈍《にぶ》って、山林を出るときは、山林は悪いと言う。これは、つまり、必ず、心に一定不変の状態がないために、周囲の状況にしたがってどうにでもなってしまう。だから、善縁にしたがえば心が善くなり、悪縁にしたがえば心が悪くなるのである。自分の心は、もともと悪いと思ってはならない。ただ、善縁にしたがうべきである。

2 古文の知識

1

(1) **つかわされける**
(2) **おおいによろこび**
(3) **やまいにふし**
(4) **いいつたえ**
(5) **とどこおりて**
(6) **たまいし**
(7) **すなわち**

解説
(1) 「つかはされける」の「は」を「**わ**」に直す。
(2) ハ行の「ほ」を「**お**」に直し、「ひ」を「**い**」に直す。
(3) 「やまひにふし」の「ひ」は「**い**」に直すが、「ふ」は語頭なので「う」には直さない。漢字で書くと「病に伏し」となる。
(4) 「いひつたへ」の二か所を直して「**いいつたえ**」にする。
(5) 「とどこほりて」の「ほ」を「**お**」に直す。漢字で書くと「滞りて」。
(6) 「たまひし」の「ひ」を「**い**」に直す。漢字で書くと「給いし」。
(7) 「すなはち」の「は」を「**わ**」に直す。

2

(1) **ほしいままに** (2) **ひろいいたる**
(3) **もちいる** (4) **つえ**
(5) **おさなきより** (6) **いずこ**

解説
(1) 「ゐ」を「**い**」に直す。
(2) 「拾ひゐたる」なので、「ひ」を「**い**」に、「ゐ」を「**い**」に直す。「**ひろいいたる**」となる。
(3) 「用ゐる」は「**用いる**」となる。
(4) 「つゑ」は「ゑ」を「**え**」に直す。
(5) 「をさなきより」は「を」を「**お**」に直す。漢字で書くと「幼きより」。
(6) 「いづこ」の「づ」は「**ず**」に直す。

3

(1) いみじゅう　(2) よさそう

(3) かよう　(4) ようぞあるらん

(5) こうべふりて　(6) いうよう

解説

(1)「じう」は「じゅう」となる。「いみじう」は「いみじゅう」となる。

(2)「さう」を「そう」に直す。

(3)「かやう」は「やう」を「よう」に直すので、「かよう」となる。

(4)「やう」は「よう」となるので「ようぞあるらん」となる。

(5)「かう」を「こう」と直すが、「ふ」は語頭なので直さない。漢字で書くと「頭《こうべ》振《ふ》りて」となる。

(6)「いふやう」は「ふ」を「う」に、「やう」を「よう」に直す。「いふ」は「ゆう」にはしない。

4 エ

解説 語頭のハ行音は直さなくてよい。エ「かふむらしめ」だけが、「かふ」を「こう」に直す必要がある。

5 エ

解説「並ぶ」という意味の漢字を選ぶと、選択《せんたく》肢《し》の中では「双」。エが正答。

6 旅人

解説 ——線部のある文に「もまた」とあることに注目する。「過客《かかく》」と「旅人」が並列《へいれつ》の関係にある。

7 エ

解説 古語の意味を知らない場合は、前後の「目には」「見えねども」などから推測する。和歌を現代語訳すると、「秋が来たとは、目にははっきりとは見えないが、風の音にははっとして気づかされたことだ」となる。「はっきりと」のエが正答。

8 エ

解説「つれづれなり」は重要語。現代語訳すると、「退屈《たいくつ》なとき、昔、なじみだった人の手紙を見つけたら、（手紙をもらった）そのときのように思われて、たいへんうれしく思われる。」となる。

9 イ

解説「なほざり」は「いい加減」という意味で現代語でも使われる言葉。「こはよく聞こえたる事也《なり》と思ひて、なほざりに見過ごせば、すべてこまかなる意味もしられず」を現代語訳すると、「これはよくわかっている事だと思って、いい加減に見過ごすと、全く細かいところの意味もわからず」ということになる。

3 漢文の知識・読解

1 ⑤②①④③

解説 一レ点があるので、「作」よりも「敲」を先に読む。「作」の次に、一二点が付いている「欲」を読む。書き下し文にすると、「推を改めて敲《かう》と作《な》さんと欲《ほっ》す」になる。

2

(1) 見レ義不レ為、無レ勇也。

(2) 氷水為レ之

(3) 何不二試レ之以一レ足

(4) 行人臨レ発又開レ封

解説

(1) 漢字の順番を書き下し文と比べると、「見」と「義」が逆なのでレ点を入れる。「不」と「為」、「無」と「勇」も同じ。必ず、書き下し文の通りに読めるか、通して読んで確認《かくにん》する。

(2)「之」は「これ」と読む。「為」を「之」のあとで読むのでレ点が必要。

(3)「何」→「之」→「試」→「足」→「以」→「不」の順に読む。「足」→「以」→「不」の順なので、「以」に一レ点を付ける。最後が「不」なので、一二点を付ける。

(4)「臨」と「発」が逆になる。また、「開」と「封」も逆になる。二字以上戻《もど》らないので、一・二点は使わない。

3

ウ

解説

「黄鶴楼《こうかくろう》」は建物名。「揚州《ようしゅう》」は地名。「黄鶴楼」→「辞」、「揚州」→「下」の順に読む。一・二点を付ける。したがって、**ウ**が正答。

4

オ

解説

返り点をよく見て読む順を確かめて、正しいものを選ぶ。正答は**オ**。

5

死して悔ゆる無き者は

解説

一か所だけレ点が付いているので、「死」→「而」→「悔」→「無」→「者」の順に読む。送り仮名《がな》を忘れずに入れて書き下し文を書く。「而」は置き字なので読まない。

6

(1) **七言絶句**　(2) 繞㆓葦芦㆒

解説

(1) 一句の文字数が**七字**で、**四句**なので、**七言絶句《ぜっく》**である。四句の詩を絶句といい、八句の詩を律詩《りっし》という。

(2) 書き下し文が「葦《い》芦《ろ》を繞《めぐ》る」なので、「繞」に二点、「芦」に一点を付ける。

7

(1) **庭樹に入り**　(2) **五言絶句**

解説

(1) 「入」を最後に読む。送り仮名を見て、「庭樹に入り」とする。送り仮名にない仮名を入れる必要はない。

(2) 一句が**五字**で、**四句**なので**五言絶句**である。絶句と律詩の違《ちが》いを確かめておく。

8

(1) **攻めん**　(2) **ウ**

解説

(1) **「小なれば而《すなは》ち能《よ》く守り」**と**「大なれば則《すなは》ち□と欲《ほっ》す」が対《つい》になっている**ことに注目する。「守り」と対になる語を探す。

(2) 孔子《こうし》の**「上下《しゃうか》和親せしめば、天下の百姓《ひゃくせい》は、皆《みな》君の民《たみ》ならん」**に注目する。国を治めるためにはまず、国内の全ての者たちが信頼《しんらい》し合う必要がある。そうなれば、国はよその国から攻《せ》められることもない。これをふまえると、正答は**ウ**となる。

現代語訳

哀公《あいこう》が孔子《こうし》にたずねて言うには、「私は、我《わ》が国力が弱小のときには国防を行い、強大になれば、他国を攻《せ》めたいと思っている。その方法はどうであろうか。」と。孔子が答えて言うには、「あなたの朝廷《ちょうてい》が礼を重んじ、国内の全ての臣民《しんみん》を親しむようにさせれば、世の中の人民は、全てあなたのものになるでしょう。そうなったら誰《だれ》がこの国を攻めようとするでしょう。もしもこの道に違《たが》うようなことがあれば、民が背《そむ》くことは当然のことです。全てあなたの敵です。そうなれば、いったい誰とともに国を守るのでしょうか。」と言った。公が言うには、「もっともだ。」と。そこで、山川《さんせん》での狩猟《しゅりょう》や漁業の禁制を廃《はい》し、関所や市場の税をゆるめ、人民に恵《めぐ》み与《あた》えた。

4 短歌・俳句の知識・読解

1

ア

解説

句切れを確認《かくにん》する。「秋深し」と言い切りの形になっているので、**初句切れ**。選択肢《せんたくし》はそれぞれ、**ア**「生きてゆく」で切れる**初句切れ**、**イ**「蜜柑《みかん》の香《か》せり」で切れる**四句切れ**、**ウ**「哀《かな》しからずや」は感動を表す「や」があり**二句切れ**、**エ**「色づけり」で切れる**三句切れ**。したがって、正答は**ア**である。

2

イ

解説

選択肢の内容と短歌を比べながら確認する。**ア**は、「白い夕顔の花が激しい雨に打たれている」が間違《まちが》い。短歌には、「そののちの」とあるので、雨が上がったあとに花が咲《さ》いている。**ウ**は、「待っている人々の様子」が間違い。短歌には人の描写《びょうしゃ》は見えない。**エ**は、「水の音が長い静けさを破った」が間違い。水の音がなくなって、「永きしづけさ」が訪《おとず》れたのである。したがって、**イ**が正答。**「動と静を対比させながら」**や**「ひらがなを多用し」**など、短歌の特徴《とくちょう》をしっかりとおさえる。

3

(1) 季語―**ひな(の家)**　季節―**春**

(2) 季語―**小春**　季節―**冬**

解説

(1) **「ひなの家」**は、雛《ひな》人形を飾《かざ》るような家。雛祭りを思い起こすと、**春**という季節にもつながりやすい。

(2) **「小春《こはる》」**の季節は春ではないので、注意する。春のように穏《おだ》やかな**冬**の天気のこと。小春日和《びより》という言葉もあるので覚えておく。

4 **エ**

解説 「如《ごと》く」は「〜のように」という意味なので、**直喩《ちょくゆ》**。選択肢の中で直喩が使われているのは、「紙のようなる」とある**エ**である。

5 (1) **F** (2) **D** (3) ① **空さわぐ** ② **ア**

解説

(1) 体言止めは、句の終わりを名詞で終えるもの。該当《がいとう》するのはCとF。そのうち、「空間の広がりと美しさを詠《よ》んでいる」ものは、**空を花吹雪《はなふぶき》が流れてゆくさま**を詠んでいる**F**である。

(2) 切れ字を用いている俳句は、BとD。どちらも句末に「かな」が見える。「冬の空を背景に、日の前で繰《く》り返される激しい動き」とあるので、**「雪後《せつご》」「怒濤《どとう》」**という言葉がある**D**があてはまる。

(3) ① 「空がまたたきながら揺《ゆ》れ動いているように感じた」という表現に合うものは、Aの俳句の末尾《まつび》**「空さわぐ」**である。A以外には、空が動いているかのような表現は見られない。

② Aの俳句では、「葉桜」を通して見える空が「無数の」と表現されている。**葉の間から見える空が葉の影《かげ》の中で明るく見え、しかも、葉が揺れるたびに重なり合う**その様子を「空さわぐ」と詠んでいるのである。したがって、**ア**が正答である。

作文・表現

条件作文・課題作文

1

例 (生徒会では七月に、家庭における災害への備えの状況《じょうきょう》に関する調査を実施《じっし》しました。その結果から防災の課題として挙げられることは、)

六割以上の人が災害への備えに「全く」または「あんまり」取り組んでいないということです。「備えあれば患いなし」という言葉もありますが、平穏なときから危険を想定して備えることが重要です。

防災の基本は自分の身を守ることですが、中学生ならばその上で人を助けることも期待されます。例えば、通学路からの避難方法を確認しておいたり、救急搬送の方法を学んだりして、災害時に周囲の人も助けながら避難できるように心がけておきたいものです。

皆さんもいざというときを想定し、今からできる準備をしっかりしておきましょう。

解説 【資料1】から**災害への備えに取り組んでいない人が多い**ことがわかる。文章を書く際には資料の数字も利用する。また、【資料2】からは、「備えあれば患《うれ》いなし」とあるように、**もしものときのために備えることの大切さ**を読み取る。【資料3】には、**「中学生や高校生であっても……助けられる立場ではなく、助ける立場であることを意識する」**とある。これらをふまえた内容で「生徒会だより」の記事を書く。最後は生徒の防災に対する意識を高める呼びかけにするとよい。

2

例 **資料から、情報をいち早く知るためには、テレビの次にインターネットが多く利用されているが、信頼できる情報を得るためには、テレビの次に新聞が多く利用されているということがわかる。**

私が以前、ある言葉をインターネットで調べたとき、二つのホームページでそれぞれ違う内容が書かれていることがあった。どちらが正しいのかわからず、不安になったことを覚えている。

情報を得るにはメディアの特徴を知

り、得たい情報に合ったメディアを選ぶことが大事だと思う。

解説 資料の中で目立つのは、インターネットと新聞を利用する人の割合が情報を得る場面によって違《ちが》うことである。**信頼性《しんらいせい》があるのは新聞で、手軽に速く調べられるのはインターネットだと考えられているようだ。**自分の体験を文章に入れることを忘れないようにする。

3

A 例 **ウ**

B 例 **ウの言葉は、「自分がしてほしくないことは、他人にもしてはいけない」という意味であるが、この言葉が教えるのは、人を思いやる心の大切さだと思う。**

私が家で本を読んでいると、よく弟に話しかけられる。ときには邪魔されたと感じて迷惑に思うこともある。でも、だからこそ私が弟の邪魔をするようなことはしてはいけないと考えるようになった。

今後いろんな人と関わる中で重要なことだと思うので、この言葉を選んだ。

解説 『論語』の中の言葉で、正しく意味を理解していて、文章が書けそうなものを選ぶ。文章の最後に、**「〜なのでこの言葉を大切にしていきたい」「〜だからこの言葉を選んだ」**などの表現を使うと、選んだ理由をはっきりさせられる。

4

例 **私はAの「中庭にごみ箱を設置するほうがよい」に賛成です。**

その理由は、各教室にはごみ箱があるのに、校舎の外にはごみ箱がないからです。中庭にごみが落ちていることもあります。中庭にごみ箱を設置すれば、拾った人がごみをその場でごみ箱に捨てられるので、ごみを拾う人も増えて中庭がきれいになると思います。

解説 **具体的な例や自分の体験を根拠《こんきょ》にして意見を書く。**自分の学校生活を思い返して意見を述べるとよい。どちらの意見を選んでもよい。

5

例 （選んだ言葉）初心忘るべからず

例 **私は、幼い頃からピアノを習っているが、つい油断して簡単なところを弾き間違えてしまうことがある。発表会などでそんなことがあると、もっと練習しておけばよかったと、後悔してしまう。**

「初心忘るべからず」という言葉を選んだのは、時代が変わり、勉強や仕事など、社会のしくみも変わったとしても、あらゆることにあてはまる大切な言葉だと思うからだ。油断して努力を怠り、失敗することを戒める言葉は、どんな時代にも必要である。

このような理由で、私は「初心忘るべからず」を後世に残したいと思う。

解説 与《あた》えられた言葉の中から題材を選んで文章を書く設問。三つの言葉はどれも教訓を含《ふく》んだことわざで、意味も示されている。設問は**「後世に伝えたい言葉」**なので、どうして後世に伝えたいのかという視点をはっきり示す。昔も今も未来も変わらない教訓であるとか、今後いっそう必要とされる教訓であるとか、そういう意見があればわかりやすい。自分の体験を思い出したり、わかりやすい例を考えたりして、具体性のある文章にする。

6

例 和食文化を伝えるためには、**発信力**が大切だ。（3字）

例 **私たちの食事が多様化していく中で和食文化が埋もれてしまうのは、日本人として残念に思う。先日テレビで、外国人旅行者が日本に来て和食を食べる様子を見た。彼らは、自分たちの文化とは違う食文化に驚きながらも称賛していた。それを見て、和食を外国に紹介し、世界中で多くの人が和食を食べるようになれば、保護・継承になるのではないかと考**

えた。そのためには、和食の魅力を世界に伝えられる発信力が必要だ。

解説 資料が少なく、自分で考える要素が多い設問。**和食文化の現状と、保護・継承《けいしょう》の方法、そう考えた理由**を考えて文章を書く。文化という形のないものを保護・継承するには、年代を超《こ》えて広めたり、別の文化圏《ぶんかけん》の人々に広めたりする方法が考えられる。または、異なる食文化との融合《ゆうごう》もその一つだろう。自分の体験を含《ふく》めて具体的な内容にするとよい。

7

例 選んだ記号 ア

例 私が読書に抱くイメージは「旅」である。私にとっての読書の楽しみは、本を読むたびに物語の世界を旅したように思えることである。登場人物たちと、見たこともない風景を見て、食べたことのないものを食べ、したこともない経験をすることは、とてもわくわくすることだ。それが実在する世界であることも、架空の世界であることもあるが、読書は、私に「旅」をするときと同じような、楽しくて貴重な経験を与えてくれる。

解説 **読書に対する自分のイメージにいちばん近いものを選んで文章を書く。**課題作文は資料もないので、自分の考えをわかりやすく書くこと。どんな本を読んでいるか、好きな本はどんな本か、本と聞いて何を思い浮《う》かべるかなど、イメージを膨《ふく》らませるとよい。

8

例 インターネットの普及によって、情報が簡単に手に入るようになった。また、情報を受信するだけでなく、発信することも簡単にできる社会になった。これらは、科学技術のめざましい発展のおかげである。

その反面、インターネット上には不確かな情報も多く、それを判別しなければならなくなった。相手が見えないのをいいことに、心ない中傷なども増えた。

科学技術の発展は、生活を便利にした面と、新たな不便や害悪をもたらした面があると思う。

解説 課題作文では、社会的なテーマがよく出題される。普段《ふだん》から新聞などを読んで、知識を得ておくことも大事である。事実と自分の考えを明確に分けて書くようにする。

9

例 私は、普段知り合いと話すときには方言で、初対面の人とは標準語で話すようにしている。標準語は誰にでも通じることが利点だが、方言には標準語にはない温かみがある。

私の祖母が話す方言の中には、もう私たち中学生が使わない言葉もある。私たちが当たり前に話している方言も、少しずつ変化しているのだ。温かみのある方言がなくなってしまうのは悲しいので、いつまでも残ってほしいと思う。

解説 身近なテーマの課題作文。生活する中での何気ないことにも、疑問をもつことが大事である。「体験や見たり聞いたりしたことを具体的に書きなさい」とあるので、自分の考えとは分けてわかりやすく書くこと。

2 表現問題

1

(1) 例 愚公は山の北側のとても険しい場所に住んでいました。そのため、愚公は家の出入りのたびに回り道をしなければなりませんでした。

(2) ウ

(3) やまはかぞうせず

(4) 例 （どれほど困難なことでも、）努力を続ければ実現できる（12字）

解説 (1) ——線部の文は、「愚公《ぐこう》は、とても険しい場所だったため、」と**主語と述語の対応がおかしい**。また、**「険しい場所」が二度使われている**。二文にすることでこれらを解消する。主語はどちらも「愚公は」になり、二文目の最初は「そのため、」という指示語で前の文全体を受ける形にする。

(2) 立山《たてやま》さんの発表は、「異なる立場からの意見や考えを想定」するような内容ではない。議論のための発表ではないので、反論を用意する必要もない。したがって、**ウ**が適切でない。

(3) 漢文の訓読の設問。一・二点に合わせて読むと「山」→「加」→「増」→「不」の順となる。「すべてひらがなで」という設問に注意。

(4) 立山さんの水泳の体験のように、**努力を続けることで実現できる**ということ、困難に見える目標であっても、信じて努力することで成し遂《と》げられることを、短くまとめて解答する。

2 **イ**

解説 □のすぐ前のAさんの発言の中に、図書館に来る人が増えない原因として「**具体的にどんな本がおもしろいか、わからない人が多いから**」とある。これに対応した対策があてはまるはずなので、**イ**が最も適切である。

第1回 模擬テスト

1

(1) a **しだい** b **きょうち** c **い** d **放題** e **写実**

(2) 例 **誰にも真似できない境地に至るには、たった一人で修練を積むしかないから。**

(3) **ア**

(4) 例 **絵の主役は松ではなく、草花たちであるということ。**（24字）

(5) **禅画**

(6) **エ**

解説

(1) a「次」を「し」と読むので注意。d「〜放題」の形で、「思う存分〜する」の意味を表す。

(2) ——線部①のすぐあとの部分を丁寧《ていねい》に読む。「誰《だれ》ともちがう、誰にも真似《まね》のできない境地」に至るためには、「たった一人で求道《ぐどう》の道を歩きつづけなければならない」のである。そのことが「孤独《こどく》」と表現されている。

(3) 選択肢《せんたくし》を見ていくと、**イ**は、「理由もなく飛び出してしまった」が間違《まちが》い。どう描《えが》けばいいのか悩《なや》み、飛び出していったのである。**ウ**は、「心配するのは筋違い」が間違い。——線部②の二行あとに「心配で心配で」とあり、等伯《とうはく》自身も心配している。**エ**は、「久蔵《きゅうぞう》自身が望んだこと」が間違い。したがって、答えは**ア**である。「**久蔵はその境地をめざして、自分と向き合う旅に出たのだ**」とあるところをおさえる。

(4) ——線部③の七行あとに「**絵の主役は松ではなく、この草花たちである**」とある。

(5) ——線部④の四行あとに「**これは禅画《ぜんが》ではないか**」とある。等伯は「究極の図案」である「禅画」を思い浮《う》かべている。

(6) 等伯は、自分がようやく思い至った描き方を、久蔵が自ら身に付けて帰ってきたことに驚《おどろ》いている。したがって、正答は**エ**。

2

(1) a **イ** b **ウ**

(2) **ア**

(3) **選びとっている**

(4) **ミラー・ボール、気圧計の中身**（順不同）

(5) **ウ**

解説

(1) a「難儀《なんぎ》」には、「迷惑《めいわく》」という意味もあるが、文章中の文脈から考えて**イ**の「苦しみ悩《なや》むさま。」が正答。b「抽出《ちゅうしゅつ》」は、「特定の何かを抜《ぬ》き出すこと」という意味。

(2) 「おのずから」は副詞。文章中では「決まったのだ」を修飾《しゅうしょく》している。選択肢は、**ア**「ゆっくり」＝副詞、**イ**「いわゆる」＝連体詞、**ウ**「親切な」＝形容動詞、**エ**「おもしろい」＝形容詞。したがって、正答は**ア**。

(3) ——線部①に続く段落の最初の部分に注目する。「**それは、ひとつには、**」とあり、理由の一つを述べていることがわかる。さらに、次の段落は「**それと同時に、**」から始まっており、もう一つの理由を述べていることがわかる。述べられている理由をみると、あとのほうの段落に答えがあることがわかる。「私自身をたえず選びとっている」という言葉から「**選びとっている**」を抜き出す。

(4) ——線部②を含《ふく》む段落を丁寧《ていねい》に読む。たとえの表現なので、「…ように」などの言葉がないか確かめる。**「ある場合には……のように感じたり」**という表現が並列《へいれつ》されている。

(5) 後ろから四つ目の段落に**「相手が変わると同時に私自身が変化する」「新たな関係を一回ごとに組織してゆかねばならない」**とある。これらから正答は**ウ**である。

3

(1) ① **くらい** ② **みずから**
(2) **イ・エ**
(3) 例 **ぜいたくなものを着る**（10字）
(4) **御殿の御前〜捨て給へり**
(5) **エ**

解説

(1) ①「ゐ」は**「い」**に直す。②「づ」は**「ず」**に直す。

(2) 主語はそれぞれ**ア**司馬程拠《ていきょ》、**イ**武帝《ぶてい》、**ウ**万民《ばんみん》、**エ**武帝。したがって、**イ**と**エ**が同じ。

(3) ——線部の文の最後に**「さだめて華麗《くわれい》を好むべし」**とある。これは「きっと華麗なものを好むに違いない」という意味。民《たみ》が自分のまねをしてぜいたくになってしまうことを、よく思わなかったのである。

(4) 華麗なものを好まないことを示すために**裘《かわごろも》に火をつけて焼いてしまった**のである。その部分を文字数指定に合わせて抜き出す。

(5) 裘を燃やしたのは、**民が自分をまねてぜいたくしないようにするため**である。その内容に合うのは**エ**しかない。

現代語訳

裘を燃《も》やいて倹約《けんやく》を示す

晋《しん》の武帝が、初めて帝位におつきになるとき、司馬程拠という者が、雉《きじ》の頭の毛で裘を織り、武帝にささげる。その裘のはなやかさはたとえようがなかった。武帝はこれをご覧になって、心にお思いになったのは、もし私自身がこの裘を着たら、万民はこぞって、みなこれをまねして、きっと華麗なものを好むだろう。それではこの裘をどうしようかとお思いになり、すぐに命じられて、御殿《ごてん》の前で、火をつけて焼き捨てなさった。これは華麗なものを好まず、衣装《いしょう》を飾《かざ》らないことを、民に示すためだとかいうことだ。

よくよく考えると、上に立つ者を見て学ぶのが下の者であるので、上の一人の者のすることを、万民が好むものだ。この理屈《りくつ》で見ると、そもそも天下の君子たる人は、さまざまなことを慎《つつし》むべきだということだ。

第2回 模擬テスト

1

① **たく** ② **ともな** ③ **ようせい**
④ **すいこう** ⑤ **滞在** ⑥ **維持**
⑦ **唱える** ⑧ **費やす**

解説

⑧「費す」ではないので注意。

2

(1) **A イ B エ**
(2) **ふだん〜な対象**
(3) 例 **人間の眼は真正面にあるので、視野が限られてしまうから。**（27字）
(4) **ア**
(5) **エ**
(6) **イ**

解説

(1) **A**文章中に「クローズアップすることにより」とあるので、大きく映し出すことでどうなるのかを考える。**イ**の**「目《ま》の当たり」**が正答。**B**「生の秘密を盗《ぬす》み見た」は、たとえの表現。**エ**の**「あたかも」**は「まるで、ちょうど」の意味。

(2) 四行前の「拡大して可視化する方法」とあるのが、「クローズアップ」のこと。だからその前に答えがある。字数指定もヒントにする。

(3) ——線部②のすぐあとに「人間の眼《め》は…：できていないのだ。」とあり、そのさらにあとに、昆虫《こんちゅう》の眼と人間の眼を比較《ひかく》しながら詳《くわ》しく説明している。**「人間の眼は真正面に正対し」ているため、「視野は限られている」**とある。

(4) ——線部③の二行前に**「人間の眼はある照度以上にならないと認識《にんしき》できない」**とある。「オーロラの姿」は、その認識できないものを優《すぐ》れたCCD素子によって再現した一例として書かれている。

(5) 科学映画は、実際に起こったことを記録したもの。CGは人間がコンピューターを使って描いたものである。つまり、人間が手を加えることが「許容される」という意味である。したがって、正答は**エ**。

(6) 最後の段落で「**他のジャンルとは……いかに巧妙《こうみょう》に利用するかが鍵《かぎ》**」とある。したがって、正答は**イ**である。

3

(1) **ウ**
(2) **お父さん、**
(3) **エ**
(4) **るからな」**
(5) 例 **となりの家のナシが風でおちたら、もらえるから。**
(6) **ア**

解説

(1) 単語と文節の違《ちが》いをおさえておくこと。自立語と付属語を判別する。「いなかった」は、動詞「いる」に助動詞「ない」「た」が付いている。

(2) すぐあとの一文が理由になる。家族のうちの誰《だれ》も家事ができなかったので、「とほうにくれた」のである。

(3) おばさんが何について腹を立てているのかを考える。「**お母さんをごみの中にねかしておいていいの?**」という言葉から、家事を全くしない子どもたちやそれを許しているお母さんのやり方に、腹を立てていることがわかる。**イ**と**エ**に絞《しぼ》られるが、**イ**の「ルールを作り、厳格に守らせる」というところまでは文章中からはわからない。したがって、正答は**エ**。

(4) 八行目に「**お母さんがねこんでから、ふた月だった**」とあり、このあとから二か月前に戻《もど》って話が展開する。現在の場面に戻るのは、最後から二行前の「秋男のまった台風は来なかった。」の部分である。その直前の五字が答え。

(5) 台風が来ておこる「いいこと」を考える。最後の二文から、秋男の目的が「ナシ」であったことがわかる。となりのおじいさんの「風でおちたナシは、みんなもっていっていいよ。」という言葉を聞いた秋男は、**台風が来ればナシの実がたくさん落ちる**と思い、台風が来ればいい、と考えたのである。

(6) においのカゴは、元々おばさんがお見舞《みま》いに持ってきたブドウが入っていたかごだったが、**お母さんのことを思い、家族がいろいろなものをのせた**。そのことをお母さんはとても喜んでいる。そのことから考えると、正答は**ア**である。

4

(1) **すなわち**
(2) **書き下し文**
(3) 復《マタ》猟《カリス》二於冥《めい》山《ざん》之《の》陽《みなみ》ニ一。
(4) ① **虎** ② **石**
(5) **イ**

解説

(1) 「は」を「**わ**」に直す。

(2) 訓点(返り点・送り仮名《がな》など)を施《ほどこ》したものを訓読文といい、それが文章Ⅱにあたる。訓読文を漢字仮名交じり文に書き換《か》えたものを**書き下し文**という。

(3) 「猟《かり》す」を「冥山《めいざん》の陽《みなみ》」よりもあとで読むので、一・二点を使う。「於」は置き字。

(4) 一度目は**虎《とら》**がいると思って射たが、二度目は**石**とわかったうえで射た。

(5) 「**至誠《しせい》あれば、すなはち金石《きんせき》ために開く**」の内容を読み取る。「至誠」があれば、石にも矢が刺《さ》さるのである。

現代語訳

(李広《りこう》は)また冥山の南側で狩《か》りをした。また寝《ね》そべっている虎を見つけこれを射ると、矢は羽の部分まで深く突《つ》き刺さった。近寄ってこれを見るとなんと石である。その形が、虎に似ていた。一旦《いったん》離《はな》れてもう一度射ると、鏃《やじり》はくだけ幹《みき》は折れて石には傷がつかない。

私は、以前にこのことについて揚子雲《ようしうん》に尋《たず》ねた。子雲が言うことには、「誠実に心を込《こ》めて矢を放てば、そのときには硬《かた》い金石でも割れる。」と。